**Walter Wimmer**

# Unsere Zeit steht in Deinen Händen, Herr

Walter Wimmer

# Unsere Zeit steht in Deinen Händen, Herr

## Sonn- und Feiertagspredigten im Lesejahr A

Fromm Verlag

**Impressum/Imprint (nur für Deutschland/ only for Germany)**
Bibliografische Information der Deutschen Nationalbibliothek: Die Deutsche Nationalbibliothek verzeichnet diese Publikation in der Deutschen Nationalbibliografie; detaillierte bibliografische Daten sind im Internet über http://dnb.d-nb.de abrufbar.


Coverbild: www.ingimage.com

Contact:
International Book Market Service Ltd., 17 Rue Meldrum, Beau Bassin, 1713-01 Mauritius
Website: www.bookmarketservice.com
Email: info@bookmarketservice.com

Gedruckt in: USA, UK, Deutschland. Dieses Buch wurde nicht in Mauritius produziert.

**Imprint (only for USA, GB)**
Bibliographic information published by the Deutsche Nationalbibliothek: The Deutsche Nationalbibliothek lists this publication in the Deutsche Nationalbibliografie; detailed bibliographic data are available in the Internet at http://dnb.d-nb.de.


Cover image: www.ingimage.com

Contact:
International Book Market Service Ltd., 17 Rue Meldrum, Beau Bassin, 1713-01 Mauritius
Website: www.bookmarketservice.com
Email: info@bookmarketservice.com



Printed in: U.S.A., U.K., Germany. This book was not produced in Mauritius.

**ISBN: 978-3-8416-0212-1**

## Inhaltsverzeichnis

# 1. Adventsonntag

## Jes 2,1-5; Mt 24,29-44 (Hören) (28.11.2004)

„Was ist der Sinn des Lebens?" Diese Frage bedrängt wohl jeden Menschen. Vielleicht übersehen wir dabei allzu leicht, dass es dieses Wort auch in der Mehrzahl gibt: die Sinne. Über die Brücke der Sinne erfährt sich der Mensch mit der Schöpfung verbunden und kann darin Nahrung und Heimat finden; sie allein halten ihn in der Gegenwart, im Hier und Jetzt. Ja, nur über die Sinne findet der Mensch den Sinn des Lebens und auch unser Glaube ist letztlich an die Sinne gebunden. Steht's dann nicht recht gut um uns, denn wir sind doch eine sinnenfreudige Generation!? Zweifel sind hier allerdings angebracht, denn die ständig uns bedrängende Flut der Bilder, die laute Aufdringlichkeit aller künstlich erzeugten Geräusche, alles, was tagtäglich auf uns einstürmt, scheinen die Kommunikation nicht zu fördern, sondern eher zu ersticken und schließlich unmöglich zu machen. So werden wir des Lebenssinnes eher immer mehr verlustig.

Der Advent als geprägte Zeit des Kirchenjahres möchte uns einladen, unsere Sinne neu zu entdecken, zu pflegen und zu kultivieren, denn nur durch diese Schule der Sinne werden wir fähig sein, deren tiefe Kraft und Reichtum zu heben. Die Gabe der Sinne ist auch eine Aufgabe.

Im pfarrlichen Liturgiekreis haben wir uns deshalb entschlossen, jeden Sonntag bis Weihnachten im Zusammenhang mit den jeweiligen biblischen Lesungen einem der Sinne etwas nachzugehen. Die Sinne sind und bleiben das Tor zur Wirklichkeit, auch zur Wirklichkeit des Glaubens. Damals und heute gilt das Wort vom 1. Johannesbrief: „Was von Anfang an war, was wir gehört haben, was wir mit unseren Augen gesehen, ... und was unsere Hände angefasst haben, das verkünden wir: das Wort des Lebens" (1 Jo 1,1).

Dazu freilich genügen nicht die äußeren Sinne; man darf nicht an der Oberfläche hängen bleiben, sondern muss in die Tiefe gehen. Das Wesentliche ist nämlich für die Augen, für die Ohren usw. unsichtbar, unhörbar; man sieht und hört es nur mit dem Herzen gut.

Die äußeren Sinne bedürfen deshalb der Reinigung und Pflege, damit sie uns hinführen können von außen nach innen, vom Rand zur Mitte, von der Erscheinung zum Wesen und zum Geheimnis. An der Krippe zu Bethlehem sehen wir hoffentlich dann das Wunder der Geburt, hören den Engelsgesang vom Frieden auf Erden und schmecken und riechen etwas von der Güte und Menschenfreundlichkeit Gottes.

Beginnen darf ich heute mit dem Gehörsinn. Es geht ja letztlich darum, ganz Ohr zu werden, wie es die Skulptur des Bildhauers Toni Zenz auf der Overheadfolie gut ausdrückt. Vielleicht gelingt es wenigstens, manche Schwerhörigkeit abzulegen und für das Wesentliche hellhöriger zu werden, denn „der Glaube kommt vom Hören" (Röm 10,17).

„Wer Ohren hat, der höre!" (Mt 11,15) mahnt uns Jesus und er will auch uns in den Bann seines Wortes ziehen. Es sind aber nicht Worte wie Sturm, Feuer und Erdbeben, wie die Schlagzeilen der Zeitungen, wie die Werbetrommeln des Konsums, wie die Reklame der Landstraße, sondern es ist vielmehr ein leises sanftes Säuseln, wie es der Prophet Elija auch erst mühsam lernen musste. Wir kennen die Gefahr der Dauerberieselung durch die Medien, des vielen Redens und Zerredens.

Wir alle brauchen immer wieder eine Gehörschule für die feinen, leisen, unauffälligen und doch so wesentlichen Töne. Richtiges Hören kostet viel Zeit und Zeit als größte Mangelware verlangt ein Stück unserer Zuwendung und Liebe. Jeder und jede weiß, wie viel Zeit eine Partnerschaft oder auch die Beziehung zwischen Eltern und Kinder verlangt, wenn sie gelingen soll? Wer kennt nicht das selektive Hören, das Überhören, das Halbhinhören? Dabei geht es ja nicht nur um die gesagten Worte, sondern auch das Ungesagte, die Zwischentöne, die Andeutungen, die Pausen der Stille und die Zeiten des Schweigens.

Vor mehr als 100 Jahren sagte der dänische Philosoph Sören Kierkegaard Worte, die ihre Geltung nicht verloren haben:

„Der heutige Zustand der Welt, das ganze Leben ist krank. Wenn ich Arzt wäre und man mich fragte, was rätst du? – ich würde antworten: schaffe Schweigen. Gottes Wort kann so nicht gehört werden." Erst Schweigen und Stille machen uns also hörbereit und verleihen auch den Worten Tiefgang und Resonanz. Nicht von ungefähr gibt es in Klöstern und Orten der Sammlung Zonen des Schweigens und der Stille.

Innerhalb des Kirchenjahres ist die Adventszeit neben der Fastenzeit eine solche Zeit der Einkehr, des In-sich-Gehens, der Neuorientierung, der Tauf- und Glaubensschulung. All das hat mit dem Hören nach innen und auf das Wort Gottes zu tun. „Ist da jemand?" hören wir bei der Aktion „Licht ins Dunkel". Dieser „Schrei" (Edward Munch) des Menschen lauscht nach einer Angst nehmenden erlösenden Antwort, die lautet: „Ich bin bei dir! Auf mich kannst du dich verlassen." Genau das ist der Gottesname Jahwe; das ist die Erfahrung Israels, wenn es verzweifelt und am Ende ist und wenn es vor Freude himmelhoch jauchzt. Auch Emanuel ist mehr als ein Name Jesu, es ist ein Programm: Gott mit uns - ein Gott, dessen Wort Frohbotschaft und Licht auf unserem Wege ist, Versöhnung, Wegweisung und Verheißung ewigen Lebens.

Die Dichterin Nelly Sachs stellt freilich kritisch und beschwörend fest:

„Lange haben wir das Lauschen verlernt!
Hatte er uns gepflanzt einst zu lauschen
Wie Dünengras gepflanzt, am ewigen Meer,
Wollten wir wachsen auf feisten Triften,
Wie Salat im Hausgarten stehn....
Verkaufen dürfen wir nicht unser Ohr ...
Presst, o presst an der Zerstörung Tag
An die Erde das lauschende Ohr,
Und ihr werdet hören, durch den Schlaf hindurch
Werdet ihr hören
Wie im Tode
Das Leben beginnt".

Für uns ist das Untertauchen im Wasser der Taufe Teilhabe am Tode des alten Menschen und Auferstehen des neuen für Gott offenen Menschen. Im Effata-Ritus der Taufe werden in Erinnerung an die Heilung des Taubstummen Ohren und Mund des Kindes berührt, damit es die uns in Jesus geschenkte Frohbotschaft hört und verkündet – zu seinem Heile und zum Lobe Gottes.
Im Christen soll das Gehör für die feinen, leisen Töne der Seligpreisungen und der Bergpredigt als Kontrastprogramm zu Kriegs- und Propagandalärm der Welt, zur Dauerberieselung des vielen Redens und Zerredens gefördert werden. Ja noch mehr: der Getaufte hört etwas, was die anderen nicht hören und auch nicht glauben: „Eines Tages kam einer, der hatte einen Zauber in seiner Stimme, eine Wärme in seinen Worten, einen Charme in seiner Botschaft".

Von diesem einen gilt, was das Evangelium heute in dramatischen Bildern angesichts des radikalen Endes von allem sagt: „Himmel und Erde werden vergehen, aber meine Worte werden nicht vergehen." Und weiters sagt das Evangelium, dass dieser eine, der allein Worte ewigen Lebens hat, wiederkommt: „Seid also wachsam! Denn der Menschensohn kommt zu einer Stunde, in der ihr es nicht erwartet"
Die Lesung aus dem Propheten Jesaja besagt, dass bei dieser Wiederkunft des Herrn dem Menschen Hören und Sehen vergehen, weil es kein Wort und kein Bild fassen können, was Gott denen bereitet hat, die ihn lieben. Unerhörtes wird geschehen: „Von Zion kommt die Weisung des Herrn, aus Jerusalem sein Wort. ... Dann schmieden sie Pflugscharen aus ihren Schwertern und Winzermesser aus ihren Lanzen. Man zieht nicht mehr das Schwert, und übt nicht mehr für den Krieg." – Wer solche Visionen hat, wie sie auch auf unserem Altarbild ganz oben dargestellt sind (Lamm und Löwe weiden gemeinsam!), gehört nicht ins Krankenhaus, sondern er ist Zeuge der unerhörten Frohbotschaft unseres Glaubens, die freilich alles unser Begreifen übersteigt.
Es mag den Juden eine Torheit, den Heiden ein Ärgernis, den Zeitgenossen eine Utopie sein, uns ist es die in Christus verbürgte Hoffnung.

Wenn wir der Einladung folgen und uns auf die adventliche Hörschule einlassen und auf Gottes Wort warten, können wir uns sicherlich nichts Besseres wünschen, als es der weise Salomo getan hat: ein hörendes Herz. Ein hörendes Herz verbürgt nicht nur die beste Kommunikation zwischen Menschen, sondern auch zwischen Mensch und Gott. In diesem Sinn möchte ich nochmals Sören Kierkegaard zitieren:
„Als mein Gebet immer andächtiger und innerlicher wurde. Da hatte ich immer weniger zu sagen. Zuletzt wurde ich ganz still. Ich wurde, was womöglich ein noch größerer Gegensatz zum Reden ist, ich wurde ein Hörer. Ich meinte erst, Beten sei Reden. Ich lernte aber, dass Beten nicht bloß Schweigen ist, sondern Hören. So ist es: Beten heißt nicht, sich selbst reden hören, beten heißt still werden und still sein, und warten, bis der Betende Gott hört."
Schwestern und Brüder! Ich danke Ihnen für Ihre Aufmerksamkeit. Es ist nämlich alles andere als selbstverständlich, dass Sie mir zugehört haben. Amen

## 2. Adventsonntag
## Jes 11,1-10; Mt 3,1-12 (9.12.2007)

Am letzten Sonntag hat Prof. Gruber in der Predigt den Journalisten Peter Hahne mit den Worten zitiert: „Mir erscheint die erschütterndste Diagnose unserer Zeit die abgrundtiefe Hoffnungslosigkeit zu sein.“ Daneben möchte ich heute das Zitat des Philosophen Peter Sloterdijk setzen: „Noch immer sind wir Wesen, die etwas vor sich haben“ – also Wesen, die Hoffnung haben dürfen!
Die Prognosen stimmen nicht optimistisch. Stichwörter wie Genmanipulation, Abschmelzen der Polkappen, Ozonloch, Pensionsfinanzierungs-Loch und anderes mehr sagen genug.
Was / Wer gibt Hoffnung? Ich möchte versuchen, zwei Quellen von Hoffnung aufzuzeigen.

Zur ersten Quelle: Jede/r möge sich selbst fragen: Was hat mir Hoffnung gegeben, als ich traurig und niedergedrückt war und kein Licht am Ende des Tunnels sah, etwa in einer schweren Krankheit, bei Arbeitslosigkeit oder inmitten eines persönlichen Schicksalsschlages?
Vielleicht erinnere ich mich noch an gut gemeinte Ratschläge: „Nimm`s nicht so tragisch; es wird schon wieder gut! Wer weiß, wofür es gut ist?“ Andere kamen mit moralischen Appellen: „Reiß Dich zusammen. Sei nicht so wehleidig!“ – und ähnliche Sätze, die eher Ausdruck der Hilflosigkeit des anderen waren als echte Hilfe.
Da war vielleicht auch ein guter Freund, der nicht viel sagte und keine Erklärung abgab, schon gar keine Appelle, aber der schlicht und einfach da war und da blieb. Ich bin überzeugt, dass dieses Dasein, Dabeisein, Hineinfühlen und Mitleiden (griechisch Empathie und Sympathie) eine echte Quelle der Hoffnung sind.

Nun zu einer zweiten Quelle: Jede/r von uns sucht letztlich Harmonie. Was aber ist Harmonie und welche Art von Harmonie erfüllt die Sehnsucht unseres Herzens?
Da gibt es die Harmonie, die aus Konfliktscheue entsteht: Ja, nicht anstreifen; man könnte ja in Ungnade fallen. Nicht selten ist es eine oberflächlich - versöhnliche Haltung sein, die um des lieben Friedens willen eine Decke des Schweigens über anstehende Konflikte legt oder sie unter den Teppich kehrt. Lieber alles „eitel Griesschmarrn“ lassen als Unangenehmes anrühren! Harmonie in der Liebe heißt dann, eigene Wünsche nicht äußern, still schlucken und das auch in der Liebe notwendige Nein nie lernen. Solche Harmonie steht auf schwachen Beinen und führt über kurz oder lang zur großen Krise.
Echte Harmonie darf nichts zudecken; sie fordert zunächst Unterscheidung der Geister und Entscheidung. Harmonie kann nie bloß einer Person gelten; sie muss auch alle anderen, letztlich alles miteinbeziehen: den Partner/in, die Kinder, die Verwandtschaft, die Gesellschaft, die Zeitgenossen und schließlich sogar die Natur und die ganze Welt. Erst dort kann von wahrer und bleibender Harmonie, vom biblischen Frieden -

„schalom“ - gesprochen werden. Mensch und Welt werden nicht durch Wegschauen, sondern nur durch das Hinschauen heil und friedlich. Allein die Wahrheit macht frei (Joh 8,32).

Zwei Quellen der Hoffnung, Ganz-beim-anderen-Sein und allumfassende Harmonie durch Angehen und Lösung der Probleme -- beide erahnen wir als richtig, aber zugleich auch als uns überfordernd. Der Blick auf die Schwierigkeit des Beisammenbleibens in unseren Beziehungen und auf die vielen Störungen der Harmonie im Kleinen und Großen sind dafür ein beredtes Beispiel.
Die biblischen Botschaften des Advents offenbaren uns Gott als diese zweifache Quelle der Hoffnung.
Zur ersten Quelle: Da ist die Zusage Gottes beim Propheten Jesaja: „Seht, hier ist euer Gott“. Das Volk Israel hat Gott als „Jahwe“ erfahren, d.h. als den, der einfach da ist, einfühlsam mitgehend und mitleidend. Später lässt Jesaja Gott selbst sagen: „Kann denn eine Frau ihr Kindlein vergessen, eine Mutter ihren leiblichen Sohn? Und selbst wenn sie ihn vergessen würde: ich vergesse dich nicht.“ (Jes 49,15)
In diesem Vertrauen ist die Aufforderung „Habt Mut, fürchtet euch nicht!“ nicht ein bloßer Appell, sondern Quelle neuer Kraft. Gott begleitet sein Volk durch die Durststrecken ins Gelobte Land. Schließlich wird er Emanuel, d.h. „Gott-mit-uns“ in Jesus von Nazareth. Das Reich Gottes ist in Jesus da.
Zur zweiten Quelle: In diesen Wochen hören wir vom Propheten Jesaja die biblischen Bilder von Harmonie, die alle Menschen und die ganze Schöpfung umfasst: die Lahmen, die Blinden, die Tauben, die Stummen, die Kranken, die Armen, die Tiere und die Pflanzen, ja die ganze Schöpfung. Wenn Harmonie so radikal verstanden wird (und billiger gibt es sie nicht!), dann genügt kein oberflächliches Facelifting oder irgendeine Schönheitsoperation des Menschen oder der Welt, sondern dann brauchen beide eine Wurzelbehandlung, zu der der Mensch aus sich heraus nicht die Kraft hat.
Wer auf die himmelschreienden Ungerechtigkeiten hinschaut, darf anbetracht auch eigener Schuld keinen Stein werfen und selbst Vergeltung vollziehen, aber er wird nach der Gerechtigkeit Gottes schreien, damit die Opfer nicht ewig unterliegen und Gerechtigkeit eintritt.
Johannes der Täufer, der radikal zu Umkehr und Busse aufruft, gibt Zeugnis von dieser Wurzelbehandlung. Und doch bereitet er nur den Weg für einen anderen. Auf die Frage des Johannes „Bist du der, der kommen soll?“ nimmt Jesus Bezug auf die Hoffnungsvision des Jesaja: „Blinde sehen wieder und Lahme gehen; Aussätzige werden rein und Taube hören“.

Wir Christen glauben, dass in Jesus uns beide Quellen der Hoffnung geschenkt sind: Gottes mitgehendes und mitleidendes Dasein, nicht von oben herab, sondern als Mitmensch bis zur äußersten Solidarität, vom ersten Augenblick unserer Existenz bis zum letzten Atemzug, Er bringt keine oberflächliche Harmonie, sondern stellt sich auch den Abgründen der Sünde, bis zum Einsatz des eigenen Lebens, bis zum Tod am Kreuz. Er begnügt sich nicht, der Welt ein schönes Make-up zu verpassen, sondern seine Liebe zur Welt wurde zu deren Wurzelbehandlung und zum unumkehrbaren Anfang seines Reiches der Liebe, der

Gerechtigkeit und des Friedens – eines Friedens, den der Mensch von sich aus nicht zu geben vermag. Das ist der tiefste Grund, dass wir Wesen sind, die noch etwas zu hoffen haben.

Trost und Hoffnung, die in Christus begonnen haben, bleiben aber Vertröstung, wenn wir Christinnen und Christen in seinem Geist nicht auch zu Quellen der Hoffnung für andere werden. Unsere Hoffnung muss sich umsetzen in Taten der Gerechtigkeit, in der Hilfe zur Menschwerdung aller Menschen, zum aufrechten Gang der Gebeugten und Unterdrückten, zur Stärkung der erschlafften Hände und zur Festigung der wankenden Knie.

Durch die Werke, die aus unserem Glauben folgen, sollen alle erfahren, dass wir zu Recht Wesen sind, die begründete Hoffnung haben. Eines dieser Werke ist die Aktion „Sei so frei" der Männerbewegung. Ein paar Bilder sollen von einem Projekt berichten und uns einladen, am Ende des Gottesdienstes auch unsere großzügige Gabe dazu zu geben. Amen.

## 3. Adventsonntag

### 1 Petr 2,4-9; Mt 11,2-6 (40. Kirchweihjubiläum) (16. 12. 2001)

Morgen sind es 40 Jahre, dass Bischof Franz Zauner an einem kalten Wintertag unsere Kirche St. Konrad geweiht hat. Viele unter den Anwesenden werden sich daran erinnern. Der 40. Geburtstag unserer Kirche ist Anlass zu dankbarem Rückblick, aber auch zu heutiger Standortbestimmung, denn das Erbe von gestern ist uns Auftrag für heute und morgen.

Der Dank gebührt in besonderer Weise meinem Vorgänger Pfarrer Renetseder, der uns mit vielen früheren Seelsorgern heute nachmittags die Ehre seines Besuches gibt. Ich danke der Diözese für deren Unterstützung, dem Pfarrkirchenrat von damals (es lebt nur noch Dipl. Ing. Gaigg), den Architekten, den Künstlern und den ausführenden Firmen, der Pfarrbevölkerung für alle geistliche und materielle Unterstützung. Vor allem aber ganz wörtlich: Gott-sei-Dank, dass das Werk gelungen ist und wir seither am Froschberg dieses Gotteshaus haben.

Es ist nicht bloß ein denkmalgeschütztes Gebäude, es ist nicht ein museales Überbleibsel aus dem vergangenen Jahrtausend, auch nicht bloß ein Dach über dem Kopf. Es ist ein Haus Gottes und damit ein Obdach für die Seele, ein Dach über der Seele. 'Seele' meint jedoch nicht etwas Weltfremdes und Abgehobenes, sondern es meint den ganz konkreten Menschen in seiner heiligen Unruhe, in seiner tiefen Sehnsucht, dem letztlich alles zu wenig ist (I. Bachmann). Es ist keine Kuschelecke für weltuntüchtige Softies und weltflüchtige Frömmler, auch kein Versteckplatz vor der bösen Welt, sondern es ist der Ort der besonderen Anwesenheit Gottes in dieser Welt, ein freier Platz, an dem noch das Geheimnis walten darf, heiliger Boden, wo die Grenzen zwischen Himmel und Erden fließend geworden sind, wo sich also Himmel und Erde berühren und aus den Menschen "ein auserwähltes Geschlecht, eine königliche Priesterschaft, ein heiliger Stamm, ein Volk wird, das Gottes besonderes Eigentum ist" (1 Petr 2,9).

Aber ehrlich gefragt: Ist es nicht doch inmitten der drei Hochhäuser des Froschbergs ein Relikt aus vergangener Zeit? Ich bin von der Aktualität und Notwendigkeit eines kirchlichen Hochhauses in unserem Stadtteil Froschberg überzeugt, damit wir in aller Geschäftigkeit des Marktes und in den Sorgen des Alltags nicht die Grundausrichtung unseres Lebens vergessen und wie in der Antike uns das Leben nicht als sinnlose Odyssee oder als auswegloses Labyrinth erscheint.

Der aus der ehemaligen DDR ausgewanderte Dichter Reiner Kunze hat wohl nicht geahnt, wie sehr er den Terroranschlag auf die Türme des World-Trade-Centers am 11. September dieses Jahres vorausahnte, als er in seinem Gedicht 'Manhattan in Unwetter', bezogen auf die Hochhäuser in NewYork, sagte: 'So viele Türme ohne Glocken'.

Was ein Turm mit Glocken wie unser Kirchturm hier in unserem Stadtteil besagen will, drückt Reiner Kunze einandermal in den Worten aus:

'Damit die erde hafte am himmel, schlugen die menschen kirchtürme in ihn.

Sieben kupferne nägel, nicht aufzuwiegen mit gold'.

Wir sind in einem schönen Stadtviertel und es geht uns großteils auch materiell gut, auch wenn nicht alles Gold ist. Aber was wäre das alles ohne den Kirchturm von St. Konrad mit seinen Glocken in diesem Stadtteil, der tief in der Erde verankert ist, damit wir im Himmel verankert sind?!

Schon vor 30 Jahren sagte Eugen Ionesco bei der Eröffnung der Salzburger Festspiele: 'Die Menschen gehen auf ihrem Planeten im Kreis wie in einem Käfig, weil sie vergessen haben, dass man nach dem Himmel sehen kann.' Wie ein Zeigefinger weist unsere Kirche, die Sprungschanze Gottes, zum Himmel und damit auf unsere absolute Würde als Gotteskinder und auf unsere Berufung zu einem Leben in Fülle.

Das Obdach für die Seele ist - in einem anderen Bildwort - zugleich der felsige Boden unter den Füßen, auf den man sich verlassen kann, der trägt und hält. Jesus Christus ist dieser lebendige Stein, der auch heute noch vielen zum Anstoß und Ärgernis wird, der von nicht wenigen Zeitgenossen verworfen wird, weil er als Eckstein zur Entscheidung herausfordert. Er ist einer, von dem auch heute viele skeptisch bis ungläubig fragen: 'Bist du es, der da kommen soll, oder müssen wir auf einen anderen warten?'

Wir Christen und Christinnen treffen uns in diesem Haus und feiern das Christusereignis als Eckstein unseres Glaubens, sein Leben und Sterben, also seine Verwerfung als Konsequenz der Liebe und Solidarität bis zum Äußersten; wir feiern aber auch seine Auferstehung, den Sieg des Lebens und der Liebe.

Wir versammeln uns in der Überzeugung, dass Jesus diese Welt bis zur Hingabe seines Lebens geliebt hat und uns hier von allem Bedrückenden und Lähmenden aufrichtet und den aufrechten und aufrichtigen Gang schenkt und lehrt.

Mag sein, dass seit dem 11. September die Menschen wieder mehr Sicherheit in den eigenen vier Wänden und auch hinter Kirchenmauern suchen. Ja, Gott ist eine feste Burg und Jesus ist ein unerschütterlicher Fels, aber nicht, um sich hinter ihm zu verstecken oder auf ihm auszuruhen. Nachdem wir sonntäglich bei ihm sein dürfen, gehen wir gestärkt in den Alltag hinaus und wollen die hier erfahrene Frohbotschaft mehr mit dem Leben als mit den Worten bezeugen. Letztlich zählt nicht der Kirchenbau, sondern es kommt drauf an, dass wir selbst als lebendige Steine für andere zu begehbaren Wegen, zu Orten der Beheimatung, des Schutzes und der Geborgenheit werden.

Jesus kommt auch heute mit seinem Reich überall dort, wo durch uns Blinde wieder ein Stück weit sehend, Lahme gehend, Aussätzige rein, Taube hörend, Tote lebendig werden, Armen die Frohbotschaft leibhaftig spürbar wird, also überall, wo menschliches Leben lebenswerter wird. Unsere Kirche St. Konrad hat nur Sinn, wenn wir von hier aus gestärkt Brot für andere werden und zum Garten des Menschlichen in unserem Stadtteil Froschberg und darüber hinaus beitragen, oder, wie das Konzil sagt, Zeichen und Werkzeug zum Heil der Menschen sind.

Der Wind bläst der Kirche zurzeit nicht gerade in die Segel, und sei es, dass wir einer Diasporasituation entgegengehen, so gilt uns Christen erst recht die Aufforderung, die der Prophet Jeremia dem Volk Gottes in der Verbannung sagte: 'Bemüht euch um das Wohl der Stadt . ... und betet für sie zum Herrn; denn in ihrem Wohl liegt euer Wohl.!' (Jer 29,7)

Allen, die zur Stadt Linz gehören, also uns allen, ist das Wohl dieser Stadt ein großes Anliegen. Wir sollen und möchten das uns Mögliche beitragen zum materiellen Wohl, etwa durch die Unterstützung der Notschlafstelle oder heute der bischöflichen Arbeitslosenstiftung, zum sozialen Wohl durch das Bemühen, Gräben der Vergangenheit abzubauen und geschwisterlich miteinander umzugehen, zum Obdach für die Seele durch die Feier der Lebenswenden von der Taufe bis zum Begräbnis.

Wir Kirchgänger, die wir hier den Rücken zum aufrechten Gang gestärkt bekommen, sind nicht die schlechtesten Bürger und Bürgerinnen unserer Gesellschaft, denn wir vermeiden zwei Straßengräben:

Wir legen weder frustriert die Hände in den Schoss noch ballen wir sie fanatisch zur Faust; wir lassen weder den Kopf resigniert hängen noch wollen wir verbittert mit dem Kopf durch die Wand. Als lebendige Steine der Kirche und der Gesellschaft versuchen wir, die Welt mitzugestalten, damit immer mehr Menschen aus Finsternis zum Licht kommen und unsere Erde auch für die kommenden Generationen bewohnbar bleibt.

Es ist unsere Berufung, Christus den Menschen sichtbar zu machen. Wir sind nicht Verwalter des Heils, sondern Dolmetscher der Liebe Christi. Es bleibt dabei der Kirche und der Christen ureigener und unentbehrlicher Dienst, voll Vertrauen zum Himmel zu schauen, auch stellvertretend für unsere Zeitgenossen, damit wir nicht im Kreis wie im Käfig zu gehen beginnen.

„Der Jahrhunderte lang zu Recht befürchteten Vertröstung auf das Jenseits ist eine anstrengende Vertröstung auf das Diesseits gewichen... Der Versuch, den Himmel auf Erden zu finden, erweist sich immer deutlicher als vergeblich“ (Paul M. Zulehner), denn alles Endliche wird überfordert, wenn es unsere Sehnsucht nach dem Unendlichen erfüllen soll. Deshalb sind wir dankbar für unsere Kirche mit ihrem Turm und dessen Glocken, weil sie ein Fingerzeug nach oben sind. Wir haben eingangs gesungen: 'O wohl dem Land, o wohl der Stadt, so diesen König bei sich hat. Wohl allen Herzen insgemein, da dieser König ziehet ein'. Jesus ist es, der da kommen soll, denn durch ihn ist eine neue Gemeinschaft im Werden, die bei allem Nachhinken doch anfanghaft etwas spüren lässt, wonach sich alle Menschen sehnen. das Reich der Liebe, des Friedens und der Gerechtigkeit.

Zum 40. Kirchweihjubiläum wünsche ich uns allen , dass wir wie Johannes der Täufer trotz manchem Zweifel und Unvermögen Wegweiser in der Landschaft sind, Zeugen dafür, dass unser Lebensweg Sinn macht und wir, diese Stadt und die ganze Welt, ein gutes Ziel haben. Amen.

## 4. Adventsonntag
### Jes 7,10-14; Mt 1,18-24 (Schmecken) (19.12.2004)

Am liebsten würde ich Ihnen jetzt allen ein Stück Brot oder ein Glas Wein reichen und Sie bitten, das Brot ganz langsam zu kauen und den Wein auf der Zunge zergehen zu lassen, um auf deren Geschmack zu kommen, m. a. W. um nicht nur ganz Ohr, sondern auch einmal ganz Gaumen zu werden. Der Geschmacksinn, der heute in unserer Predigtreihe zu den Sinnen im Mittelpunkt steht, wird oft eher stiefmütterlich behandelt. Weil er nicht selten mit „Mode“ oder „Zeitgeist“ , also mit dem was gerade „in“ und „up to date“ ist, verwechselt wird, hat er an eigenem Profil verloren. Viele Redewendungen zeigen jedoch von seiner eminent wichtigen Rolle, z.B.: auf den Geschmack einer Sache kommen; an etwas wirklich Geschmack finden; über Geschmack lässt sich nicht streiten; das ist Geschmacksache; jemand hat seine Wohnung geschmackvoll oder geschmacklos eingerichtet; etwas hat mir den Geschmack verdorben; es bleibt ein bitterer Nachgeschmack; eine Arbeit schmeckt mir oder nicht; jemand kann richtig genießen oder ist selbst ungenießbar; jemand ist ein Feinschmecker oder Leckermäulchen; das ist Geschmacksverirrung.

Das Kleinkind erobert die Welt zuerst durch den Geschmacksinn: alles wird in den Mund genommen und ausprobiert, ob es schmeckt und genießbar ist. Und wenn wir sagen „Ich habe dich zum Fressen gern“, so ist hoffentlich nicht eine egoistisch kannibalische Haltung gemeint, sondern es will Ausdruck von Liebe sein.

Die Bibel selbst nimmt wie die anderen Sinne auch den Geschmacksinn ganz ernst. So hören wir etwa ein Lob des Weines und des Brotes, wenn es heißt: „Wohlan, so iss dein Brot in Freude und trinke frohen Herzens deinen Wein! Denn Gott gefällt seit je solch ein Tun von dir!“ (Koh 9,7). Das Gelobte Land wird mit Milch und Honig in Zusammenhang gebracht, d.h. mit Dasein und Genuss des Daseins. Gottes Verheißungen werden als köstlich und süßer als Honig empfunden. Die Vollendung wird immer wieder als Festmahl mit feinsten Speisen und erlesensten Getränken geschildert (Jes 25,6).

Jesus selbst, dem der Vorwurf eines Fressers und Säufers gemacht wird, hat immer wieder Menschen in die Gemeinschaft des Mahles hereingeholt, um sie aus ihrer Isolation und Depression herauszuholen und sie neu das Leben genießen zu lassen. Die Jünger und Jüngerinnen haben mit Jesus gegessen und seine Gegenwart ausgekostet. Im Brot, das alle Wonne in sich birgt, schenkt er uns seine ganze Liebe.

Dem Verständnis dieses eucharistischen Geheimnisses ist wohl der Vater des Kremsmünsterer Paters Gregor sehr nahe, wenn er in seinen Briefen von der Kriegsfront als Dank für das von seiner Frau ihm zugesandte Brot nach Hause schreibt: „Ich lasse mir die Mehlspeise gut schmecken. ... Sie ist von dir. Ich habe das sichere Gefühl, sie enthält die ganze Liebe meiner Liebsten. ... Was von dir kommt, ist für mich mit nichts zu vergleichen. Es ist nicht nur die Speise, sondern die ganze Liebe in der Speise. ... Denn, Liebste, du weißt, dass die Liebe durch den Magen geht. … Deine Liebe kann ich also wieder nicht nur lesen (in den Briefen), sondern auch essen. Ich habe deine Liebe gegessen. Wie deine Liebe nicht nur durch den Leib, sondern hauptsächlich durch das Herz geht, so kannst du dir vorstellen, welche Freude das für mich bedeutet." - So weit aus den Front-Briefen dieses einfachen, aber tiefgläubigen Menschen!

Jesus verweist auch darauf, dass die Freunde des Bräutigams nicht fasten können, sondern seine Gegenwart genießen sollen. Ja, wer an seinem Wort festhält und wer dieses Brot isst, wird den Tod nicht kosten. Jetzt sind wir eingeladen, das Brot zu essen, das alle Wonne in sich birgt.

Wie alle Sinne bedarf jedoch auch der Geschmacksinn der Reinigung, der humanen Gestaltung und der geistlichen Offenheit, damit es nicht ausartet in das „Grosse Fressen", wie ein Film heißt, oder damit es nicht auch heißt „Völlerei ist geil". Vielesserei stumpft die Geschmacksnerven ab anstatt sie zu verfeinern. Wo einfach darauf los konsumiert und jederzeit alles verzehrt wird, also man keinen natürlichen Rhythmus mehr kennt, wo man das Leben durch Besitz oder Macht aufkosten der anderen im Griff behalten will und die Ressourcen ausbeutet, wo dieses Leben die „letzte Gelegenheit" (Marianne Gronemeyer) ist und die Augen größer sind als der Mund, da muss ein bitterer Nachgeschmack bleiben. In dieser anmaßenden Oberflächlichkeit hat nicht nur die Welt einen schalen Geschmack, sondern werden auch die Menschen füreinander ungenießbar. Wer den Geschmacksinn egoistisch missbraucht und das Leben nur für sich genießt, der verschließt sich für das, was keine menschliche Küche und Kunst bereiten kann, Gott aber denen bereitet hat, die ihn lieben!

Es gibt zwei Voraussetzungen, um in rechter Weise den Geschmacksinn auch für die geistliche Dimension offen zu halten: Mut und Zeit.

Ich kann das Kosten nicht delegieren; ich muss selber den Mut haben zu kosten auch auf die Gefahr hin, nicht zu wissen, wie dieser immer ganz Andere schmeckt. Das Kennen der Speisekarte genügt nicht. Ich muss mich selbst einlassen auf Gott, um ihn als kostbar zu erleben und unterscheiden zu können, was letztlich besser schmeckt. Das Lesen der Skandalmeldungen über Kirche reicht nicht, um zu verspüren, wie Kirche wirklich schmeckt.

Die zweite Voraussetzung ist Zeit zu haben. Wo Essen nur noch Fastfood ist und wir uns nur noch den Bauch voll schlagen, kommt die Seele zu kurz und verhungert. Wenn wir uns „Mahlzeit" wünschen, aber keine Zeit mehr dazu nehmen, wie sollen wir den Geschmack für die Speise finden, deren innere Aufnahme viel Zeit verlangt, aber alle Wonne in sich birgt?

Ich glaube, dass heute in den biblischen Lesungen zwei Menschen vorkommen, nämlich der König Ahas und Josef, der Mann Mariens, die ganz verschieden mit ihrem Geschmackssinn umgehen. Für mich stehen sie auch stellvertretend für den äußerlich oberflächlichen Missbrauch und für den tiefgründigen rechten Gebrauch des Geschmacksinnes.

Der König Ahas (im 8.Jhdt. v.Chr.) steht vor der Entscheidung, sich wie seine Vorfahren vertrauensvoll für den Bund mit Jahwe zu öffnen oder sich mit dem politisch starken heidnischen Nachbarn Assur zu verbünden. Ahas hat den Geschmack der Macht verkostet, er hat sozusagen Lunte gerochen und nun will er diese Stellung absichern. Er lässt sich nicht auf eine für ihn zu dünne Suppe ein, die er nicht selbst gekocht und auf die er erst warten müsste. Er will nicht, dass ein anderer Koch ihm den Geschmack seines von ihm zubereiteten Menus verdirbt. Er glaubt nur Herr der Lage zu bleiben, wenn er den Tisch der Macht selbst deckt und von niemand abhängig wird. Lieber also selbst vorsorgen als auf ein mögliches „Essen auf Rädern“ oder „ein Mahl der Zukunft“ zu warten. Lieber den Spatz in der Hand als die Taube am Dach! Vertrauen mag gut sein, aber Kontrolle ist besser. So arrangiert er sich mit der damaligen politischen Großmacht. Die Chemie von Ahas und Assur passen sozusagen zusammen.

Das Zeichen, das Gott ihm anbietet, „die Jungfrau, die ein Kind empfangen und gebären wird, der Immanuel - Gott mit uns – ist“, ist ihm zu unsicher; der Geschmack dafür fehlt ihm, denn ihm schmeckt nur das, worüber er verfügen kann.

Josef, der Verlobte Mariens, wird mit zwei Eigenschaften beschrieben:

Er ist gerecht und er ist offen für Träume. Auf die Schwangerschaft einer Verlobten stand damals die Strafe durch Steinigung. Josef wollte Gott und Maria gerecht werden, weshalb er Gerechtigkeit und Barmherzigkeit zu verbinden suchte und sie heimlich entlassen wollte. Josef war aber nicht nur geerdet, sondern er hatte auch ein Sensorium für die „Spuren der Engel“, für die Stimme Gottes, wie sie in den Träumen zum Ausdruck kommt, und er gehorchte ihnen.

Für Träume offen zu sein, heißt nicht nur nach seinem Geschmack vorgehen, sondern sich auf den Geschmack Gottes einzustellen, also in der konkreten äußeren Situation einen Geschmack an Überraschungen zu haben, die Gott schickt.

Im Traum öffnet sich Josef für die neuen Wege Gottes. Hier zeigt sich, ob ich mich von Gott in Dienst nehmen lasse oder alles nur mir zu dienen hat. Auch wenn Gottes Weisung oft nicht beim ersten Bissen schmeckt, so erweist sich für den, der sich mutig und beharrlich darauf einlässt, dass die Weisungen des Herrn ihm lieb sind, mehr als große Mengen von Gold und Silber (Ps 119,72),wie es der Psalm 119, der längste von allen, in 176 Versen immer wieder betont. Josef erfährt durch seine Bereitschaft zu kosten und zu sehen, wie gut der Herr ist, im Gegensatz zu Ahas, dass Gott unser Leben so würzt, dass es schmackhaft wird und dass wir genießbar sind und immer mehr werden.

Wir dürfen die Dinge unseres Lebens verkosten und zugleich sollen wir offen bleiben für Gottes Überraschung. Vielleicht stürzt er unsere Lebensplanung, sozusagen unser Lebensmenu al la carte über Haufen, aber wir dürfen vertrauen, dass wir eingeladen sind zu einem Mahl, das die besten Haubenköche dieser Welt nicht zustande bringen.
Unser Leben bringt sicherlich auch herbe und bittere Erfahrungen mit sich, aber es gibt immer wieder auch Zeiten, da wir das Gefühl haben, herzhaft hineinbeißen zu dürfen und genug zu bekommen. Ignatius von Loyola, der Begründer der Exerzitien, merkt zu Recht an, dass letztlich nicht das Vielwissen, sondern nur das innere Verkosten und Schmecken der Dinge die Seele sättigt.
Im Brot und Wein der Eucharistie dürfen wir gleichsam, wie der Mann an seine Frau von der Front schrieb, Gottes Liebe essen. Mit seinem Wort und seiner Nähe will er uns nähren.
Wenn wir uns in diesen Tagen bereiten, dass Gottes Güte und Menschenfreundlichkeit in Jesus Christus unter uns erscheint, mögen wir wie Josef für die Träume Gottes und die „Spuren der Engel" auch in unserem Leben offen sein!
Möge es uns geschenkt sein, Geschmack zu finden am kleinen Kind von Bethlehem und hier und jetzt an dem unscheinbaren eucharistischen Brot, das alle Wonne in sich birgt! Wenn wir in diesem Brot den Herrn als Stärkung und Wegzehrung genießen, werden wir auch füreinander genießbarer und Gottes Spuren im eigenen alltäglichen Leben zu entdecken vermögen. Amen.

## Christmette

### Jes9,1-6; Lk 2,1-14 (Sehen) (24.12.2004)

Unter den vielen Weihnachtswünschen, die mich in diesen Tagen erreicht haben, hat mich vor allem einer betroffen gemacht. Der Wunsch kam von einem Freund aus römischen Studienzeiten, jetzt Univ. Professor für Geschichte in Wien. Er schrieb mir:
„Für mich ist die Botschaft, dass der Große Gott, der mit den Galaxien spielt und der die Erde mit ihren unwahrscheinlichen Eigenschaften – Atmosphäre, konstante Temperatur, Wasser, optimale Entfernung zur Sonne, ideale Kreisbewegung – geschaffen hat, in einem Menschen offenbar werden wollte und sich dabei einen Rabbi aus Israel, aus einem unbedeutenden Nest, aus einer unbedeutenden Familie, mit einem zweifelhaften Schicksal, und schließlich einen am Kreuz hingerichteten Aufwiegler ausgesucht hat, der schwierigste Glaubenssatz. Aber zugleich der, der die gesamte Existenz trägt. Mögest Du das Hochdramatische an dieser Botschaft in die weihnachtliche Glitzerwelt der Linzer Bürger hineintragen!" – So weit mein Freund!

Alles andere als ein frommer und idyllischer Wunsch, aber einer, der den Kern der Sache trifft! Mit der weihnachtlichen Glitzerwelt meint er wohl die Gefahr, sich durch oberflächliche Gefühle über das Hochdramatische dieser Botschaft hinwegzuschwindeln, dadurch aber auch nicht die für unsere Existenz entscheidende Bedeutung zu entdecken.

Die Zeitungen haben in diesen Tagen berichtet, wie wenig Menschen heute mit dem christlichen Inhalt des Weihnachtsfestes noch etwas anfangen können. Der Glaube an die Menschwerdung Gottes in Jesus war den Juden ein Ärgernis, den Heiden eine Torheit und ist auch heute den meisten Zeitgenossen eine unerträgliche Zumutung, sofern man nicht die Auseinandersetzung besser scheut und daraus einfach ein Fest der Familie oder einen Kurzurlaub macht.

Schwierig ist dieser Glaubenssatz auch für mich. Und doch bin ich zutiefst überzeugt, dass er nicht nur meine berufliche, sondern auch meine und unser aller persönliche Existenz trägt. - Wie soll ich es Ihnen inmitten der weihnachtlichen Glitzerwelt sagen, ohne das Hochdramatische daran zu verraten?

Wir haben an den Adventsonntagen die menschlichen Sinne als Zugänge zum Sinn des Lebens bedacht. Vielleicht gelingt ein Herantasten über den noch ausständigen Sinn des Sehens oder Schauens. Die Lesungen der Mette legen von sich aus eine Spur dorthin.

Beim Propheten Jesaja heißt es: „Das Volk, das im Dunkel lebt, sieht ein helles Licht; über denen, die im Land der Finsternis wohnen, strahlt ein Licht auf. ... Denn uns ist ein Kind geboren, ein Sohn ist uns geschenkt." (Jes 9) Im eben gehörten Evangelium ist die Rede davon, dass der Glanz des Herrn die Hirten umstrahlte und Engel ihnen das Zeichen verkündeten, das sie sehen werden: „Ihr werdet ein Kind finden, das, in Windeln gewickelt, in einer Krippe liegt." Wir können einander nichts Besseres wünschen als dass auch wir in den vielfachen Dunkelheiten des Lebens immer wieder dieses Licht des Vertrauens und der Wärme sehen und uns der Blick geschenkt wird, in dem Kinde von Bethlehem Gottes hoffnungsvolle Zusage und unendliche Liebe zu erkennen. - Wie muss unser Sehen dafür beschaffen sein?

Wir Menschen haben „hungrige" Augen. Dem entspricht ein reiches Angebot an Bildern, geradezu eine Bilderflut. Unsere Augen wählen selektiv – je nach unseren Sehgewohnheiten oder nach der Optik, die wir selbst mitbestimmen - aus, wobei man freilich leicht etwas übersehen oder nur halb sehen kann. In unseren Augen, in unseren Anschauungen spiegelt sich unsere ganze Welt, unsere „Weltanschauung".

Selig das Auge, das nicht nur einen Augenblick vorbei hastet, sondern das Gesehene betrachtet und bei ihm verweilt! Es ist letztlich das Herz, das bestimmt, was und wie wir sehen. Ist in unserem Herzen Böses, so werden wir Voyeurs, die das Geheimnis des anderen nicht respektieren, sondern ihn für sich ausbeuten. Ein gutes und liebendes Herz lässt hingegen die Augen verweilen und ohne Hast in die Tiefe dessen dringen, was sie schauend berühren.

Von der Liebe sagt man, dass sie blind macht. Vielmehr stimmt, dass sie etwas sieht, was die anderen nicht sehen. Sie öffnet für das Wesentliche; sie lässt sich beschenken und verweilt ergriffen in der Gegenwart des

Geschauten. „Man sieht nur mit dem Herzen gut; das Wesentliche ist für die Augen unsichtbar.“ (Saint-Exupery)

Kinder, Künstler, Dichter und religiöse Menschen verfügen über solche schauende Augen des Herzens. Von ihnen gilt die Seligpreisung Jesu: „Selig sind die, deren Augen sehen, was ihr seht.“ (Lk 10,23) Wenn der greise Simeon bekennt „Meine Augen haben das Heil gesehen“ (Lk 2,30), so nimmt er teil an der Sicht Gottes; er schaut auf sein Leben mit den Augen Gottes.

Jesu häufige Ermunterung „Glaube nur!“ (Mk 5,36) ist die Einladung, unser Leben mit den Augen Gottes zu sehen. Jesus wünscht uns die Sicht von dem her, der wesentlich das Licht ist, damit auch uns ein Licht aufgeht, eine Erfahrung für uns durchsichtig wird und ein Sinn sich ergibt. Unter diesem Blickwinkel Gottes möge es uns Menschen immer wieder, zumal heute, wie Schuppen von den Augen fallen und wir wie das Volk Israel und die Hirten in Bethlehem etwas sehen, was uns bisher verborgen war.

Zurück zu den biblischen Lesungen. In Israel sieht es stockfinster aus; die Lichter gehen aus: Kein Wunder, denn zuerst der Krieg, dann die Niederlage, fremde Truppen und kein Brot - Situationen wie sie auch heute ein Volk wie im Irak oder einzelne Menschen in auswegloser Lage erleben! Unter dem Blickwinkel Gottes fällt es dem Propheten wie Schuppen von den Augen und er sieht in dem Kinde aus Davids Haus die Erfüllung aller Sehnsucht, den großen Friedensfürst, der alle Knechtschaft und Unterdrückung zerbricht und den Blutstrom des Hasses beendet.

Ist jedoch nicht der Wunsch der Vater des Gedanken? Gottes leidenschaftliche Liebe macht diesen Traum wahr. Wer diese Vision hat, gehört nicht ins Krankenhaus, sondern er ist getragen von der Weltanschauung Gottes, denn wie der Theologe Karl Rahner sagt: „Gott hat sein letztes, sein tiefstes, sein schönstes Wort in die Welt hineingesagt – ein Wort, das nicht mehr rückgängig gemacht werden kann. Und dieses Wort heißt: Ich liebe dich, du Welt, und du Mensch.“

Alle Religionen wollen den Abgrund überbrücken, der uns vom Ganz Anderen trennt. Sie sind so etwas wie „Flügelbildungen der Menschheit“ (Bloch), tastende Versuche, einen Blick in die unzugängliche Welt Gottes zu tun. Der eigentliche Kern des Weihnachtsfestes ist keine Idylle, sondern heißt: Gott selbst überbrückt diesen Abgrund: Gott wird Mensch und bleibt doch Gott. Er wird ein Gott zum Anfassen und bleibt doch der ganz Andere und Unbegreifliche.

Das Schwierige aber zugleich für unser Leben Entscheidende des christlichen Glaubens ist, dass ein konkreter, in Zeit und Geschichte eingebundener Mensch - dieses Kind Jesus - zum „Angesicht“ des unbekannten Gottes geworden ist. Nicht eine Idee, nicht ein heiliges Buch oder ein ewiges Gesetz ist die Mitte unseres Glaubens, sondern eine Person.

Wer dieses Kind, in Windeln gewickelt, im Stroh dieser Welt liegen sieht, der sieht mit den Augen des Glaubens Gottes Herrlichkeit. Wer Jesus sieht, der sieht den mütterlich – väterlichen Gott.

Man mag über Weihnachten denken wie man will – der Ausstrahlung dieses Festes kann sich keiner so leicht entziehen, weil hoffentlich doch noch viele nach Entfernung des Staubes der Jahrhunderte den Goldgrund des Weihnachtsbildes, das Hochdramatische dieser Liebe Gottes zum Menschen ahnen.
Unser Kontakt zu Gott ist seither nicht im luftleeren Raum, in der Flucht vor der Welt, nicht in der Parapsychologie oder Esoterik angesiedelt, sondern in dem uns allen zugänglichen Raum der zwischenmenschlichen Beziehung. In diesem Jesus und in der Gemeinschaft der an ihn Glaubenden kann ich hören, betrachten, „anfassen" und „verkosten", was mein Leben erhellt.
Das „Anschauen" Gottes im Angesicht Jesu macht uns Gott freilich nicht verfügbar. Gott ist nicht „in den Griff zu bekommen", so wie man sich sonst Dinge dieser Welt aneignen und nutzbar machen kann. Das ist wie in jeder gelingenden zwischenmenschlichen Begegnung: Das „Du" des Anderen bleibt im Sich-Schenken und „Offenbaren" dennoch ein unauslotbares Geheimnis. Das macht ja den Reiz, das Besondere der Kommunikation zwischen Menschen aus. Ich komme mit dem anderen an kein Ende, weil ich ihn liebe und solange ich ihn liebe (Max Frisch).
Ich wünsche Ihnen, dass Sie wie Maria und Josef, wie die Hirten auf dem Felde, wie die Sternsucher aus dem Morgenlande vor dem Kinde in der Krippe lange verweilen und sich an ihm nie satt sehen, denn in ihm offenbart sich uns die letztlich entscheidende, alle übertreffende und unsere Existenz tragende Weltanschauung, nämlich die Weltanschauung Gottes als Mensch gewordenes Wort der Liebe, die das Drama des Aufwandes von der Krippe bis zum Kreuz nicht scheut, um uns mit Hoffnung und Freude zu erfüllen. Amen!

## Weihnachtstag
## Tit 3,4-7; Lk 2,15-20 bzw. Joh 1,1-5.9-14 (25.12.2010)

Seit Wochen waren bereits in den Geschäften von Linz herrliche Krippen zu sehen, um uns hoffentlich nicht nur zum Kauf zu animieren, sondern auch auf das Weihnachtsfest einzustimmen. Vorbild für alle Krippendarstellungen ist das Lukasevangelium: die Schilderung der Geburt Jesu zu Bethlehem mit den Hirten auf dem Felde und den Engeln (= Evangelium der Mette und der Messe am Morgen); vom Evangelisten Matthäus kommt die Erzählung der drei Weisen dazu. Auch unsere Baumkrippe von dem Innviertler Künstler Karl Gruber stellt die Geburt Jesu auf diese Weise dar. Die bekannte große Krippe im Mariendom versuchte das Lokalkolorit von Bethlehem abzubilden, andere Krippen haben das Szenario ihrer jeweiligen Landschaft und oft auch der Trachten der dort ansässigen Bevölkerung. Viele Krippen haben fürwahr etwas Anheimelndes und Einladendes; die entsprechenden Lieder tun das ihre dazu!
Ich sehe das durchaus positiv als einen Versuch zu bezeugen, dass Jesus für alle Zeiten und Völker und für jede/n einzelne/n von uns geboren ist und dass seine Geburt jeweils „inkulturiert" werden darf, also ins eigene Leben mit aufgenommen soll. Gott macht sich ja auf den Weg zu uns. Anstatt von oben und von

jenseits schlaue Anweisungen zu geben, begibt er sich ja zu uns und ist ab jetzt gleichsam „vor Ort“, um das Leben mit uns zu teilen und es in eine gute Richtung zu bringen. „Das Kind nimmt unser Leben in seine Hände, um es niemals wieder loszulassen:“ (Fr.v.Bodelschwingh)

Dahinter mag auch das Bemühen stehen, die Menschen in ihrem Gemüte und in ihren tiefen Sehnsüchten anzusprechen und Geborgenheit und Beheimatung durch die Frohbotschaft von der Geburt Jesu zu vermitteln, denn in Jesus ist ja die Güte und die Menschenliebe Gottes , unsres Retters, erschienen, wie es die Lesung aus dem Titusbrief besagt. Dagegen ist auch nichts einzuwenden!

Weihnachten ist Gottes Geschenk an uns, nicht unser Verdienst. Darin hat auch der Brauch, sich zu Weihnachten zu beschenken, seinen tieferen Sinn: Unsere Weihnachtsgeschenke sind ein kleines Zeichen für das große Geschenk Gottes an uns. Ja, wir dürfen uns von Gott beschenken lassen, ohne Gegenleistung, ohne Bedingungen, ohne Wenn und Aber! Wir dürfen dies auch in dieser schönen Feier, von herrlicher Musik umrahmt, dankbar ausdrücken.

Gibt es aber nicht auch die Gefahr, so das Geschehen von Bethlehem leicht zu idyllisch und zu lieblich werden zu lassen, also ins Weltfremde und Abgehobene oder auch allzu Kindliche abgleiten zu lassen? Ist das vielleicht auch mit Ursache, dass die Hälfte der Menschen in Weihnachten nur noch ein schönes Brauchtum vergangener Zeiten und keine religiöse Aktualität dieses Geschehens mehr sehen? Haben wir das Weihnachtsfest mit einer Romantik umgeben, die leicht den eigentlichen Kern des Festes verdecken kann? Die Frage darf man zumindest stellen.

Die Wirklichkeit von Bethlehem war jedenfalls keine rührselige Geschichte; da gab es keine Christbäume, kein „Stilles Nacht“ und keine romantischen Weihnachtsgesänge. Der Geburtsort war kein warmes Zimmer, sondern ein schmutziger Stall in der Einsamkeit draußen vor der Stadt. Arme, rechtlose Hirten, also Menschen, die auch auf der Schattenseite standen, waren die ersten, die überhaupt wahrgenommen haben, was da geschehen ist. Gott ist also weder in der Pracht des herodianischen Palastes noch in der Heiligkeit des jüdischen Tempels zu Hause, auch nicht im Glanz des Weihnachtsschmuckes, sondern er wohnt im Herzen des Menschen, in seiner Angst, in seiner Sehnsucht , in seiner Freude.

Der Evangelist Johannes drückt das Geschehen zu Bethlehem im Gegensatz zu Lukas sehr nüchtern und fast theologisch abstrakt aus, wenn er in seinem Prolog (dem Evangelium der Weihnachtsmesse am Tage) sagt: „Das Wort ist Fleisch geworden und hat unter uns gewohnt“ (Joh 1,14) Das heißt: Gott schlüpft nicht nur oberflächlich in die Rolle eines Menschen, sondern er wird tatsächlich ein schwacher Mensch mit Haut und Haaren – so wie jede/r von uns. Das geschieht nicht im luftleeren Raum, sonder in einem konkreten Beziehungsgeflecht. Gott unterwirft sich dem Gefüge der Zeit, damit der Mensch ewigkeitsfähig wird. Gott wird also in Jesus nicht ein schöner, philosophisch weiser oder leistungsmäßig tüchtiger, sondern ein schwacher, hilfsbedürftiger Mensch. In Jesus sind Gott und Mensch auf Augenhöhe. Wir haben einen, der uns versteht; wir sind nicht mehr allein.

Deshalb nochmals die Frage: Sollten unsere oft künstlerisch wunderbar gestalteten Krippen, zumindest die Krippen unseres Herzens, nicht auch der Wirklichkeit näher sein? Fragen rund um eine aktuelle Krippe heißen etwa: Wie viele Menschen wollen sich in Österreich registrieren lassen – etwa indem sie als Asylanten rechtmäßig anerkannt werden, aber es gelingt ihnen selbst nach fünf und mehr Jahren nicht? Wie viele Menschen sind vor politischen Repressalien weltweit auf der Flucht, wie Maria und Josef mit ihrem Kind vor Herodes fliehen mussten? Sind nicht die Armutsgefährdeten, die es in großer Anzahl in vielen Ländern, aber auch teilweise in Österreich gibt, etwa die „working poor", die Hirten von heute, deren Sehnsucht nach Liebe und Angenommensein täglich auf den Prüfstand gestellt wird?

Ich habe noch kaum eine Krippe gesehen, wo Menschen zeitgenössisch dargestellt sind, in unserem Ambiente, in unseren Kleidern, die Hirten, die Armen, die Notleidenden unserer Tage. Stellen wir uns einmal statt der Drei Könige unsere Wirtschaftsbosse und Politiker, unsere Börsenmanager und uns selbst vor mit ihren und unseren Geschenken an das arme Christkind. Auch bei der ohnehin schon geringen Entwicklungshilfe Österreichs für die armen Länder wird im eben beschlossenen Budget gerade darin wieder gespart. Und wie ist es mit meinem Spendenbudget für arme Menschen und Völker? Vielleicht hat dann der Wirt bei der Herbergssuche, über dessen Hartherzigkeit wir uns ärgern, manchmal auch meine eigenen Gesichtszüge, wenn ich einen Menschen, der meiner Hilfe brauchte, einfach abweise. Der Stall könnte uns an die Elendsquartiere denken lassen, in denen heute noch viele Menschen leben, die Stadtmauern an die Mauer, die unmittelbar bei Bethlehem die Familien auseinander reißt und Menschen arbeitslos und verzweifelt sein lässt.

Ein beeindruckendes Beispiel, wie Christus als Mensch unserer Zeit dargestellt wird und deshalb auch in unsere Zeit hineinwirkt, ist der Gekreuzigte unseres Hochaltarbildes. Er wurde 15 Jahre nach Ende des 2. Weltkrieges zwanzig Kilometer von Mauthausen entfernt zu Recht wie ein ausgemergelter KZ-Häftling dargestellt. Mit ihm identifiziert sich Jesus, denn „was ihr dem geringsten der Mitmenschen getan habt, das habt ihr mir getan."

Krippe und Kreuz sind in der Menschwerdung Gottes eng verbunden, weil hinter aller Bewegung Gottes auf den Menschen zu ein einziges Motiv steht: Liebe. In Jesus hat ja Gott sein letztes und endgültiges Wort gesagt, das da heißt: Welt ich liebe Dich. Mensch, ich liebe Dich. (Karl Rahner)

Wir feiern, dass sich Gott in Jesus ganz auf die Seite der Menschen stellt, Leid und Freuden, ja selbst den Tod mit uns teilt. Dass damit auch das Leid mit ins Spiel kommt, besagt auch unsere Sprache, denn die zwei Sätze „Ich liebe Dich" und „Ich kann Dich gut leiden" gehören zusammen. Wenn die Weihnachtsbotschaft letztlich heißt, dass Gott Liebe ist, dann schließt das mit ein, dass er uns leiden und aushalten kann so wie wir sind. Weihnachten sagt: Gott ist für uns da. Er kann uns gut leiden. Ich wünsche uns allen von Herzen, dass wir für diese Frohbotschaft offen sind und wo es uns möglich ist auch eine Antwort der tätigen Liebe den Brüdern und Schwestern in Not geben. Amen.

# Erscheinung des Herrn

## Jes 60,1-6, Mt 2,1-12 (6.1.2008)

Zwei Erfahrungen sind mir spontan bei dem Gedanken an die Sterndeuter des heutigen Evangeliums gekommen:

Das eine ist ein Erlebnis am Jakobsweg. Wir waren alle nur mit dem Notwendigsten ausgerüstet. Seit einigen Tagen begegnete ich immer wieder einer kleinen Gruppe, bestehend aus einer Schweizerin, einer Amerikanerin und einem Mexikaner. Wie ich später erfuhr, sagte der Mexikaner, ich müsste ein reicher Mann sein. Vielleicht strahlte ich durch meinen eher weißen Bart etwas wie Reichtum aus. Als ich ihm sagte, dass ich Priester sei, sagte er zu seinen Begleitern: „Ich habe doch recht, dass er ein reicher Mann ist, aber in einem tieferen Sinn."

Damit konnte ich eigentlich gut umgehen, denn war ich nicht reich beschenkt, da ich wie auf dem Jakobsweg den Sternen der Milchstrasse wie Millionen von Menschen vor mir folgend auf meinem Lebensweg dem Stern von Bethlehem zeitlebens gefolgt bin und dabei so viel Sinn auf meinem Lebensweg erfahren durfte? Sinn heißt ja im Althochdeutschen „den rechten Weg gehen". Ich war gerade wieder dabei, mich dieses Sinnes als Pilger auf Erden in der Gefolgschaft Jesu zu vergewissern.

Freilich wusste ich mich auf dieser Suche hin zum Apostelgrab, vorbei an den Palästen der Könige und Herzöge; unterwegs mit all den anderen Pilgern aus aller Herren Länder, auch wenn für manche schon der Weg das Ziel zu sein schien und einem anderen Ziel vielleicht oft recht unbeholfen gegenüber standen.

Die zweite Erfahrung machte ich im vergangenen Sommer, als ich Bordpfarrer auf dem Luxuskreuzschiff MS Europa war. Die meisten der Passagiere waren tatsächlich sehr reich, also betucht und wohlhabend. Viele Gespräche machten mir allerdings bald klar: In einem Punkt gleichen sie den ärmlich ausgestatteten Jakobspilger; was die wesentlichen Fragen des Lebens anbelangt, waren sie wenigstens genau so Fragende und Suchende.

Mit einem Wort: alle, ob reich oder arm, ab „gestopft" oder mittellos, alle Menschen sind Suchende und können sich so einreihen in die Schar derer, die das Evangelium heute Sterndeuter nennt. Die allein entscheidende Frage ist, ob man einem Stern und da wiederum welchem Stern man folgt.

Das heutige Evangelium ist von viel Brauchtum und Legenden umwoben, etwa dass es Könige waren oder dass ein Schwarzer dabei war. Es ist im Grunde aber keine historische Erzählung, sondern narrative Theologie, also Aussage über Gott in Form einer Erzählung. Mag sein, dass die Erinnerung an eine besondere Sternkonstellation mitschwingt. Die Bibel braucht jedoch nicht recht zu haben, indem man historisierend oder gar fundamentalistisch nach dieser Sternenkonstellation vor 2000 Jahren sucht und meint, das wäre wichtig.

Das Wesentliche ist vielmehr: Vom auferstandenen Jesus, von Ostern her erhält dieser Stern sein Licht, ja Jesus selbst ist dieser Stern.

Der Kern dieses Festes sind nicht drei Könige, sondern der König schlechthin, Jesus selbst. Die Magier stehen für alle, die, wie es in einem Hochgebet, heißt, „Gott mit aufrichtigem Herzen suchen". Für Matthäus, der etwa um das Jahr 80, also drei Generationen nach Christi Geburt sein Evangelium schreibt, war Jesus ein großer „Star", würden wir vielleicht heute sagen. Für diese Bezeichnung fand er durchaus Anhaltspunkte in der Heiligen Schrift selbst. So heißt es in der Verheißung eines künftigen Messias beim Propheten Bileam: „Ein Stern geht auf in Jakob, ein Zepter erhebt sich in Israel." (Num 24,17)
Außerdem war damals auf vielen Kaisermünzen neben dem Bild des Herrschers oft ein Stern als Zeichen für die göttliche Würde des menschlichen Königs abgebildet. Wenn Matthäus den Stern jetzt nicht mehr über Augustus oder Herodes, sondern über Jesus erstrahlen lässt, so verweist er damit deutlich auf den wahren König hin. Sein Königtum unterscheidet sich allerdings radikal von dem des machthungrigen und brutalen Herodes. Wie wir uns den König der Juden vorzustellen haben, wird erst in der Leidensgeschichte klar, wo der Titel „König der Juden" beim Prozess und als Spottname auftaucht.

Wir Menschen sind immer wieder vor die Entscheidung gestellt: Mose oder der Pharao, Jesus oder Herodes, die suchenden Magier oder die wissenden Schriftgelehrten und Hohepriester, die aber aus ihrem Wissen keine Konsequenzen ziehen. Auch wir erleben vielfach die Zwischenstationen unseres Lebens – bei Herodes, dem König der Juden. Es sind die Situationen, wo wir versucht sind, uns blenden zu lassen von den Shoppingtempeln des Wohlstands und des Kommerzes, von den Wellness-Tempeln der Schönheit und des Body-Kults, von Macht und Einfluss der Stars dieser Welt und von der Versuchung, selbst ein Star zu sein oder wenigstens ein Starlet – durch die Schönheit, durch die Figur, durch die äußere Kraft oder wie immer.
Nicht dass das alles schlecht wäre, aber jeder Mensch ist vor die Frage gestellt, vor wem er letztlich die Knie beugt – vor dem, wofür der König Herodes steht oder vor dem, wofür der König Jesus steht.
Der Stern von Bethlehem führt zu einem Ziel; der Anblick des dort gefundenen „Stars" erfüllt die Sucher mit großer Freude, auch wenn er so ganz anders ist als die damals und heute verehrten Stars. Sie verspüren: der weite Weg hat sich gelohnt; der Gesuchte ist gefunden.
An die Stelle der Sterndeuter sind bei Matthäus die Jüngerinnen und Jünger Jesu getreten, und seit 2000 Jahren folgen Suchende, folgen wir als Glieder der Kirche diesem Stern, weil wir ahnen und erfahren haben, dass er gerade in seiner Machtlosigkeit der Liebe und in der Unansehnlichkeit seiner Solidarität mit allen der erwartete Hirte ist, der sein Volk auf gute Weide führt.
Ich wünsche uns allen den Blick der Liebe, der etwas sieht, was der andere nicht sieht, also den Blick des Herzens, der nicht an der Oberfläche stehen bleibt, sondern diesem Jesus wirklich zutraut, dass er, wie es die Lesung heute sagt, das Licht der Welt ist und alle Völker, ob bewusst oder unbewusst, zu ihm wandern.
Allen, die ihm noch nicht begegnet sind oder denen er immer wieder mal zu entschwinden droht (dazu zähle ich uns alle in Krisen des Lebens), wünsche ich von Herzen, dass sie mit den Worten des Dichters Günter Kunert sagen können:

Ich bin ein Sucher
Eines Weges.
Zu allem was mehr ist
Als
Stoffwechsel
Blutkreislauf
Nahrungsaufnahme
Zellenzerfall.
Ich bin ein Sucher
Eines Weges
Der breiter ist
Als ich.
Nicht zu schmal
Kein Ein-Mann-Weg.
Aber auch keine
Staubige, tausendmal
Überlaufene Bahn.
Ich bin ein Sucher
Eines Weges.
Sucher eines Weges
Für mehr
Als mich.

## Taufe Jesu

### Gen 3,20-21 (Frauenalternativleseplan); Mt 3,13-17;4,1a (9.1.2005)

Wir stehen noch am Beginn dieses Jahres. Was wird es bringen? Wenn wir einander „alles Gute" wünschen, so heißt dies doch auch, dass wir nicht alles im Griff haben und „alles Gute" nicht einfach machen können, sonst bräuchten wir es uns nicht zu wünschen! Vieles ist weiterhin von nicht steuerbaren Vorgängen beeinflusst, also dem Zufall, dem Fluch oder dem Segen vorbehalten, wie immer man sagen möchte.
Eben in diesen Tagen haben wir durch das große Seebeben erfahren, dass diese Welt nicht eine Vollkasko-Welt ist. Auch die jetzt geplante Tsunami - Vorwarnanlage im Indischen Ozean wird aus unserer Mutter Erde keine „All inclusive Welt" machen, in der alles unter menschlicher Kontrolle wäre.
Die Frage ist jedoch berechtigt, ob wir nicht doch praktisch oft so leben, als wäre alles –zumindest in absehbarer Zeit - letztlich machbar. Anders gefragt: Was ist das entscheidende Vor-Zeichen in unserem

Leben und in unserer Welt? Was ist das Fundament und Prinzip unseres Lebens? Ist es unser eigenes Tun und Handeln oder ist es eine Offenheit für eine uns überschreitende Dimension, von der wir zunächst nicht wissen, ob sie uns zum Fluch oder zum Segen ist? Es ist eine Frage, die wir uns ob der Ungewissheit der Zukunft am Anfang des neuen Jahres stellen und die sich auch die Eltern am Beginn des Lebens ihrer Kinder stellen.

Der evangelische Theologe Dietrich Bonhoefer hatte in der ersten Hälfte des 20. Jahrhunderts den Eindruck, dass viele Christen Gott als Lückenbüßer im Alltag einsetzten und dabei ihre Pflichten in der Welt vernachlässigten. Er rief sie deshalb auf, so zu leben als ob es Gott nicht gäbe („si Deus non daretur"), um Gott nicht als Lückenbüßer in einer säkularen Welt zu missbrauchen. Ich habe heute die Vermutung, dass heute viele Zeitgenossen, auch Christinnen und Christen, praktisch so lebten als ob es Gott nicht gäbe und das eigene Tun die eindeutige und oft alleinige Priorität im eigenen Lebenswandel hat. Ich möchte sie und uns alle einladen, so zu leben als ob es Gott gäbe („si Deus daretur").

Ohne die beiden Haltungen gegenseitig ausspielen zu wollen, geht es letztlich um die Frage, was ist das erste, vorrangige und letztlich entscheidende Vorzeichen unseres Lebens: Leben wir praktisch ein menschlich geschlossenes Lebenskonzept, in dem wir alles selbst konzipieren, oder gibt es noch jemand, ein größeres Du, der ein Konzept von uns hat, also ein umfassenderes Lebenskonzept, das uns übersteigt? Und ist dies ein positives oder negatives Lebenskonzept, ein sinnvolles oder sinnloses Lebenskonzept?

Woher kommt meine Vermutung, dass heute Menschen ihr eigenes Tun an erste Stelle reihen. Beispielhaft lässt es sich an der Einstellung zum Kinde in unserer Gesellschaft ablesen. Das deutsche Magazin „Die Zeit" nannte es kürzlich das „Erst-mal-Prinzip": Die jungen Männer und Frauen wollen „erst mal" ihren Bildungsabschluss erreichen, ins Ausland gehen, beruflich Fuß fassen, vielleicht sogar Karriere machen. Es wird de facto so gelebt, dass man all das macht, was man sozusagen selbst besorgen und machen kann. Die Zeitung „Die Presse" (also nicht eine Kirchenzeitung!) folgert daraus in einem Artikel zum Jahresende (Martina Salomon, Die Presse, 10.12.2004, S.9) wörtlich: „Ein Kind dazwischen wird als Katastrophe, zumindest als Bremse in der Verwirklichung der Lebensträume empfunden, und natürlich beschränkt es auch das Einkommen... In Wahrheit liegt die größte Hürde, um Kinder in die Welt zu setzen, im Kopf: Nie passt bei den Bürgern der Wohlstandsgesellschaft ein Kind wirklich ins Lebenskonzept." Die Autorin fordert am Schluss ihres Artikels die katholische Kirche auf „viel lauter als bisher die wirklich entscheidende Frage (zu) stellen: Sind Kinder in diesem Land willkommen?"

Ich weiß, dass zur positiven Antwort auf diese Frage viele äußere soziale Rahmenbedingungen durch die Politik geändert werden müssen. Über diese wünschenswerten notwendigen Rahmenbedingungen hinaus bedarf es aber für den Kinderwunsch und für unser aller Lebenskonzept auch der Antwort auf die Frage, ob wir uns und unsere Welt im Griff haben müssen oder ob zuvor prinzipiell, also grundsätzlich etwas anderes Priorität hat. Es bedarf eines neuen geistlichen Fundaments, eines anderen „Erst-mal-Prinzips", eines Paradigmenwechsels im Vorzeichen unseres Lebens. Es bedarf des Glaubens an einen offenen Himmel.

Das heutige Fest der Taufe Jesu am Beginn dieses Jahres sagt uns, dass der Wunsch nach einem offenen Himmel nicht Vater des Gedankens ist, sondern dass es dieses positive göttliche Vorzeichen im Leben Jesu, aber auch im Leben der Kinder und in unserem Leben gibt. Die Taufe Jesu als Overture am Beginn des öffentlichen Lebens Jesu ist der bejahende Grundakkord seines Lebens durch alle noch ausstehenden Wachstumskrisen hindurch – für ihn und als Verheißung für uns alle!
Jesus wird durch die Taufe als der von Gott berufene Messias ausgewiesen. Würde Jesus den gängigen Erwartungen eines rein innerweltlichen politischen, nationalen oder nur sozialen Messias nachkommen, wäre er nicht der, der er sein sollte. Das Untertauchen im Wasser ist seit mythischen Urzeiten ein Sinnbild für die Auseinandersetzung mit unbewussten Mächten, die vom eigentlichen Ruf wegführen. Weil sich im Anschluss der Himmel öffnet, eine Taube herabsteigt und die Stimme sagt „Das ist mein geliebter Sohn, an dem ich Gefallen gefunden habe", kann er sich von falschen Erwartungen der Umwelt, aber auch von eigenem Im-Griff-haben-wollen lösen und erhält er seine wahre Identität von Gott her. Die darin geschenkte Gotteserfahrung heißt für ihn, dass er absolut auf Gottes Liebe vertrauen kann. Diese unverlierbare Liebe Gottes, die allem Verdienst und aller Leistung vorausgeht, ist zugleich der Auftakt zu seinem öffentlichen Wirken. Der Kern der Gotteserfahrung Jesu, die in der Taufe brennpunktartig zusammengefasst wird, ist Gottes liebevolles Ja, die Liebeserklärung Gottes an ihn, die ihn mit schöpferischer Lebenskraft erfüllt und ihn seine öffentliche Sendung voll annahmen lässt.
Jeder, der eine Liebeserklärung bekommen hat, weiß aus Erfahrung, wie man dadurch über sich hinauswächst, ungeahnte Fähigkeiten entwickelt und seiner sicher ist (durch die Liebe des Du, die trägt) und gelassen dem Leben mit seinen Schwierigkeiten und auch den Mitmenschen mit ihren Licht- und Schattenseiten gegenübertritt. Aus dieser Kraft heraus kommt Jesus zu den Menschen, damit auch sie das Leben haben und es in Fülle haben.
Auch unsere Taufe ist nicht Antwort auf all unsere Fragen, auch nicht auf die berechtigte Frage des „Warum?" im Leid, aber es ist die Distanzierung von all den weltlichen Verheißungen, die doch nicht halten können, was sie versprechen. Taufe ist die Befreiung vom Irrglauben, das Leben selbst besorgen zu müssen. Sie ist die Zusage, dass ein göttliches „Erst-mal-Prinzip" der vorbehaltlosen Annahme als Gotteskinder allem eigenen Vorsorgen vorausgeht; sie ist das uns letztlich entlastende Vorzeichen unseres Lebens. Sie schenkt die Gewissheit, dass uns nichts von der Liebe Gottes in Jesus Christus zu trennen vermag.
Wer davon überzeugt ist, der kann auch heute Kinder willkommen heißen, weil sie nicht nur Kinder der Eltern, sondern auch – wie wir alle – Kinder Gottes sind. Kinder passen in das Lebenskonzept Gottes, ja sie sind die größte Innovation dieser Welt und Ausdruck dafür, dass Gott sein Vertrauen in die Menschen nicht verloren hat. Trotz des Risses, der durch die Schöpfung geht, bleibt Gott selbst mütterlicher Geber alles Lebens, der auch Adam und Eva nach deren Sündenfall nicht nur mit Röcken aus Fellen, sondern in Jesus Christus mit dem Mantel seiner unwiderruflichen Liebe und Gnade bekleidet.

Vom heiligen Ignatius von Loyola soll die Aufforderung stammen, so zu handeln als ob alles von unserem Tun abhinge, zugleich aber auch so zu vertrauen, als ob alles von Gott abhinge. Das Erste allein wäre das rein menschliche Vorsorgeprinzip, das von so vielen praktisch gelebte „Erst-mal-Prinzip", als ob es Gott nicht gäbe. Das zweite, dieses unendliche Vertrauen, das dem Leben trauen lässt, weil es Gott mit uns lebt, ist die alles nochmals umfassende himmlische Liebeserklärung und das uns entlastende göttliche „Erst-mal-Prinzip" der göttlichen Liebe, die all unserer Leistung vorausgeht und sie liebend umfängt und einmal vollendet; denn hat uns Gott in Jesus nicht alles geschenkt (Röm 8, 32)? Als Getaufte dürfen wir uns deshalb im Vollsinn des Wortes alles Liebe und Gute wünschen. Amen.

## 2.Sonntag
### Jes 49,3.5-6; Joh 1,29-34 (20.1.2008)

In einem Monat sind wieder die Semesterferien. Während viele das mit Urlaub verbinden, müssen sich die Schülerinnen und Schüler die Ferien gleichsam verdienen, denn vorher soll noch ordentlich gelernt werden, um ein gutes Halbjahres-Zeugnis zu bekommen. So mancher Zeugnistag ist ein wichtiger Tag für das Leben, weil sich daran oft auch gewisse Studien- und Berufschancen anhängen. Rund um die Zeugnissee kennen wir die Diskussion über die Art der Bewertung der schulischen Leistungen. Sie geschieht entweder, wie meist üblich, durch die Noten 1-5 oder durch verbale Beurteilung – mit den Argumenten pro und contra für diese oder jene Bewertung.

Heute ist im Evangelium gleichsam auch ein im Leben Jesu wichtiger Zeugnistag beschrieben. Die Stelle, die wir eben gehört haben, ist in der Bibel überschrieben mit den Worten: Das Zeugnis des Johannes für Jesus. Klar ist jedenfalls, dass Johannes keine Notenbewertung für Jesus abgibt, sondern eine verbale Beurteilung, wenn Sie so wollen. Es sind die Worte: „Seht, das Lamm Gottes, das die Sünde der Welt hinwegnimmt. .... Ich sah, dass der Geist vom Himmel herabkam und auf ihm blieb.... Das habe ich gesehen und ich bezeuge: Er ist der Sohn Gottes."

Noten sind vielleicht klarer, verbale Zeugnisse jedoch vielsagender – vorausgesetzt, dass man die Sprache und deren Symbole, die Bilder und Zusammenhänge einer Sprache kennt, denn diese stehen immer in einem gewissen Kontext, den man kennen muss, um zu verstehen, was das Zeugnis bedeutet. Sprache ist immer zeitbedingt und bleibt ohne Kenntnis der betreffenden Zeit vielfach unverständlich. Konkret: Was heißt das Zeugnis des Johannes: „Seht, das Lamm Gottes,..."? Wir sagen diese Bezeichnung für Jesus zwar oft, ja in jeder Messe vor der Kommunion, aber was bedeutet sie? Bei Lamm denken wir wohl schnell an „dummes Schaf" oder an „lammfromm" im Sinne von: Der ist dumm und lässt sich alles gefallen und wird so unfreiwillig zum Spielball der Interessen anderer.

Die Zuhörer Jesu freilich wussten aus dem Zusammenhang ihres Glaubens und dessen Riten sehr wohl, was damit gemeint war: Bei der Befreiung der Israeliten aus dem Land der Knechtschaft Ägypten mussten sie als

Zeichen das Blut von Lämmern an die Türpfosten streichen, um von dem Engel des Gerichts verschont zu werden (Ex 12,23).

In Erinnerung an diese Befreiung durch das Blut des Lammes legte der Hohepriester beim Betreten des Allerheiligsten im Tempel am sogenannten Versöhnungstag zeichenhaft die Sündenlast des ganzen Volkes durch Handauflegung auf ein männliches Lamm. Einem Lamm, das als Zeichen von Friedfertigkeit und Unschuld galt, wurden also die Sünden aller aufgebürdet und in die Wüste getrieben. Dort verendete es – und mit ihm vermeintlich auch die Sünden der Menschen.

Von daher verstehen wir den auch bei uns geläufigen Ausdruck des Sündenbockes: das ist jemand, der mit der Schuld anderer beladen und in die Wüste, in das Elend geschickt, und nicht selten tatsächlich getötet wird. Der Wissenschaftler René Girard hat in einem dicken Buch die Weltgeschichte mit ihren blutigen Spuren als eine Geschichte des Sündenbockmechanismus aufgezeigt und der vor kurzem verstorbene Innsbrucker Jesuit Raymund Schwager hat genau in diesen Deutungszusammenhang hinein das Leben Jesu gestellt als das Lamm Gottes, der mit den Sünden der Welt beladen das Schicksal des Sündenbockmechanismus erleidet.

Es ist fürwahr nicht so als ob ein grausamer Vater nur durch das Blut seines Sohnes besänftigt werden könne. Denn Jesu Gott ist der barmherzige Vater, der Barmherzigkeit und nicht Opfer will. Es ist vielmehr die unendlich große Liebe Gottes in Jesus, der in der Solidarität mit den Menschen die auf ihn geladenen Sünden und Schattenseiten trägt statt sie – nach den Gesetzen dieser Welt – auf andere zu projizieren und anzuschwärzen, um selbst mit weißer Weste dazustehen. Nur so kommt eine neue Dynamik, die des Reiches Gottes, in die Welt und wird die Welt von der Wurzel her entgiftet und deren Sündenmüll gleichsam entsorgt. Dass Jesus genau zu der Zeit am Kreuz stirbt, als im Tempel die Paschlämmer geschlachtet wurden, sagt den Christen seit Anbeginn: Jesus selbst ist das wirkliche Lamm Gottes; er tut, was wir nicht können: er besiegt das Böse der Welt durch seine unbegreifliche Liebe. Die Gesetze der Welt töten ihn, sie laufen sich aber an dieser Liebe auch zu Tode und eine neue Welt beginnt!

Das zeitbedingte Bild vom „Lamm Gottes“ ist also aus der Heilsgeschichte Israels zu verstehen. Wir ahnen jedoch auch, was an diesem Bildwort über die damalige Zeit hinaus bis heute allgemein gültig ist: Durch all die Jahrhunderte, leider auch durch die der christlichen Zeitrechnung, gab es das Sündenbockdenken und dessen fatale Folgen, angefangen von den Juden als Sündenböcken schon damals über die Hexen und Roma bis zur Verachtung alles nichtarischen Menschen im Dritten Reich. Das ist die negative Seite.

Wer jedoch wirklich glaubt, dass Jesus „die Sünde der Welt hinwegnimmt“, der braucht seine Schuld nicht auf andere abwälzen und auch nicht davor davonlaufen. Wer glaubend die Liebe Gottes an sich geschehen lässt, hat es nicht nötig, im anderen den Rivalen und Konkurrenten zu sehen, sondern er wird offen für Erlösung, d.h. er wird er-löst von fragwürdigen Abhängigkeiten und selbst gefertigten „Heilsplänen“; er darf sich seine Einmaligkeit und Bedeutung von Gott selbst schenken lassen!

Anbetracht der jüngsten Ereignisse in Graz müssen wir beschämend und mit großem Entsetzen sagen, dass das Sündenbockdenken sogar höchst aktuell ist. Denn was sich dort eine gewisse bisher total unbekannte Frau Winter an ausländerfeindlichen Äußerungen erlaubt hat und was von den Granden ihrer Partei bestärkt wurde, ist nicht nur reiner Populismus und niedrigstes politisches Kalkül, sondern eine islamfeindliche Hetze, die in keiner Weise auf die schwierige und angespannte Situation einer religionspluralistischen Gesellschaft Rücksicht nimmt. Wie schon öfters in der Geschichte zündeln hier einige, die dann keine Schuld haben wollen, wenn es durch sie zum Flächenbrand kommt!

So wie Johannes damals Zeugnis gegeben hat, sind wir Christinnen und Christen heute zum klaren Zeugnis für die Würde jedes Menschen und jeder Religion aufgerufen. Als Kirche tun wir uns tatsächlich leichter als die Parteien, weil wir nicht gewählt werden müssen, aber es stimmt mich traurig, wenn bei manchen Politikern das Ziel alle Mittel, auch die Verunglimpfung der Religion des anderen, heiligt und wenn Menschen bei diesen primitiven Untergriffen darauf hineinfallen. Wir sind um unser verbales Zeugnis gefragt - am Wirtshaustisch und bei der Sauna-Runde, in der großen Politik und im Gespräch mit dem Nachbarn. Wir sind herausgefordert, im Sinne des Zweiten Vatikanischen Konzils für Religionsfreiheit und Respekt voreinander und Toleranz füreinander einzutreten.

Ohne Fragen und Probleme zu leugnen, eines steht jedenfalls fest: Eine friedliche Zukunft der Menschheit gibt es nur in dem Maße als wir mit einander in ehrlichem Dialog auf Augenhöhe bleiben. Dazu verpflichtet uns unser Glaube, denn schließlich ist Jesus Christus, wie es in der Lesung heute heißt, nicht nur gesandt, die Stämme Israels aufzurichten, sondern er wurde zum Licht aller Völker gemacht, damit Gottes Heil bis an das Ende der Erde reicht. Amen.

## 3. Sonntag

### Jes 8, 23-9,3, Mt 4, 12-23 (27.1.2002)

Ich möchte Ihnen heute zunächst von einem Film erzählen, den ich vor längerer Zeit gesehen habe; er trägt den Namen 'Das Leben ist schön'. Im Grunde ist dies eine ungeheuerliche Behauptung, denn der -Film spielt großteils in der Hölle, in einem Vernichtungslager des Dritten Reiches. Er handelt von einer jüdisch-italienischen Familie, die am Ende des 2. Weltkrieges in ein KZ deportiert wird. Um seinen kleinen Sohn zu schützen und um ihm das Leben im KZ erträglich zu machen, spielt der Vater den Kasper, also quasi einen Clown. Er erfindet eine irrwitzige Lügengeschichte, um das Kindsein seines Kindes zu verteidigen: er tut so, als seien all die Schrecknisse des Lagers Bestandteile eines großen Gesellschaftsspiels, bei dem man möglichst viele Punkte sammeln muss, um so den großen Preis, einen echten Panzer, zu gewinnen. Das Gebrüll der KZ-Wärter, das Verschwinden der Alten und der Kinder - jede Grausamkeit verwandelt der Vater mit panischer Heiterkeit in Stationen dieses Spiels. Selbst zu seiner Hinrichtung hampelt der Vater wie ein hölzernes Bengele, ein Pinocchio, um den Glauben des Buben an das Spiel zu erhalten. Am Ende sieht

das Kind den versprochenen Gewinn: Ein Panzer fährt durchs Lagertor, die Amerikaner befreien das KZ. So weit der Film.
Es stellt sich uns die berechtigte Frage: Ist eine solche und sei es barmherzige Lüge berechtigt, weil sie Hoffnung weckt und Hoffnung am Leben erhält? Ist sie, wenn die den Menschen glauben macht, was nicht stimmt, nicht doch eine unverantwortliche Vertröstung, also Opium des Volkes, und deshalb solche Hoffnung nicht doch Selbsttäuschung? Sind nicht die Reaktionen der normalen Menschen auf die unmenschliche Umgebung, sei es im KZ oder anderswo, verständlich und eben normal: man passt sich entweder selbst so weit als möglich der Unmenschlichkeit an und versucht das einem Mögliche herauszuschlagen oder man wartet untätig und resigniert auf eine gewaltiges Ereignis, auf eine Katastrophe, die alles verschlingt oder alles neu macht?!
Die Welt ist Gottseidank kein KZ; das Leben ist aber für die meisten der Menschen wirklich nicht schön. Die Welt sieht für sehr, sehr viele eher so aus wie im genannten Film. Ist das Leben denn schön für die Kinder, denen im Irak amerikanische Bomben um die Ohren flogen? - für die Flüchtlinge aus Osteuropa, denen Asyl verwehrt wird? - für die Gefolterten in der Türkei oder im Sudan? - oder (bleiben wir in der Nähe!) für die Jugendlichen, die keinen Arbeitsplatz erhalten? - für die Arbeiter in Steyr, die die Mitteilung bekommen, dass die Firma auf ihre Dienste verzichten kann. Ein Streifzug durch die Geschichte mit all den Katastrophen und Kriegen und durch die Kontinente mit all dem Gefälle zwischen Nord und Süd und mit den Spannungen zwischen 1., 2., 3. und 4. Welt spricht Bände. Ist der Vater im Film nicht doch ein Lügner, ein vertröstender Clown?
Ich bin überzeugt, es gibt auch eine andere, richtigere Interpretation: der Vater hat nicht gelogen, sondern er versucht eine neue Wirklichkeit herzustellen, ja, er schafft tatsächlich eine neue Realität durch die Liebe und Zuwendung zu seinem Kind. Mit seinem nur vermeintlich lächerlichen Widerstand, mit seinem ganzen Dasein, kämpft er gegen die böse Welt und hebt sie aus den Angeln. Er konzentriert sich ganz auf das Kind und gibt so seinem Leben und Sterben neuen Sinn; er trotz der Unmenschlichkeit ein Leben ab. Das Ende der Filmgeschichte ist ein Hinweis darauf, dass die Hoffnung berechtigt ist und dass eine neue Wirklichkeit entsteht.
Es ist für mich eine moderne Geschichte für Jesus und das, was er für die Menschheit getan hat. Wir können es mit den Bildern der heutigen Lesungen ausdrücken. Der Prophet Jesaja spricht vom Volk, das im Dunkeln leb t. Es ist das Land Sebulon und Naftali, d.h. das Land Galiläa, dessen Bewohner seit dem 8. Jahrhundert großteils von den Assyrern verschleppt wurden und von Heiden besetzt worden war. Dieses von ethischen Säuberungen gepeinigte Land war ständig unterdrückt. Und da kommt dieser Jesus und erzählt das Blaue vom Himmel, sagt 'Das Himmelreich ist nahe!' Wenn Matthäus den Propheten Jesaja zitiert, so bezeugt er, dass Jesus das Leben der Menschen in Galiläa erhellt hat. Ein Licht strahlt auf; in seiner Nähe freut man sich und jubelt, denn er zerbricht das drückende Joch, das Tragholz auf den Schultern und den Stock des Treibers. Jesus lügt nicht, denn durch seine grenzenlos liebende Zuwendung ist in ihm das Himmelreich, die

neue Wirklichkeit gegenwärtig, auch wenn es ihm, wie dem Vater im Film, sein Herzblut, sein Leben kostet. Die Auferstehung besiegelt die Unumkehrbarkeit der Ankunft dieses Himmelreiches, dieses schönen Lebens. Nichts mehr kann uns trennen von seiner Liebe!

Galiläa ist überall! Das Volk, das im Dunkel lebt, ist die ganze Welt. Und wenn wir im Evangelium von der Berufung der ersten Apostel als Menschenfischer gehört haben, so sind Jesu Jünger bis heute gesandt, das Himmelreich, dieses schöne Leben, durch ihr Wort und vor allem durch ihre liebende Tat zu bezeugen und dadurch die Krankheiten des Volkes zu heilen. Immer wieder passiert es, dass sich Menschen in diese radikale Nachfolge Jesu rufen lassen und so durch die Kraft ihres Beispiels eine neue Wirklichkeit, den Anfang eines schöneren Lebens schaffen. Von einem solchen Boten der Liebe, den wir bei seinem Einsatz gemeinsam mit unserem pfarrlichen Ein e-Weltkreis unterstützen wollen, soll noch die Rede sein, von Pater Josef Hehenberger, der aus Stroheim bei Eferding stammt und der Klostergemeinschaft von Jequitiba, dem Schlierbacher Tochterkloster in Bahia in Brasilien, angehört.

Auch seine Umgebung ist eine unmenschlich grausame. Brasilien war Weltmeister in Fußball, in sozialer Ungerechtigkeit ist es nach wie vor an erster Stelle. Vor zehn Tagen machte es wieder Schlagzeilen durch die Abwertung des Real, er hat innerhalb von 10 Tagen rund 30% seines Wertes gegenüber dem Dollar verloren. Der Großteil der 160 Millionen Menschen ist sowieso schon am oder unter dem Existenzminimum. 50% der 5 Millionen Bodeneigentümer gehören 2% des Bodens, 2% gehören 50% des Bodens. So meinte jemand zu Recht, dass die meisten Menschen in Brasilien mehr Erde erhalten, wenn sie sterben, als sie über Erde verfügen, wenn sie leben. Die Landflucht hält weiter an. 80% wohnen bereits in den Städten, aber wer dort landet, endet fast unweigerlich in einer der Elendsvierteln, der Favelas, beträgt doch die Arbeitslosigkeit fast 40%.

Mitten im besonderen Armenhaus Brasiliens, in Bahia, lebt P. Hehenberger seit über 2o Jahren, angesteckt von diesem Jesus und seinem Himmelreich. Aus dessen grenzenloser Liebe bis zum Tod, die er und wir immer wieder in der Eucharistie feiern, holt er sich selbst die Kraft für sein unermüdliches Engagement für die Ärmsten der Armen in der Stadt Jacubina. Ich durfte es selbst im letzten Sommer bei meinem Besuch hautnah erleben. Aus der Gemeinschaft mit dem auferstandenen Christus wird offenbar Unmögliches möglich: inmitten von Elend und Drangsal gräbt er ein Tunnel der Hoffnung durch den Berg der Verzweiflung.

Für viele Straßenkinder seiner Stadt ist er zum Licht im Dunkeln geworden, in seinen Basisgemeinden hat er für sie Orte der Geborgenheit und der Zuwendung geschaffen. Mit Laien und geistlichen Schwestern betreut er Straßenkinder und schenkt ihnen Würde und Ansehen. Für viele ist durch ihn erst schulischer Unterricht und dadurch Bildung als Voraussetzung aller Hilfe zur Selbsthilfe entstanden. Es gilt fürwahr das Jesaja-Wort: man freut sich in seiner Nähe; denen, die im Schattenreich des Todes wohnen, ist ein helles Licht erschienen.

Es ist kein Wunder, dass alle Armen ihn gerne sehen, herzlich umarmen und begrüßen, ist er doch für sie durch seinen Freimut und seinen Idealismus ein lebendiges Evangelium geworden, das sie lesen und verstehen können. Er hilft ihnen im Aufbau von Solidarität, im Bau von Häusern und Gärten, in der Verbesserung des Gesundheitswesens. Überall, wo er auftaucht, werden das drückende Joch und das Tragholz auf den Schultern geringer.

Es wundert freilich auch nicht, dass sein Einsatz für das arme Volk, vor allem für die Landlosen, von den Machthabern nicht gerne gesehen wird. P. José wurde schon des öfteren mit Mord bedroht; die Pistoleros, d.h. die bezahlten Killer der Großgrundbesitzer, waren schon mehrmals hinter ihm her. Auch wenn er sich einmal ein halbes Jahr verstecken musste, sein Wille ist ungebrochen. Um die Abwanderung in die Großstädte und die damit gegebene Verelendung zu verhindern unterstützt er seit Jahren auch die Landbesetzer, die ungenütztes brachliegendes Land besetzen und nach vielleicht zweijährigen schikanösen Verhandlungen zugeeignet bekommen. Unser Bild zeigt P.José im Gespräch mit solchen Landbesetzern; für sie zählt seine moralische Autorität sehr, sehr viel. Auch wenn es noch meilenweit von einer im Wahlkampf oft versprochenen Landreform und gerechten Landverteilung weg ist, sind es doch im konkreten Fall, wo wir P. José helfen wollen, immerhin 97 Familien, die sich eine sehr bescheidene, aber eigene Existenz aufbauen können und den Lebensunterhalt dadurch selbständig meistern.

In seiner Hauskapelle hängen rechts und links vom Altarkreuz zwei blutduchtränkte Gewänder von Männern, die bei Attentaten, die wahrscheinlich ihm gegolten hätten, das Leben lassen mussten - moderne Märtyrer im Einsatz für die Armen, damit auch sie einmal ein schöneres Leben haben. Wer weiß, welches Schicksal P. José bevorsteht?! Wahrscheinlich würde er wie Martin Luther King sagen: „Ihr könnt uns antun, was ihr wollt. Wir werden euch trotzdem lieben." Er ist zutiefst überzeugt, dass die Kraft der Wahrheit, der Gerechtigkeit und die Feindesliebe keine Lüge sind und dass sie letztlich stärker sind als alle weltumspannenden Systeme der Gewalt

Wir können trotz aller Dunkelheit gelassen und voll Vertrauen in die Zukunft der Menschheitsfamilie schauen, solange es auf der Erde solche Hoffnungsträger gibt - Menschen, die lieben, beten und teilen und um der Liebe Christi willen das Wagnis eingehen, ihr Leben zu geben, damit andere ein schöneres Leben haben. Ich meine jedoch auch, dass diese Menschen es wert sind und es unsere Verpflichtung ist, dass wir ihnen aus dem Geiste Jesu heraus unsere Solidarität bekunden. Deshalb bitten wir Sie herzlich um Unterstützung unseres Projektes für P. Josè und sagen ehrlich 'Vergelt's Gott!'. Amen.

## 5. Sonntag
## Jes 58,7-10; Mt 5,13-16 (6.2.2011)

Mit dem Bild vom Salz der Erde und Licht der Welt greift Jesus wie so oft handfeste Dinge des Alltags auf, um sie zu einem Gleichnis dessen zu machen, was für ihn Bedeutung hat. Da von Weihnachten bis hin zu Ostern immer wieder vom Lichtsymbol die Rede ist, möchte ich mich heute auf das Salz beschränken.

Salz war zur Zeit Jesu eine Kostbarkeit, die fast mit Gold aufgewogen werden konnte. Die Städte, die vom Salzhandel lebten, waren schon zur Römerzeit reiche Städte. Es gab vor 2.000 Jahren schon das Sprichwort: „Der Mensch kann ohne Gold, aber nicht ohne Salz leben."
Auch unsere Vorfahren wussten um die Kostbarkeit des „weißen Goldes". Alle Namen mit Hall und Salz, etwa Hallein oder Salzburg, bezeugen es. Ungefähr sechs Gramm Speisesalz brauchen wir jeden Tag, über zwei Kilogramm im Jahr. Wir wissen, wie bedeutend Salz als Konservierungsmittel vor der Zeit der Kühlschränke und Tiefkühltruhen war oder welche medizinische Bedeutung Salz etwa für die Desinfektion von Wunden oder gegen Hautkrankheiten hatte und hat.
Auch die Tatsache, dass bei vielen Völkern das Verzehren von Salz zu den gebräuchlichsten Gesten der Gastfreundschaft zählte oder dass heute noch Nachbarn oder Freunde bei einer Hauseinweihung oder bei einer Hochzeit Brot und Salz als guten Wunsch für die Zukunft überreichen, ist Zeichen der elementaren Bedeutung des Salzes.
Wie wichtig Salz auch bei eisglatten Strassen ist, um Unfälle zu vermeiden, und wie groß die Not ist, wenn das Streusalz ausgeht, haben wir in diesem Winter bereits erlebt. Es ist deshalb schlimm und verhängnisvoll, wenn das Salz seinen Geschmack verliert. Freilich kommt es auf das rechte Maß an. Eine Suppe oder eine Speise kann ordentlich versalzen und dann ungenießbar sein; zu viel Salz schadet der Gesundheit und für Strassen, Autos und Natur ist es schädlich ist, wenn der Streudienst damit allzu großzügig damit umgeht.

Was will Jesus uns mit diesem Bildwort sagen? Bei all der darin mitschwingenden Anerkennung der Würde seiner Jünger will er etwa sagen, dass sie die einzig Guten und Wertvollen seien und sich deshalb mit dem Rest der eher bösen Welt nichts zu tun haben sollten, außer wenn es unbedingt notwendig sei? Oder will er sagen, dass seine Jünger und Jüngerinnen die Suppe der Welt durch fanatischen 150-igen Einsatz eher versalzen oder ganz in ihren Griff bekommen sollten? Weder – noch!
„Ihr seid das Salz der Erde (das Licht der Welt)." Das kann nicht heißen, dass sich Christen von der Erde in die Sakristei als ihrem Kerngeschäft zurückziehen, sollten, also nur Gottesdienst möglichst schön und würdig feiern sollen, wie manche pseudocharismatische Gruppen versucht sind, es zu tun. Es kann aber auch nicht sein, dass die 150%-igen mit mehr oder weniger Gewalt die Welt missionieren und sich so „die Erde untertan machen".
Für Jesus ist die Kirche kein Selbstzweck, sondern sie hat eine Aufgabe für die Welt. Anders gesagt: „Eine Kirche, die nicht dient, dient zu nichts." Wer in Gott eintaucht, nur um seine Seele zu retten, der macht aus dem Gottesdienst eine egoistische Wellness-Feier. Ist solch ein Gottesdienst noch so schön und fromm, er ist nicht christlich! Und wer in Gott eintaucht, um andere mit Zwang zu missionieren, der verwechselt sein eigenes Temperament oder seine Angst mit dem Einsatz für Gott, er kündet nicht den Gott Jesu und macht durch zu viel Salz sich selbst, das Leben und die Welt ungenießbar.

„Ihr seid das Salz der Erde“ bedeutet: Wer in Gott eintaucht, taucht bei den Menschen auf; Gottesdienst muss immer wieder in den Menschendienst münden, selbst bei einer kontemplativen Berufung hinter Klostermauern.

Worin besteht unser Menschendienst für die Welt von heute? Werfen wir zuvor einen Blick auf unsere momentane oft recht zwiespältige Situation in Europa. Einerseits merken wir im Unterschied zu anderen Kontinenten in Mittel- und Westeuropa geradezu „Europas Angst vor der Religion“, wie der bedeutende Soziologe José Casanova sein Buch betitelt. Wir alle merken ja, wie das so genannte christliche Abendland unterzugehen droht. Andererseits schüren kleinformatige Medien und manche Politiker einen Rechtpopulismus, der sich im Hantieren mit dem Kreuz oder in Sprüchen wie „Abendland in Christenhand“ oder „Daham statt Islam“ niederschlägt.

Es ist eine zumindest ungesunde problematische Spannung, wenn das Kreuz etwa in Italien nur noch als kulturelles Symbol gerettet wird, oder wenn nicht wenige sagen: „Ich bin zwar aus der Kirche ausgetreten, aber das Kreuz lasse ich mir nicht nehmen.“

Was bedeutet der Befund, dass 60% der Österreicher bei einer Imas - Umfrage betonen, ihnen sei der Erhalt des christlichen Erbes wichtig, aber zugleich reihen sie die christliche Erziehung der Kinder an die vorletzte Stelle ihrer Werteskala? Ist es nicht sonderbar, dass mehr als die Hälfte der Österreicher meinen, dass unser Land ohne Kirche ärmer wäre, aber zugleich so viele aus der Kirche austreten?

Vermutlich verbergen sich hinter einem solchem Befund Ängste vor einer religiösen Leere in unserer Gesellschaft, die der Islam als Feindbild füllen werde. Nebenbei, es ist erwiesen: Wer selbst eine religiöse Überzeugung hat, hat keine Angst, sich auch mit Andersgläubigen in einen Dialog einzulassen.

Es gibt freilich auch in Europa die Meinung, dass Religion reine Privatangelegenheit sei und sie sich deshalb total aus der Gesellschaft heraushalten müsse; es entsteht daraus ein Druck auf Kirchen, sich in die reine Privatsphäre zurückzuziehen.

Die konstantinische Zeit, in der die Kirche sich allzu sehr auf die Nähe von Thron und Altar verlassen hat, ist zu Recht zumindest seit dem letzten Konzil vorbei. Auch auf andere Stützen, etwa auf politische Parteien, muss die Kirche verzichten. Kirche ist jedoch kein Mysterienkult. Sie ist öffentlich oder sie ist gar nicht!

Kirche und Staat gehören getrennt, aber auch in Zukunft berühren sich die beiden gegenseitig, denn Kirche ist nicht bloß Privatsache, sie braucht den öffentlichen Raum, um Salz der Erde und Licht der Welt sein zu können. Alle, auch Christen, haben in der „Bürger- oder Zivilgesellschaft“ Verantwortung, die wir auch nicht auf den Sozialstaat abschieben dürfen. Solidarität ist gerade im modernen Staat von allen gefragt.

Das heutige Evangelium vom Salz der Erde ist nicht nur ein schönes Hochzeitsevangelium, denn zur Liebe gehört unbedingt auch die Gerechtigkeit! Dazu ruft die Kirche seit den Propheten und in der Nachfolge Jesu auf. Gerechtigkeit ist das Mindestmaß an Liebe. Wir erleben im Nahen Osten in diesen Tagen wiederum den vielfachen Aufschrei nach Gerechtigkeit. Gerechtigkeit ist nichts anderes als Fairness diesen benachteiligten Menschen gegenüber.

Die biblische Gerechtigkeit als unsere christliche Aufgabe ist die Sorge um all jene, die kein Geld, keine Macht, keine Lobby, kein soziales Netz haben. Die Propheten des AT sind die Erfinder der Gesellschaftskritik. Die Evangelien führen diesen prophetischen Impuls weiter.

Es gibt in der Bibel ein so genanntes „Quartett der Verwundbaren": es sind dies die Witwen, die Waisen, die Fremden und Immigranten und die Armen. Wir müssen uns fragen, wer heute zu diesen Verwundbaren gehören: etwa Alleinerzieherinnen, kinderreiche Familien, Flüchtlinge, Asylbewerber, Schubhäftlinge, Armutsgefährdete, Arbeitslose und Sündenböcke aller Art.

Solange es solche Verwundbare gibt, darf die Kirche nicht aufhören, für sie den Mund aufzutun und selbst so viel als möglich für diese Verwundbaren zu tun. In diesem Sinne forderte Caritas-Präsident Küberl in dieser Woche wiederum Veränderungen in Sachen Asyl, Schubhaft und Migration, denn die geplante Gesetzesnovelle „hält dem Menschenrechtstest nicht stand"(3.2.11)

Solange es solche Verwundete gibt, die zu kurz kommen, müssen wir, die wir in die Lebensschule Jesu gehen, uns für deren Würde und Lebenschancen einsetzen, also uns als Salz einmischen, denn neben der Speise ist Salz zwecklos.

So lange – und das heißt immer – sind wir auch als Pfarre gefordert, über den eigenen Tellerrand hinauszuschauen, Projekte für solche Menschen hier bei uns und auch anderswo zu unterstützen. Deshalb wird es, so lästig es manchen fallen mag, immer wieder Sammlungen geben, z.B. nächsten Sonntag die Osthilfesammlung für die ärmsten Länder Osteuropas. Europa braucht nicht weniger, sondern im recht verstandenen Sinn mehr Religion als Salz der Erde. Christsein ist in der Nachfolge Jesu „Dasein für andere".

Vergessen wir dabei nicht eine wichtige Erfahrung, die in diesen Tagen die neue Wiener Pastoralamtsdirektorin Veronika Prüller-Jagenteufel ausgesprochen hat: "Wir haben oft beim Christsein nur die ethische Anstrengung in den Vordergrund gestellt. Die Erfahrung ist aber, dass wir dort, wo wir in einem guten Sinn Hingabe leben, uns anderen zuwenden, dass wir dort selbst die Beschenkten sind, Leben und Kraft geschenkt bekommen." (26.1.2011) Mögen wir diese Erfahrung machen! Amen.

## 6. Sonntag
## Sir 15,15-20; Mt 5,17f.20-22.27f.33f.37 (13.2.2011)

„Zwei Seelen wohnen, ach! In meiner Brust,
Die eine will sich von der andern trennen;
Die eine hält, in derber Liebeslust,
Sich an die Welt mit klammernden Organen;
Die andre hebt gewaltsam sich vom Dust
Zu den Gefilden hoher Ahnen."

Sie kennen dieses Zitat aus Goethes Faust. Sein Osterspaziergang führt ihn unter feiernde Bauern und Bürger. Deren selbstzufriedenes Begehren macht ihm die Beschränktheit und die Widersprüchlichkeit seines eigenen Daseins schmerzlich bewusst. In dieser seiner Gespaltenheit tritt Mephisto auf. Dieses bekannte Zitat von den „zwei Seelen in meiner Brust" ist mir bei den biblischen Texten des heutigen Sonntags eingefallen, denn in beiden sind große Spannungen angesprochen.

In der Lesung aus dem Buch Sirach geht es um sich total ausschließende Wirklichkeiten.
Der Mensch hat zu wählen zwischen Feuer und Wasser, zwischen Leben und Tod; er ist in Freiheit, aber auch in Entschiedenheit eingeladen, Gottes Willen zu tun: „Gottes Augen schauen auf das Tun des Menschen; er kennt alle seine Taten. Keinem gebietet er zu sündigen."
Da heißt es ganz eindeutig, sich – in der Sprache Goethes - für die eine Seele zu entscheiden, nämlich für jene, die bereit ist, den Willen Gottes zu tun. Wer weiß nicht, dass man / frau auch zu „derber Liebeslust" versuchbar ist. Hier gilt Jesu Wort aus dem Evangelium: „Euer Ja sei ein Ja, euer Nein ein Nein; alles andere stammt vom Bösen." Eine solche das Gegenteil ausschließende Entscheidung hat m. E. in unserer Zeit neue Aktualität bekommen, denn nach dem endgültigen Ende der konstantinischen Ära ist Christsein kein Schicksal mehr, sondern eine freie Wahl jedes Einzelnen. Das ist richtig so, denn Freiheit ist integraler Bestandteil jedes Glaubens. Unsere Kirche hat dies nach manchen Zwangsmissionierungen und Religionskriegen mühsam gelernt und sich im Dekret von der Religionsfreiheit im 2. Vatikanischen Konzil vor 50 Jahren endgültig dazu bekannt.
Wer sich nicht bewusst entscheidet, hat sich de facto auch entschieden: Statt zu leben wird er gelebt von Rahmenbedingungen, die er sich nicht bewusst macht. Freiheit ist nämlich oft nicht das, was Menschen sich darunter vorstellen. Es gibt auch hier „zwei Seelen in unserer Brust" bezüglich der Freiheit, nämlich die Spannung zwischen Freiheit für und Freiheit von. Echte Freiheit ist die Entscheidung für wen, nicht die inhaltsleere oft durch kurzsichtige Interessen geleitete Freiheit von Entscheidungen oder von Verantwortung.
Der Abtprimas der Benediktiner Notker Wolf sagte in diesen Tagen in Admont (7.2.11): „Tun wir doch nicht so, als ob wir in einer Gesellschaft leben würden, in der die Freiheit oberster Wert wäre." Freiheit kann nicht das Ausleben egoistischer Wünsche auf Kosten anderer sein. Wolf sieht in einer klösterlichen Gemeinschaft „den völlig unmodernen Versuch", den Individualismus aufzubrechen und zu einem Miteinander zu finden. Im Bemühen der Mönche, „sich füreinander Zeit zu nehmen, Zeit für Gespräche und Gebete, für Freude am Leben und sich die Freiheit zu nehmen, vieles nicht zu tun, was andere meinen tun zu müssen, sonst seien sie nicht top", sieht der Abtprimas sogar den „Luxus" der Mönche.
Die wahre Freiheit ist die Freiheit von vielen Dingen, die andere für notwendig halten, auch die Freiheit vom kleinen Ego, um mit anderen und für andere zu leben. Das versuchen wir trotz allem Nachhinken in Pfarren und Familien doch zu leben! Familie ist in diesem Füreinander-Dasein „die Hochschule der Liebe" (Altbischof Reinhold Stecher)!

Die Spannung zwischen der erfüllten Freiheit für und der entleerten Freiheit von, zwischen diesen beiden „Seelen in meiner Brust", wird dort überwunden, wo das Prinzip des Handelns die Liebe ist. Dann kann man mit Augustinus sehr wohl sagen: „Ama et fac quod vis!" das heißt: „Liebe und tu, was Du willst!"
Aber was ist Gottes Wille, für den wir uns frei entscheiden sollen? Vieles, wofür Gott herhalten soll, ist nicht sein Wille, etwa ein strafender oder rächender Gott. Vom Gott der Bibel darf man sagen: Gottes Wille ist alles, was dem Leben dient. Sein Gebot der Gottes-, Nächsten- und Selbstliebe ist Dienst am Leben. Selbst das kirchliche Gesetzbuch hat als letzten und obersten Paragraphen: Das oberste Gesetz ist das Heil der Seelen (can. 1752: suprema lex salus animarum).
Im Evangelium spricht Jesus auch vom Gesetz. Er zeigt auch hier mehrfach „zwei Seelen in des Menschen Brust" auf.
Da ist zunächst die Spannung zwischen der wahren und der falschen Gerechtigkeit auf.
Die Schriftgelehrten und Pharisäer bleiben am äußeren Buchstaben hängen und meinen, so das Gesetz zu erfüllen. Jesus will weder Gesetz noch Propheten abschaffen, sondern sie erfüllen, d.h. deren ursprünglichen Absicht nachkommen. Es geht um Gottes Willen, den zu erfüllen seine Speise ist. So kommt das Gesetz zu neuem Leben, denn Gott will, dass wir das Leben haben und es in Fülle haben.
Da ist sodann die Spannung zwischen Buchstabe und Geist. Es braucht beides, denn der Buchstabe ohne Geist tötet (auch wenn der Buchstabe noch so erfüllt wäre, die weiße Weste gewahrt und die Unschuldsvermutung beansprucht wird); der Geist allein kann sich leicht verflüchtigen, wenn ich ihn nicht in konkrete gute Taten und Werke ausbuchstabiere. Es hilft nichts, wenn es bei bloßen guten Vorsätzen bleibt.
Konkret wiederholte Taten sollen zu Haltungen und diese zu Tugenden werden. „Der Mensch braucht feste Bräuche" –oder wie die geistlichen Meister sagen: „Halte die Ordnung und die Ordnung hält dich."
Jesus spricht auch die Spannung zwischen Innen und Außen an, die nicht auseinander gerissen werden darf. Bevor ich jemand töte, habe ich ihn wahrscheinlich schon im Herzen abgeschrieben, totgeschwiegen und mundtot gemacht.
Was im Herzen ist, überträgt sich auf das Hirn und die Hand – im Bösen oder im Guten. Diese zwei Seelen, das Innen und Außen, gehören zusammen.
Jesus weist auf die Wichtigkeit der richtigen Gesinnung im Zusammenleben der Ehepartner hin. Der Ehebruch beginnt nicht erst in der Tat selbst, sondern entsteht im Herzen und wird sodann zur Tat. Und sei es, dass ein prominenter Politiker keine Minderjährige missbraucht hat oder sich durch Macht- oder Paragraphengerangel frei handelt, im Herzen hat er schon lange zuvor Ehebruch begangen.
Jesus geht es um diese notwendige Ehrlichkeit des Herzens, wenn er sagt, dass wir gar nicht schwören sollten. Wenn man immer Misstrauen gegenüber anderen haben muss, weil sie sich hinter äußeren Gesetzen oder Halbwahrheiten verstecken, verliert unser Gemeinwesen eine ganz wesentliche Voraussetzung ihres guten Weiterbestandes und es drohen verheerende Konsequenzen. Der Rechtsphilosoph Böckeforde hat in dieser Woche im Radio darauf hingewiesen, dass der moderne Staat auf Voraussetzungen existiert, die er

selbst nicht garantieren kann. Es genüge zur Unschuld nicht die strategische Beachtung der Gesetze, sondern es gehört dazu unbedingt auch die Bereitschaft, den Sinn des Gesetzes mit zu tragen.

„Zwei Seelen wohnen ach in unsrer Brust“ und wir Menschen tun uns damit oft nicht leicht. Bei den Polen, die einander ausschließen, machen wir faule Kompromisse, die zusammengehörenden Pole reißen wir oft auseinander und schlagen uns nur auf eine Seite.
Wo steht Jesus? Er lebt die zusammengehörenden Pole, etwa Innen und Außen, Geist und Buchstabe, Wort und Tat, Hirn, Herz und Hand in äußerster Konsequenz und deshalb ist er ganz glaubwürdig. Dort wo es sich zwischen den sich ausschließenden Polen zu entscheiden gilt, hat Jesus sich klar für Gottes Willen, für die Liebe und das Leben entschieden. Dieses sein klares Ja hatte zur Folge, dass er nach dem vom Geist losgelösten Gesetz und Buchstaben sterben musste. Das Durchtragen dieser Spannungen, an denen wir Menschen immer wieder auch nachhinken oder gar zerbrechen, hat auch ihm sein Herzblut gekostet. Das Kreuz ist dieses rein äußere Scheitern seines Lebens, die Innenseite des Kreuzes aber ist seine bis zum Äußersten gehende Solidarität und Liebe. Die Auferstehung ist der ihm und uns allen geschenkte Sieg der Liebe.
Durch diesen alles nochmals in Liebe umfangenden Sieg ist uns im falschen Umgang mit den zwei Seelen in unserer Brust und selbst im möglichen Scheitern nochmals ein Neuanfang geschenkt, etwa nach dem Scheitern einer Ehe. Anders gesagt: Jesu konsequentes Nein zur Sünde und sein konsequentes Ja zu allem Guten umfängt nochmals liebend alles unser „Ja, aber“, „J-ein“ oder gar „Nein“.
Jetzt feiern wir wiederum diese Liebestat Jesu. Mögen uns dadurch die Gewissheit geschenkt werden, dass uns nichts von Gottes Liebe zu trennen vermag, und auch die Kraft zu einem freien Ja zum Glauben und zu den daraus folgenden Werken der Liebe! Amen!

## Aschermittwoch

### 2 Kor5,20-6,2; Mt 6,1-6.16-18 (9.3.2011)

Der Aschermittwoch stellt uns meines Erachtens vor die radikale Frage: Wer ist der Mensch? Wer bin ich? Wer bist Du? Es geht um eine Definition des Menschen. In diesem Wort „De-fini-tion“ steckt das lateinische Wort „finis“, d.h. Grenze. Es ist also die Frage nach der Begrenzung des Menschen im Unterschied zu anderem Sein, nach seiner Identität, nach dem, was seinen Selbstwert ausmacht. Die Antworten auf unsere Frage sind verschieden.
Die einen sehen den Menschen als zufälliges Produkt der Evolution, als Wesen, das den Überlebenskampf aufgrund immer größerer Komplexität bisher für sich entschieden hat, auf der Bildfläche der Erde durch Geburt auftritt und durchs Sterben wieder abtritt.
Das ist die Antwort aller theoretischen Atheisten. Mit ein wesentlicher Grund für diese Ansicht ist einerseits die Meinung, dass auch 2.000 Jahre Christentum die Welt nicht sehr zum Besseren geändert habe, und auch

die Theodizee-Frage, die so alt ist wie der Mensch selbst: Warum lässt Gott all das Böse zu? Grausamkeiten, etwa der Holocaust, im 20. Jahrhundert, gaben dieser Frage sogar neuen Auftrieb.
Im letzten Jahrzehnt wurde der Atheismus (Richard Dawkins u.a.) sogar ein aggressiver, denn Religion zeigte sich vielfach in der fundamentalistischen Art, also gepaart mit Gewalt, sodass die Frage berechtigt ist, ob Religion den Menschen nicht eher inhuman mache statt ihn fördere, das Antlitz der Welt menschlicher zu gestalten.
Es gibt freilich auch eine unreflektierte Antwort auf die Frage: „Wer ist der Mensch?“, nämlich einen praktischen Atheismus, der sich Ersatzlösungen für Gott als höchsten Wert sucht. Wenn an Stelle Gottes der Beruf oder eine gesellschaftliche Rolle treten und alles andere zurücktreten muss, so bestimmt dies praktisch mein ganzes Denken und Handeln. Die Enttäuschung folgt freilich auf den Fuß, denn was nützt es, wenn Beziehungen diesem Streben zum Opfer fallen! Wie viele haben schon die traurige Wahrheit des Wortes erlebt: „Der Mohr hat seine Pflicht getan; jetzt kann er abtreten“! Und was bleibt von einer solchen falschen nicht tragfähigen Identität? Nicht selten ein Pensionsschock!
Manche suchen ihren Selbstwert im Erfolg, in den Schlagzeilen der Presse oder auf einem Stockerl von Meisterschaften. Gut und recht, aber was bleibt davon auf längere Sicht oder gar über den Tod hinaus? Ähnlich ist es mit denen, die unbewusst alles dran setzen, um schön, fit, jung und reich zu sein. Es ist immer wieder ein böses Erwachen, dass diese Rechnung nicht aufgeht und keine Gewähr oder gar Garantie für Lebenssinn, also für die Definition des Menschen ist.

Der Aschermittwoch führt uns in aller nüchternen Klarheit vor Augen, was von all diesen Identitäten des Menschen überbleibt: nichts als Asche. Es wird uns ohne Umschweife gesagt: „Bedenke, o Mensch, dass du Staub bist und zu Staub zurückkehren wirst.“
Was ist die Antwort der Bibel auf die Frage: „Wer ist der Mensch?“ Es ist keine De-fini-tion“, eine Eingrenzung, sondern eine „Entgrenzung“, indem ihm gesagt wird, dass Leben Beziehung ist. Freilich reicht auch nicht die Beziehung zwischen zwei Menschen. So sehr es falsch ist, mit dem Beruf verheiratet zu sein, wie ein Buchtitel heißt, so wäre es auch falsch, vom Partner eine letzte Entgrenzung zu erhoffen, indem er alles sein muss. Auch das kann nur schief gehen, denn der Partner kann nie alles sein.
Auf die Frage des Menschen „Wer bin ich?“ heißt die Antwort Gottes in der Bibel: „Ich bin bei dir“. Das bedeutet der Gottesname Jahwe. Zum Ausdruck kommt diese entgrenzende Zusage im je einmaligen Namen, dessen Unzerstörbarkeit Gott selbst verbürgt: „Fürchte dich nicht, … ich habe dich beim Namen gerufen, du gehörst mir.“ (Jes 43,1). Angesicht seiner Kleinheit ruft der Psalmist: „Was ist der Mensch, dass an ihn denkst, des Menschen Kind, dass du dich seiner annimmst.“ (Ps 8,5) Auch Hiob erfährt in seiner Not die Zusage, dass Gott seiner gedenkt. Und schließlich tut es Jesus, als er den Schrei aller Menschen „Mein Gott! Warum hast du mich verlassen?“ am Kreuz zu seinem eigenen Schrei macht, dass er nicht tiefer fällt als in die bergenden Hände des mütterlich väterlich liebenden Gottes. Jesus Christus, „das personifizierte

Wohlwollen Gottes zu uns Menschen“ (Hans Küng) ist die Antwort auf unsere Frage, wer wir sind: Jesus ist Emanuel, d.h. Gott mit uns.
Der Aschermittwoch und die 40-tägige Fastenzeit sind die Einladung, den theoretischen oder eher praktischen Atheismus, also alle eingrenzenden Definitionen des Menschen sprengen zu lassen in die Entgrenzung durch Gott selbst. Das meint das andere Wort, das der Priester bei der Aschenauflegung sagen kann: „Bekehre dich und glaube an das Evangelium“, also an die Frohbotschaft, dass Gott selbst unsere Identität verbürgt und garantiert, nicht in einem unterwerfenden Sinn, sondern indem er uns Freiheit von falschen Identitäten und Abhängigkeiten schenkt.
Das Evangelium sagt uns: Beten, Fasten und Almosen dürfen gerade deshalb keine egoistischen Handlungen sein, die bloß das eigene Image pflegen, sondern sie sollen uns durchlässig machen für Gott, um aus der daraus geschenkten Gelassenheit uns um die Mitmenschen zu sorgen.
Wenn Paulus in der Lesung sehr eindringlich zur Versöhnung aufruft, so meint er ja, dass die von Gott geschenkte Gnade keine „billige Gnade“ (Dietrich Bonhoeffer) sein will, also nicht ins Leere zielt, sondern den Menschen verwandeln soll: Die Versöhnung mit Gott soll zu einem Leben führen, das dieser Gnade entspricht; sie muss Konsequenzen im praktischen Tun haben, im Dasein für andere und in der Solidarität mit den Schwachen. Es ist Jesus selbst, der dies vorgelebt hat in seinem Einsatz für die Notleidenden und Kranken, für die gesellschaftlichen Verlierer seiner Zeit.
„Lediglich mit dem Essen aufhören heißt noch nicht fasten.“ (Mahatma Ghandi) Religiöses Fasten ist mehr als eine gesunde Frühjahrskur. Es geht um Leib und Seele, um Neubeginn und Offenheit für andere.
Es geht um die Fragen: Woher komme ich und wohin gehe ich? Was bleibt und was muss ich loslassen? Welche Werte sind vergänglich und welche sind ewig? Welchen Stellenwert hat das Materielle in meinem Leben? Es geht um die Freiheit von unnötigem Ballast, um das innere Feiwerden durch Liebe und Hingabe, um Bereitschaft zum feiwilligen Verzicht, nicht um des Verzichtes willen, sondern weil Gott mir Größeres schenkt. Dann wachsen von selbst die Früchte des Fastens: Freude, Güte, Friede, Sanftmut.
Mit dem heutigen Aschermittwoch beginnt also die Zeit, die uns zunächst zur Rechenschaft über uns selbst einlädt: Wo bin ich ein Versuchter und Getriebener? Wie gehe ich mit meinen Trieben und Bedürfnissen um?
Sodann soll ich meine Aufmerksamkeit auf die anderen richten. Es ist gut, sich zu fragen: Wie nehme ich die anderen wahr? Sehe ich im Mitmenschen den Bruder und die Schwester? Aber auch die Frage: Wie nehmen mich die anderen wahr? Steckt nicht in jeder Kritik ein Körnchen Wahrheit und kann sie mir nicht helfen, meine eigenen blinden Flecken zu entdecken?
Es wäre schön, wenn für viele diese österliche Bußzeit wieder einmal in ein sakramentales Gespräch der Versöhnung (Osterbeichte) einmündet, in dem das Leben mit Licht- und Schattenseiten vor Gott zur Sprache kommt. Ich bin überzeugt, dass sich jede/r nach dieser Zusage, von Gott absolut angenommen zu sein, sehnt und dass dieses Sakrament einen bleibenden Wert im Leben des Christen hat. Beichte ist dann nicht nur das

Freiwerden von Sünden, sondern vor allem die Berührung mit dem auferstandenen Christus, das Freiwerden und das Aufatmen in der Nähe Gottes. - Wer bin ich? Hören wir abschließend die bekannte Antwort, die Dietrich Bonhoeffer in der Todeszelle vor seinem Tod durch KZ-Schergen gibt:
„Wer bin ich? … Bin ich das wirklich, was andere von mir sagen?
Oder bin ich nur, was ich selbst von mir weiß? … Wer bin ich? Der oder jener?
Bin ich denn heute dieser und morgen ein anderer? Bin ich beides zugleich?
Vor Menschen ein Heuchler und vor mir selbst ein verächtlich wehleidiger Schwächling? …
Wer bin ich? Einsames Fragen treibt mit mir Spott.
Wer ich auch bin, Du kennst mich, Dein bin ich, o Gott! Amen.

## 1. Fastensonntag

### Gen 2,7-9;3,1-7; Mt 4,1-11 (13.3.2011)

Fasten ist durchaus wieder in! Man ist sich wieder bewusster geworden, dass Fasten eine ordnende Funktion hat: es reguliert nicht nur Übergewicht, sondern auch den gestörten Wasserhaushalt, es normalisiert den Blutdruck. Fasten hat auch eine heilende Funktion: alles Kranke und den Stoffaustausch Behindernde wird ausgeschieden; es entlastet, entwässert, entsalzt und entgiftet. Der Instinkt führt kranke Tiere, aber auch kranke Kinder zu Heilfasten.
In allen Kulturen hilft Fasten als „innerer Arzt“ bei Überernährung und Reizüberflutung zur Klärung der Gedanken, zur Schärfung der Sinne und zur Lösung von Konflikten. Das Sprichwort „Liebe geht durch den Magen“ ist durchaus zweideutig, denn es ist nicht Liebe, sondern ein Ersatz, wenn Eltern etwa ihr Schuldgefühl, zu wenig Zeit für die Kinder zu haben, durch Süßigkeiten verdrängen. Äußere Nahrung kann den inneren Durst nach Zuneigung und Zeit nicht ersetzen!
Das alles einmal vorausgesetzt, geht es in der „Feier der Heiligen Fasten“ (Tagesgebet vom Aschermittwoch) um mehr; es geht um die religiöse Dimension des Fastens. Zu Recht sagt jemand: „Wenn die Welt sich in unserer Zeit im Sport- und Heilfasten die großen Werte der kirchlichen Fastendisziplin zunutze macht, dann muss auch die Seelsorge in noch viel stärkerem Maße das Fasten für die Reichgottesarbeit auswerten.“ (Bischof Kaller)

Ich hätte Sie jetzt gerne gefragt, wo in der Bibel zum ersten Mal von Fasten die Rede ist. Nun, im ersten Buch der Heiligen Schrift, im Buch Genesis; wir haben es eben in der Lesung gehört. Da antwortet Eva der Schlange: „Von den Früchten der Bäume im Garten dürfen wir essen; nur von den Früchten des Baumes, der in der Mitte des Gartens steht, hat Gott gesagt: Davon dürft ihr nicht essen und daran dürft ihr nicht rühren, sonst werdet ihr sterben.“
Was bedeutet dieses Fasten? Das „Nicht-essen“ vom Baum in der Mitte bedeutet: Der Mensch darf sich nicht selbst zur Mitte, zum Maßstab und zum Nabel der Welt machen. Diese Mitte muss freigehalten

werden; sie darf nicht ergriffen, gehabt, besessen, sich einverleibt und konsumiert werden. Hier greift die Frage zu kurz: „Was habe ich davon? Was gibt es mir?“ Hier ist heiliger Boden, wo es heißt, wie in vielen Religionen in Tempeln und Kirchen heute noch, Schuhe ausziehen, niederknien und anbeten. Hier waltet ein Geheimnis, das nicht aufzulösen ist. Hier ist Gott der Entzogenen und der zugleich Anwesende.

An die Stelle des Baumes in der Mitte, der als Grenze und Respekt des Geschöpfes gegenüber dem Schöpfer steht, treten später in der Heilsgeschichte des Ersten Bundes der brennende Dornbusch, die Wolke, der Tempel, das Manna, die leere Stelle vor der Bundeslade und das Allerheiligste im Tempel.

Im Zweiten Bund sind es Jesus selbst und die wirksamen Zeichen der Sakramente, die wir nicht besitzen und uns nicht selbstsüchtig einverleiben dürfen. Auch kleine Zeichen, wie das Weihwasser oder das Ewige Licht, sind solche Zeichen der Gegenwart Gottes, aber vor allem ist es der Mitmensch als Ebenbild Gottes, der nie bloß benützt werden darf; vor seiner absoluten Würde ist heiliger Respekt verlangt.

Solches Fasten verhindert, dass der Mensch dem „Gotteskomplex“ (Psychotherapeut Horst Eberhard Richter) verfällt – oder in der Bildsprache der Bibel, dass er sich wie die Turmbauer zu Babel selbst einen Namen machen will. Es verhindert, dass ich einfach nehme, was mir angeblich zusteht, sondern dass ich das Gegebene und Vorhandene als Geschenk annehme und dankbar um das tägliche Notwendige bitte.

Indem der Mensch den sich einverleibenden Zugriff vermeidet und so seine Grenze annimmt, wird er offen für die Grenzenlosigkeit des Geschenkes durch Gott. Die Frage „Wer bin ich?“ bedarf keiner De-fini-tion des Menschen („finis“ heißt Grenze), denn der Mensch erhält in dieser Offenheit die Antwort Gottes „Ich bin bei dir“. Und auf des Menschen Frage „Wie soll das geschehen?“ heißt die Antwort „Bei Gott ist nichts unmöglich“. M.a.W.: „Ich darf dem Leben trauen, weil Gott es mit uns lebt.“ (Alfred Delp).

Auch alle Weisheitserzählungen der Menschheit besagen, dass solche Schleier des Geheimnisses nicht eigenmächtig und ungestraft gelüftet werden dürfen. Durch den Baum in der Mitte ist der Mensch eingeladen, Gottvertrauen zu lernen. Mit dem Griff nach der verbotenen Frucht beginnt der selbstische Genuss: erst ich, dann du!

Vielleicht meint insgeheim mancher Mann immer noch, dass die Frau Eva an der Misere schuld sei oder zumindest dass wir die Suppe auslöffeln müssen, die uns Adam und Eva eingebrockt haben. Zum ersten: Die damaligen Baalskulte sind der zeitgeschichtlich bedingte Hintergrund, warum die Frau zuerst genannt wird. Viel wichtiger ist jedoch festzuhalten, dass es in diesen Bildern vom Anfang weder um ein erstes Menschenpaar noch um eine Tat vor langer Zeit geht, sondern dass die Aussagen der ersten elf Kapitel der Bibel (von der Schöpfung bis zum Turmbau zu Babel) prinzipielle, also grundsätzliche Aussagen über den Menschen sind, die jederzeit gelten.

Es wäre falsch, die Schuld Adam und Eva in die Schuhe zu schieben und uns so auszureden. Wir Menschen sind immer wieder versucht, wie die beiden zu handeln und uns selbst an die Stelle Gottes zu setzen, statt unsere Verantwortung für das Schöpfungswerk wahrzunehmen. Indem wir egoistisch und gegenüber dem anderen lieblos handeln und die Erde ausbeuten handeln wir im Widerspruch zu dem, wie Gott uns gewollt

hat. Wo gefastet wird, um unser eigenes Image vor Gott oder den Menschen aufzupolieren, ist es das genaue Gegenteil dessen, was es ein sollte.
Mit dem Stolz des Menschen, der Überschreitung seiner geschöpflichen Grenze, und mit der Verweigerung seiner Verdanktheit bringt die Bibel die Vertreibung aus dem Paradies und den Tod in Zusammenhang. Wenn Leben Beziehung ist und diese Beziehungen egoistisch zerstört werden, ist dies eine logische Folge. Der Egoismus, der bis heute die Welt in Despoten und Geknechtete, in Gewinner und Verlierer, in Reiche und Arme, in eine erste, zweite und dritte Welt spaltet, zerstört Leben in vielfacher weise.
Jeder soll sich fragen: Wo stehe ich selbst, wo bin ich versuchbar? Gott gibt jedem die Chance der Umkehr. Das Evangelium von den Versuchungen Jesu zeigt uns in beeindruckender Weise, wie Jesus reagiert: Sein den Versuchungen vorausgehendes Fasten war zutiefst ein religiöses Fasten, so dass er in nicht zu übertreffender Entschiedenheit Nein zur sündigen Autonomie des Menschen sagt. Er widersteht allen Götzen, so verführerisch sie sich anbieten.
„Da ist der Götze des Konsums, der verdrängt, dass der Mensch nicht vom Brot lebt, sondern von Gottes Wort, das Liebe und Solidarität bedeutet. Da ist der Götze der Religion, der seine Großartigkeit spektakulär zur Schau stellt, aber die Schwachen und Kleinen vergisst. Und da ist der Götze der Macht, der will dass Menschen vor den Reichtümern dieser Erde niederfallen." (Laacher Messbuch 2011, 249f)
Die „Feier der Heiligen Fasten" bedeutet, mit Jesus einzustimmen in die Umkehr von der alles ergreifenden, für sich beanspruchenden Ich-Welt hin zum Du Gottes und des Mitmenschen, diesen alten Menschen abzulegen und uns wieder in ursprünglichem Vertrauen auf den mütterlich-väterlichen Gott auszurichten.
Religiöses Fasten heißt, nicht von Rivalität und Konkurrenz leben, wo das Mehr des einen vom Weniger des anderen lebt, sondern von Gott, zu dem ich mit kindlichen Vertrauen aufschauen darf. Die zupackende Hand wird zur offenen Hand, der Zugriff zum Sich-Beschenken-Lassen. Religiöses Fasten durchbricht den kannibalischen Trieb des Sicheinverleibens, Selbstverfügens, Beschlagnahmens, des Sich-unter-die Nägel-Reissens hin zum liebenden Mit- und Füreinander-Dasein.
Die Fastenzeit ist die Einladung, nicht mit dem Finger auf andere zu zeigen, sondern, wie Bischof Ludwig in seinem Fastenhirtenbrief schreibt, „Umkehr beginnt in der Regel mit der Bereitschaft, sich und das eigene Umfeld in Blick zu nehmen und Veränderungen anzustreben". Umkehr ist „eine neue Hinwendung zum gerechten und barmherzigen, zum treuen und liebenden Gott, und zugleich in Nachsicht und Liebe zu den Menschen".
Bischof Ludwig weist zu Recht darauf hin, dass diese Umkehr zumal in der österlichen Zeit immer wieder einmal einmünden möge in ein sakramentales Gespräch der Versöhnung. Ich bin überzeugt, dass Aussprechen befreit, und ein solches hoffentlich auch menschlich gutes Gespräch hat den sakramentalen „Mehrwert". Was darin geschieht, ist von Gottselbst in Jesus Christus verbürgt: wir sind mit allen Licht- und Schattenseiten absolut angenommen. „Wer von Schuld belastet ist, erfahre befreiende Gespräche und die Zusage der Vergebung im Sakrament der Versöhnung." (Hirtenbrief)

Vielleicht beginnen für Sie Besinnung und Umkehr mit der Frage, wo Sie einen heiligen Ort und eine bestimmte Zeit haben, in denen Sie zur Ruhe komme, Ihre Seele atmen lassen und Ihren Geist zu Gott erheben. Oder wie Karl Valentin sagt: „Heut` abend besuch ich mich. Ich bin neugierig, ob ich daheim bin."
Ich wünsche Ihnen von Herzen, dass Sie die Fastenzeit nützen, um auch bei sich daheim zu sein – und so auch Raum und Zeit für Gott finden. Amen.

## 2. Fastensonntag

### Gen 12,1-4a;Mt 17,1-9 (20.3.2011)

In diesen Tagen kann man auch in der Kirche und gerade in ihr nicht einfach zur Tagesordnung übergehen. Die Erdbeben, die darauf folgende Tsunami - Katastrophe und vor allem der Atom-Supergau sind zu gewaltig, um davon nicht auch in der Predigt zu sprechen. Ich verstehe freilich die Reaktion, wenn sich jetzt manche denken: Bitte, nicht schon wieder; ich habe den Kopf damit schon voll und will in verständlichem Selbstschutz davon nicht hier schon wieder etwas hören! Aber Wegschauen nützt nichts! Freilich müssten wir alle zunächst lange schweigen und vor allem müssen wir uns vor allen vorschnellen frommen Antworten hüten!
Demütig müssen wir gestehen, dass wir keine Antwort haben auf die uralte Frage der Theodizee: Wie ist das mit diesem allmächtigen und gütigen Gott? Warum lässt er dies zu? Ist er doch nicht allmächtig? Was bedeutet der Glaube angesichts solcher existenzieller Bedrohungen?
Es ist selbst im 3. Jahrtausend – und wohl auch für immer - das Eingeständnis gefordert, dass wir solche Katastrophen nicht verhindern können. Nichts in dieser Welt ist vom Menschen immer und jederzeit kontrollierbar, schon gar nicht Naturgewalten, aber auch nicht komplexe Großtechnologien. Die beste Technik versagt letztlich gegen solche unbändige Naturgewalten, auch wenn es immer wieder mögliche Verbesserungen geben mag wie etwa das Tsunami - Frühwarnsystem seit 2004.
Die damit verbundenen menschlichen Urängste beschränken sich nicht auf Japan, sondern betreffen die Menschen weltweit, auch bei uns, wie so manche irrationale Einkäufe bezeugen.
Solche Katastrophen zehren an unserem Glauben, denn wir fühlen uns von Gott verlassen. Der Glaube steht auf dem Prüfstand, wie etwa auch der Dichter Reinhold Schneider in seinem Buch „Winter in Wien" durch das grausame Naturgesetz des Fressens und Gefressenwerdens zu zweifeln beginnt.
Zunächst ist die Sprache des Glaubens in Zeiten wie diesen die der Trauer und der Klage, des Weinens und des Haderns mit Gott. Ein Drittel der Psalmen sind aufgrund solcher existenzieller Betroffenheit Klagepsalmen in einer aufgebrachten selbst Gott gegenüber vorwurfsvollen Sprache.
Hiob ist der Prototyp des klagenden Menschen, der sogar mit Gott selbst ins Gericht geht. Er erhält keine Antwort auf das Warum des Leids, aber seine Freunde, die mit allen möglichen Erklärungen des Leids aufwarten, erhalten eine viel deutlichere Abfuhr von Gott.

Auch die Klage, ja selbst der Vorwurf an Gott haben Heimatrecht in der Bibel – damals und heute!
Wir dürfen und sollen also klagen, aber das Leid und das Übel in der Welt erhalten dadurch keine Erklärung von der Perspektive Gottes her. Hiob kann am Schluss seines Ringens mit Gott anbetracht des bleibenden Geheimnisses die Frage nach dem „Warum?“ stehen lassen und sich dem Leben wieder anvertrauen. Karl Rahner, der große Theologe, meint dies, wenn er sagte: „Wenn ich bei Gott ankommen werde, werde ich ihn als erstes fragen: Warum das Leid?“
Eine Erkenntnis dürfen wir aus dem Buch Hiob und aus den Klagepsalmen mitnehmen: Es ist nicht so, dass es dem Gerechten immer gut und dem Ungerechten immer schlecht geht; die Weltgeschichte ist also nicht das Weltgericht! Es bleibt die zum Himmel aufschreiende Frage, ob das immer so bleibt, dass die Täter ständig über die Opfer triumphieren.
Die weltlichen Wissenschaften können uns erklären, warum es aufgrund der Naturgesetze zu solchen Katastrophen kommen kann. Auf dieser naturwissenschaftlichen Ebene muss man Gott aus dem Spiel lassen, denn sonst machen wir ihn zu einem Teil der Naturgesetze oder wir kommen zu Erklärungen, dass Gott etwa solche Katastrophen als Strafe und Erziehungsmittel für die Menschen zulässt oder gar deshalb verursacht. Die Vorstellung, Naturkatastrophen seien Strafe Gottes, ist ein sehr heidnisches unbiblisches Gottesbild!
Religiöser Glaube will und kann die Prozesse der Welt nicht erklären, denn Gott ist jenseits der Naturgesetze; er ist der Grund allen Seins, aber nicht deren Teil. Eine direkte Antwort vom Glauben her auf das Warum des Leids ist deshalb auch nicht möglich.
Es bleiben allerdings berechtigte Anfragen an den Menschen selbst, vor allem die Frage, ob er alles tun darf, was er tun kann! Der Mensch unterschätzt offenbar die Größe und die Entwicklung der Natur, sie hat „wesentlich mehr Kraft, als wir zähmen können“ (P.M.Zulehner). Er muss deshalb so gut als möglich vorsorgen, mit solch voraussehbaren Katastrophen zu leben. Selbst Psychologen raten ab, in ein Weltbild zu flüchten, das die Endlichkeit und Verletzbarkeit des Menschen ausschließt; das heißt: wir müssen Abschied nehmen von allen Allmachtsphantasien! Wer mit der Einstellung lebt, dass er ein zerbrechliches Wesen ist, tut sich leichter, mit der verletzbaren Endlichkeit zu leben, aber auch die Gegenwart im Rahmen des Möglichen zu genießen.
Die jetzige Katastrophe stellt freilich dem Menschen die entscheidende Frage, ob er den Auftrag Gottes, sich die Erde untertan zu machen, nicht missverstanden hat, indem er sie zu seinem Eigennutz um seines hohen Lebensstandards willen so weit es möglich ausbeutet.
Das biblische Menschenbild ist vielmehr das des Gärtners, der die Pflanzen hütet und pflegt, und das des Hirten, der sich für seine Schafe und deren Wohlbefinden einsetzt, also des Menschen, der nicht nur für sich selbst „vorsorgt“, sondern für die anderen „fürsorgt“. Ohne sich der Frage zu stellen, ob der Mensch alles tun darf, was er kann, wird er leicht zum Zauberlehrling, der die Geister, die er rief, nicht mehr loswird. Ethikkommissionen sollten den Zauberlehrling bändigen oder z.B. der Frage nachgehen, ob der Bau von

Atomkraftwerken gerechtfertigt werden kann. Die damit verbundenen Risken müssen bei der Antwort letztlich entscheidend sein!

Ist das alles, was wir als Glaubende zu sagen –oder besser – nicht zu sagen haben?
Das Wichtigste ist noch nicht gesagt. Im Konzil heißt es „Trauer und Angst der Menschen sind Trauer und Angst der Jünger Christi“ (GS 1). Das Leid braucht letztlich keine Erklärung, sondern Mitgefühl. Das Leid der anderen fordert uns heraus zur Empathie und zur Sympathie, zum Mitleiden und zur Solidarität, und vor allem zur diakonischen Hilfe. Wenn wir nicht abstumpfen wollen, müssen wir den Opfern beistehen.
Das ist keine Antwort auf die vielen bleibenden Fragen, aber es ist das, wozu uns die Bibel einlädt und was wir tun können und sollen. Globale Solidarität ist jetzt gefragt, denn die Welt ist zu einem Dorf geworden und niemand lebt auf einer unerreichbaren Insel der Seligen.

Die Lesung spricht heute von Abraham, dem Vater des Glaubens, der auf Gottes Wort hin aufbricht und sich auf einen Weg radikalen Gottvertrauens begibt – trotz der Beschwernisse des Weges und vieler unbeantworteter Fragen. Für mich kommt das besonders zum Tragen, als es dazu kam, dass er und sein Neffe Lot sich mangels Weideplätze trennen mussten (Gen 13). Abraham ging in die Berge. Berge sind Sinnbild eines Weges, den man nicht im Griff hat, sondern nur in größerem Vertrauen gehen kann. Sein Neffe Lot hingegen wählte die überschaubare, menschlich verfügbare und kontrollierbare Ebene. Wenn es heißt, dass diese Ebene in der Nähe von Sodom und Gomorrha, also in der Nähe sündiger Städte, ist, will die Bibel wohl sagen, dass der Mensch, der glaubt, alles im Griff zu haben, sich zugleich in die große Gefahr begibt, sich an die Stelle Gottes zu stellen und einer Allmachtsphantasie zu verfallen, alles im Griff zu haben. Abrahams Beispiel will uns davor bewahren.
Im bekannten Evangelium von der Verklärung Jesu wird Petrus nicht gestattet, drei Hütten zu bauen, denn zur österlichen Herrlichkeit, also dem endgültigen Sieg des Lebens und der Liebe, kommt es erst, nachdem Jesus auch das Leiden, ja selbst den Tod mit uns und für uns alle gelitten hat, wie die Leidensvoraussage unmittelbar vor der Verklärung es ankündet.
Christliche Hoffnung ist nur auf dem Hintergrund der Solidarität Gottes in Jesus bis hinein in den Tod berechtigt und darin verbürgt.
Dies ist wohl auch gemeint, wenn der Apostel Paulus an die Römer schreibt: „Die Schöpfung ist der Vergänglichkeit unterworfen. … Denn wir wissen, dass die gesamte Schöpfung bis zum heutigen Tag seufzt und in Geburtswehen liegt. … Denn wir sind gerettet, doch in der Hoffnung. .. Wir wissen, dass Gott bei denen, die ihn lieben, alles zum Guten führt.“ (Röm 8,20ff)
Diese von Paulus angesprochenen Geburtswehen besagen, dass die Schöpfung trotz vielen unerklärlichen Leides letztlich umfangen ist von einer absoluten Liebe, die wir Gott nennen. „Christen sagen nicht, dass die Geschichte immer ohne Leiden verläuft, sondern sie sagen, dass dieser dauernde Geburtsvorgang der Welt am Ende eine Vollendung findet. Alle Menschen sind auf dem Weg hinein in jenes Heil, das in Jesus schon

begonnen hat. Das ist die Verheißung – nicht, dass es jetzt kein Leiden gibt. An Jesus selbst sehen wir, dass dieser Weg durch die Urpassion hindurchführt: durch den Tod" (P.M.Zulehner, SN 14.3.11, S10) in die Fülle des Lebens. Amen.

## 3. Fastensonntag
## Ex 17,3-7; Joh 4,5-42 (27.2.2005)

Überreich ist uns mit dem heutigen Evangelium der Tisch des Wortes gedeckt. Wir sind eingeladen, aus dieser Quelle zu schöpfen. Es ergeben sich daraus Fragen und Herausforderungen an jede und jeden von uns und an die Kirche als ganze. Aus der Fülle der Anregungen möchte ich vier Gesichtspunkte herausgreifen.
Ein erster Gedanke: Die scheinbar zufällige Begegnung Jesu mit der Samariterin geschieht nicht irgendwo, sondern am Jakobsbrunnen, also an einem Ort, der durch den Patriarchen Jakob und die zwölf Stämme Israels geheiligt ist. Trotz aller Unterschiede stehen Jesus und die Samariterin in einer langen gemeinsamen Tradition des Glaubens und der Gottsuche, in einer von Gotteserfahrung gesättigten Geschichte.
Es ist offensichtlich wichtig, eine gesunde Verwurzelung in der eigenen Herkunft zu haben und dadurch auch den Durst nach den Verheißungen Gottes wach zu halten, ohne dass etwas zu einem beengenden Korsett wird. Es ist also gefährlich, seine Glaubensgeschichte abzustreifen, religiös „tabula rasa" zu machen und im Egotrip den Lebenssinn finden zu wollen.
Es ist ebenso problematisch, mangels Kenntnis der eigenen Quellen sozusagen in fremden Gewässern zu fischen, wie es nicht wenige des Christentums ledige Abendländer im Fernen Osten tun und sich eine Patchwork-Religion zusammenkomponieren. Wenn ich eine geistliche Durststrecke erleide, so ist die Chance auf Grundwasser zu stoßen immer noch besser, wenn ich in einer geistlichen Wüste am selben ursprünglichen Ort nach Wasser grabe als wenn ich einmal dort und einmal da herumstochere.
Der Jakobsbrunnen ist eine Einladung, uns gerade in der Fastenzeit unserer christlichen Tradition als geistliche Bereicherung in einer immer mehr säkularisierten Welt bewusst zu werden, um den tiefen Durst des Menschen nicht oberflächlich zu befriedigen oder nach der ökonomischen Ausbeutung anderer Kontinente jetzt spirituellen Kolonialismus zu betreiben.
Für die Kirche ist es die Aufforderung, die Schätze ihrer spirituellen Erfahrung als Lebenshilfe für heute zu heben und nicht Antworten zu geben auf Fragen, die niemand stellt.

Ein zweiter Gedanke: Es gehört zu den typischen Verhaltensweisen Jesu, sich in souveräner Freiheit über milieugebundene Schranken hinwegzusetzen. Dass er sich provokativ in besonderer Weise denen zuwendet, die an den Rand der Gesellschaft gedrängten werden, zeigt sich in einem dreifachen Tabubruch.
Jesus redet mit einer Frau, noch dazu einer fremden Frau. Die Verwunderung seiner Jünger ist viel sagend! Außerdem redet der Jude Jesus mit einer Samariterin, also einer jener ausländischen Volksgruppe, die den Glauben der Väter verunreinigt hat und mit der die Juden keinen Kontakt pflegen, um die man üblicherweise

einen Bogen macht. Der Skandal wird erst recht durch den dritten Tabubruch perfekt, denn diese Frau ist außerdem aufgrund ihres Lebenswandels eine stadtbekannte Sünderin, lebt sie doch bereits mit dem sechsten Mann zusammen. Ihr Privatleben und ihre Vergangenheit entsprechen nicht den Vorstellungen einer frommen und gottesfürchtigen Gesellschaft. Vielleicht ist sie zur Mittagshitze zum Brunnen gekommen, um womöglich niemandem zu begegnen. Und noch dazu: Es ist nicht irgendein Small Talk, sondern ein damals total unübliches theologisches Gespräch mit einer Frau.

Dieses Evangelium des Dialogs Jesu mit einer Ausländerin und Sünderin ist eine provokante Frage an jeden von uns, wem ich aus dem Weg gehe und um wen ich einen Bogen mache: Sind es die Ausländer, andere öffentlichen Sündenböcke, die moralisch Anstößigen? Es können aber auch der Partner und die Kinder sein, weil ich zu sehr mit dem Beruf verheiratet bin und nach dem Gesetz „Time is money" keine Zeit für höchst notwendige Beziehungsarbeit bleibt.

Für die Kirche ist das Verhalten Jesu die Hinterfragung ihrer offiziellen Praxis bezüglich wiederverheirateten Geschiedenen, Homosexuellen, geheimen und öffentlichen Sündern, aber auch bezüglich ihrer angstbesetzten Schranken, die sie Frauen (und verheirateten Männern) noch immer in der Amtsfrage aufstellt, obwohl die Zahl derer, die als von Jesus Gesandte das Wasser und das Brot des Lebens weiterreichen, von Tag zu Tag besorgniserregend geringer wird.

Jesus begegnet der Frau in gleicher Augenhöhe; sie fühlt sich als gleichwertige Partnerin angesprochen und wird zu einer Christusverkündigerin, die den „Dienst des Wassertragens" für andere in einer tieferen Weise übernimmt. - Gibt es nicht auch heute viele Frauen und verheiratete Männer, die bereit wären, im Auftrag der Kirche für andere auch in einem Dienstamt den Weg zum lebendigen Wasser zu erschließen?

Ein dritter Gedanke, der an unserem Gottesbild stark rüttelt: Jesus ist selbst müde und durstig und bittet die Frau um einen Schluck Wasser: „Gib mir zu trinken!" Der Messias, der sich hier offenbart, ist keiner, der von oben herab – mit Sturm, Erdbeben oder Feuer, also in einem vernichtenden Gericht – die Menschen zur Räson bringt. Es ist vielmehr einer, der im sanften leisen Säuseln, im Kleinen und Bedürftigen, im Solidarischsein und selbst auf fremde Hilfe Angewiesensein unter uns ist, der einer von uns ist. Er holt uns als Schwacher dort ab, wo wir stehen, gerade in unseren Schwächen, um uns dort hinzubringen, wohin unsere tiefste Sehnsucht zielt. Diese Solidarität Jesu geht so weit, dass er als von Gott und Menschen Verlassener am Kreuz schreit „Mich dürstet!", um niemanden von seiner Liebe auszuschließen.

Diese Solidarität Gottes ist keine Antwort auf all unsere Fragen, aber es ist menschlich erfüllender und hilfreicher als die kriegerischen Befreiungsaktionen, wie wir sie in der Weltpolitik etwa im Nahen Osten erfahren oder auch im Alltag, wo das Mehr des einen vom Weniger des anderen lebt.

Es ist für jeden von uns ein Aufruf zur Solidarität mit allen im Leben zu kurz Gekommenen, denn Gott schreibt das Hoheitszeichen seiner Liebe und Würde auf die Stirn jedes Menschen, des Gesunden und des Kranken, des Unbehinderten und des Behinderten.

Die Kirche hat daraus im Konzil die Konsequenz gezogen, dass Trauer und Angst der Menschen von heute auch Trauer und Angst der Jünger/innen Christi sein müssen, dass also die Option der Armen vorrangig sein muss – dass es also der Kirche gut ansteht, in Jesu Schule der Caritas zu gehen, auch wenn dies öffentlich lächerlich gemacht wird.

Ein vierter und letzter Gedanke: Nachdem Jesus die Frau um Wasser gebeten hat und dadurch sich so mit ihr solidarisch bezeugte, verspürt sie Jesu aufmerksamen Blick auf sich und auf das, was ihr fehlt. Es kommt aus einer scheinbaren Kette von Missverständnissen zu einem einfühlsamen Dialog, in dem sich hinter dem vordergründigen Suchen ein größeres Bild des Menschen mit tieferer Sehnsucht auftut.
Die Frau macht die Erfahrung: „Die Wahrheit macht frei." (Jo 8,32) und „Leben beginnt, wo Zeit ist für ein langes Gespräch. Lebensraum wird eröffnet, wenn Wut und Enttäuschung sowie Bitterkeit ausgesprochen werden dürfen. Leben beginnt, wo eigene verborgene Schuld bereut und eingestanden wird und ein Gegenüber verzeihen kann. Leben wurzelt in der Hoffnung, dass Gott sich am Ende als Freund und Herr des Lebens durchsetzt." (Manfred Scheuer, Lebensstil, 22)
Die liebende Aufmerksamkeit Jesu lässt sie die eigenen Fehler und Schwächen erkennen, vermeidet aber zerstörerische Kritik. Sie übt stattdessen Geduld und Mitgefühl. So erlebt die Frau, dass ihr Jesus nicht Moralpredigten und kluge Belehrungen anbietet, sondern das, was sie eigentlich ein Leben lang sucht: lebendiges Wasser: Wasser zur Reinigung, Wasser gegen den Durst, Wasser für ein sinnvolles Leben.
Sie hat nach mehr gedürstet, als ihr ein Mann nach dem andern zu geben vermochte. Sie versuchte den Durst zu löschen aus Quellen, die schnell versiegen. Sie verspürte, dass Jesus wirklich sie meinte, die bisher trotz aller Irrfahrten nie satt geworden ist in ihrem Leben, - trotz aller „Liebes"-Geschichten, die immer nur noch durstiger machen, die schal schmecken, solange dabei jeder sich selbst der Nächste ist. Sie hat gedürstet nach Liebe, nach Lebenssinn, nach erfüllender Lebensverwirklichung. In dieser Begegnung erkennt sie Jesus als den, der alle Sehnsüchte zu erfüllen vermag.
Ihre Aussage „Er weiß alles von mir" ist nicht ein Ausspruch einer Bloßgestellten, sondern das Glück einer, die nun leben darf im Licht eines Liebenden und Vergebenden, einer, die Zukunft vor sich hat.
Dieser Jesus will sie zu nichts überreden, er droht nicht, er klagt nicht an. Er ermuntert, lädt ein, spricht von sich selbst, ohne zu vereinnahmen: mit einem Wort - er liebt. Durch die so erfahrene tiefe Mitmenschlichkeit, durch diese gottverbundene Menschlichkeit wird der Jakobsbrunnen für sie zum Lebensbrunnen und findet sie, während sie Jesus findet, wieder zu sich selbst. Diese namenlose Frau wird durch diese innerlich bereichernde Erfahrung zur ersten Botin Christi in Samaria.

Der Dialog Jesu mit der Frau ist eine herzliche Einladung an jede/n von uns zur Begegnung mit Jesus, zum Gespräch mit ihm wie mit einem Freund, von dem ich weiß, dass er es gut meint (Teresa von Avila). Es ist eine Ermunterung, gerade jetzt in der Fastenzeit hinter all unserem Suchen und auch manchen Irrwegen die tiefere nur von Gott her erfüllbare Sehnsucht nach Lebenssinn zu erkennen. Jesu liebende Aufmerksamkeit will auch uns durch die manchmal schmerzliche Wahrheit zur Freiheit der Kinder Gottes führen. Hier und jetzt sind wir bei der Eucharistie eingeladen, von ihm unseren Durst stillen zu lassen, denn er reicht das Brot des Lebens und den Kelch des Heils.

Für die Kirche bleibt das heutige Evangelium die ständige Aufforderung, aus der Frohbotschaft keine Drohbotschaft zu machen, zeitbedingte Barrieren abzubauen und die Gnade vor den Werken, die Liebe vor der Leistung, die Gabe vor der Aufgabe zu künden und vorzuleben. Die Krüge, mit denen das Wasser gereicht wird (d.h. die Strukturen der Kirche) dürfen nicht wichtiger sein als das lebendige Wasser. Dann braucht uns um die Zukunft dieser Kirche nicht bange sein, weil sie Werkzeug dessen ist, der sich selbst durch seine Worte und Werke immer wieder den Menschen als Retter der Welt offenbart. Amen.

## 4. Fastensonntag

### Eph 5,8-14, Joh 9,1.6-9.13-17.34-38 (2.3.2008)

Am letzten Sonntag stand das Wasser im Mittelpunkt der biblischen Lesungen und des Gottesdienstes. Nicht von ungefähr hat in unserer Kirche das Taufbecken eine ganz zentrale und prominente Stelle bekommen, denn letztlich ist Jesus selbst die Quelle, die in uns seit der Taufe sprudelt und ewiges Leben verheißt.

Ein Leitwort bei unserer Kircheninnenraum-Neugestaltung hieß „heller“. Heute steht das Licht im Zentrum. Es gilt, die Lebensquelle des Lichtes freizulegen. Ich bin überzeugt, dass wir durch die verschiedensten Aufhellungen in unserer Kirche, etwa des Altarraumes, der Bänke, der Leuchtkörper, vor allem aber durch das große neue Glasfenster einen deutlichen Zugewinn erleben dürfen.

Es gibt freilich auch ein Licht, das schadet und wehtut, etwa alles grelle, durchleuchtende und bloßstellende Licht, das Intimität und Diskretion verletzt. Grundsätzlich freilich ist der Mensch ein nach Licht Hungriger, ein Augenmensch, der sich darnach sehnt, nicht nur zu Beginn, sondern zeitlebens das Licht der Welt zu erblicken und dem einmal ewiges Licht leuchten möge.

Das Licht ist so selbstverständlich, dass wir den Licht-Zugewinn in unserer Kirche vielleicht schon wieder gewöhnt sind und es gedankenlos hinnehmen. Ein Gedicht von Rainer Malkowski möge uns in Erinnerung rufen, wie unbedankt wir mit dem Licht meist umgehen:

Das Licht

Es hat mich begleitet, beinahe jeden Tag.
Es zeigte mir das Meer und die Tiere, den Schnee auf den Bergen
und im Waldschatten den Farn.
Ich habe mich für das Licht nicht bedankt.
Es wies auf die Gegenstände und lehrte mich sprechen.
Es lehrte mich lesen und schreiben nach der Natur.
Ich habe mich für das Licht nicht bedankt.

Einmal zog es sich zurück
und ich konnte im Spiegel meine Augen nicht finden.
Aber dann kehrte es wieder
Und ich habe mich flüsternd bedankt.

Unsere Sprache als „Haus des Seins“ (Martin Heidegger) erwähnt vielfach die Bedeutung des Lichtes und des Sehenkönnens. Niemand möchte hinters Licht geführt oder übersehen werden. Jeder möchte Aussicht auf Erfolg haben und hofft, dass hinter einem Versehen keine böse Absicht steht. Der Spalt Licht vom Elternschlafraum in das Kinderzimmer lässt das Kind ruhig schlafen. Es ließen sich unzählige Beispiele für die Lebensnotwendigkeit des Lichtes anführen. Licht ist mehr als eine chemische Formel; es bedeutet zutiefst Klarheit, Angesehen- und Angenommensein, Wärme, Sinnfindung und vieles mehr.
Das Evangelium berichtet heute von der Heilung eines Blindgeborenen. Zur Zeit Jesu war ein Blinder nicht nur ein Behinderter, sondern zusätzlich ein gemiedener Außenseiter. In der langen Version des Evangeliums ist nachzulesen, dass die Zeitgenossen den Grund der Blindheit in dessen eigener Schuld oder in der seiner Eltern vermuteten. Dass dieses Denken gar nicht so von gestern ist, sondern in uns allen steckt, zeigt sich, wenn wir uns bei Schicksalsschlägen fragen, warum denn das ausgerechnet mir passiert und was ich angestellt habe, dass mich Gott so straft – bis hin zum leicht hin gesagten „Kleine Sünden straft der Herrgott sofort“.
So wie im Buche Hiob die Freunde Hiobs nicht rechtbekommen, indem sie das Leid Hiobs durch dessen Schuld erklären wollen, so weist auch Jesus diese Vorstellung seiner – und teils auch noch unserer – Zeit zurück: körperliche Krankheit oder Behinderung ist kein Zeichen persönlicher Schuld oder einer Schuld der betroffenen Familie.
Mehr jedoch als seines äußeren Augenlichts ist der blinde Mann seiner Würde beraubt. Die Mitmenschen machen einen Bogen um ihn, sehen ihn nicht an und missachten ihn. Es fehlt ihm zutiefst das, was Licht bedeutet: Wärme, Ansehen und Aussicht auf eine Zukunft. Er wird von den Mitmenschen hinters Licht geführt.

Jesus kann offenbar nicht mitansehen, dass ein von Gott geliebtes Geschöpf seiner Würde beraubt wird, und er schreitet ohne viel zu reden zur Tat: „Jesus spuckte auf die Erde; dann machte er mit dem Speichel einen Teig strich ihn dem Blinden auf die Augen und sagte zu ihm: Geh und wasch dich in dem Teich Schiloach.“ Speichel wurde in der antiken Medizin bei Augenleiden verwendet und das Lecken von Wunden ist auch heute noch bekannt. Vor allem aber ist es eine zärtliche Berührung, die dem Blinden das schenkt, wonach er hungert: Anerkennung und Ansehen. So wie damals im Paradies formt Jesus aus Lehm diesen Menschen gleichsam neu – aus Liebe und Mitleid!
Dass das Ganze am Sabbat geschehen ist, ist wie ein Widerhall des siebten Tages im Paradies, an dem Gott sah, dass alles gut war – und jetzt durch Jesus wieder gut wird!

In einem seltsamen Kontrast wird uns im Evangelium gezeigt, wie der körperlich und sozial ausgeschlossene Blinde wieder sehend wird, während die körperlich sehenden Pharisäer für das eigentlich Geschehen blind bleiben. Der äußerlich Blinde wird sehend, die äußerlich Sehenden werden innere „Blindgänger". Die Pharisäer sehen und sehen doch nicht; sie bleiben an äußere Paragraphen gebunden, die sie für die Liebe Gottes blind machen. Der Sabbat ist für den Menschen da, nicht umgekehrt!
Wieder einmal beweist sich das Wort von Saint-Exupery: „Das Wesentliche ist für die Augen unsichtbar; man sieht es nur mit dem Herzen gut." Haben wir nicht alle schon die Erfahrung gemacht, dass ein äußerlich Behinderter mir die Augen für die wahren Zusammenhänge des Lebens und für tiefe Lebensweisweiten vermittelt hat, für Einsichten, die mehr wert sind als vieles Wissen?! Erliegen nicht die äußerlich gut Sehenden und Aussehenden oft der Gefahr, an der Oberfläche der Dinge hängen zu bleiben und äußeres Make-up und innere Schönheit zu verwechseln? Wird so der Hunger nach Licht nicht durch äußeren Schein wettzumachen versucht?

Ähnlich wie in der Wasserrede am Jakobsbrunnen oder in der Brotrede bei der Brotvermehrung zur tieferen Bedeutung von Wasser und Brot führt, so macht Jesus es bei dieser Blindenheilung mit dem Licht. Für unseren Hunger nach Licht genügen nicht mehr Dioptrien der Brillen, auch nicht schöneres Make-up, größeres Rampenlicht der Öffentlichkeit oder die Weltraumfahrt zu den Lichtkörpern am Himmel. Sie sind die Außenseite der Innenseite: wir hungern letztlich nach dem Licht für unsere Seele. Es geht die blinden Flecken der Missachtung durch Liebe zu erhellen, dadurch Ansehen zu haben und eine Aussicht, die alle Finsternis, selbst die des Todes, einmal überwindet und ewiges Licht schenkt. Es geht um das Menschsein mit diesem tiefen Durchblick, um den Blick für das Wesentliche, den nur das Herz hat, um gute Sichtverhältnissen in einem tieferen Sinn!
Unerschöpfliche Quelle dieses Lichte ist der auferstandene Christus. Darum finde ich es so schön, dass das Licht, das durch unser großes neues Glasfenster hereinkommt, nicht nur das Licht der Sonne am Firmament ist, sondern durch „Auferstehung und Erlösung", wie es im Bild dargestellt wird, Licht Jesu Christi, den die Christen immer „sol invictus", unbesiegbare Sonne nannten. Wer für dieses Licht nicht offen ist, ist letztlich ein Schwarzseher, weil er über den Tod nicht hinauszusehen vermag.
Wenn der Priester hier vorne beim Taufbecken dem Täufling das Effata"(= Öffne dich!) zuspricht und von der Osterkerze das Osterlicht reicht, so ist gegen alle angstmachende Finsternis die Zusage des unauslöschlichen Lichtes gemeint, nach dem wir uns mit den Augen des Glaubens sehnen.
In der heutigen Lesung heißt dies: „Einst wart ihr Finsternis, jetzt aber seid ihr durch den Herrn Licht geworden." Nach der Gabe erwähnt der Epheserbrief freilich auch die Aufgabe: „Lebt als Kinder des Lichts! Das Licht bringt lauter Güte, Gerechtigkeit und Wahrheit hervor."
An unserem gütigen Handeln, am Einsatz für Gerechtigkeit und an unserer Wahrhaftigkeit zeigt sich, wie weit dieses Licht dabei ist, uns zu erleuchten und zu formen. Das österliche Licht begleitet uns von der

Taufkerze über die Erstkommunion-, Versöhnungs- und Hochzeitskerze bis zum Grabeslicht, auf dass uns das ewige Licht leuchte.
Am Schluss der Lesung heißt es: „Wach auf, du Schläfer, und steh auf von den Toten und Christus wird dein Licht sein". Es ist die Einladung der Fastenzeit, aus allem äußeren Schein zur Quelle des inneren Lichtes vorzudringen, etwa durch mehr Zeit für die Betrachtung des Wortes Gottes als Licht ist auf unserem Pfad, durch mehr Konsequenz im Gebet als Gespräch mit Gott, der Quelle, Mitte und ewigen Vollendung allen Lichtes, durch liebevolle Taten zu meinen Nächsten in Familie oder Arbeitsplatz. Liebe allein deckt ja Finsternis der Sünde und Schuld zu.
Fragen wir uns ehrlich, was dieses „Wach auf, du Schläfer!" für jeden persönlich heißt, damit das Licht zu Ostern in uns voll zum Tragen kommt! Amen.

## 5. Fastensonntag

### 1 Kor 15,14.17-20 statt Röm 8,8-11; Joh 11,1-45 Kurzform (10.4.2011)

Seit vielen Jahren kommt in unserer Pfarre jede Firmgruppe eine Stunde zu mir. Da dürfen die Firmkandidaten alles fragen, was sie wollen. Bei der Lektüre des heutigen Evangeliums ist mir gleich eingefallen, wie vor gut einer Woche ein Firmling mich fragte: „Glauben Sie an ein Weiterleben nach dem Tode?" Meine spontane Antwort war: „Ja! Wenn dem nicht so wäre, hätte ich lieber gestern als heute meinen Beruf an den Nagel hängen sollen." Das heißt: damit steht und fällt mein christlicher Glaube. Ich musste meine Antwort natürlich auch begründen und will es auch jetzt tun. Ich denke dabei an das Wort im 1. Petrusbrief: „Seid stets bereit, jedem Rede und Antwort zu stehen, der nach der Hoffnung fragt, die euch erfüllt; aber antwortet bescheiden und ehrfürchtig." (1 Petr 3,15f)
Meine Antwort will auch jetzt bescheiden sein, denn kein Mensch hat den Glauben sozusagen gepachtet und auch ich kenne Zweifel und Anfechtungen.
Meine Antwort will ehrfürchtig sein, denn niemand kennt das Herz des anderen und ich muss Ehrfurcht haben vor dem Geheimnis der je ganz persönlichen Biographie und den Möglichkeiten des anderen.
Grund meiner Hoffnung ist nicht irgendein „Prinzip Hoffnung", wie das dreibändige Werk des Philosophen Ernst Bloch heißt, sondern eine konkrete Person: Jesus Christus - in zweifacher Hinsicht.
Zum einen ist Jesus ganz und gar Mensch – wie Du und ich. Diese seine ganze Menschlichkeit kommt für mich im heutigen Evangelium gerade auch darin gut zum Ausdruck, dass er menschliche Freundinnen und Freunde hatte, nämlich die Schwestern Martha und Maria und deren Bruder Lazarus. Jesus hat die Gastfreundschaft und menschliche Nähe dieser Geschwister in Bethanien erfahren dürfen und ist wohl gerne bei ihnen eingekehrt. Er konnte also auch menschliche Nähe und Verbundenheit erleben und selbst schenken.

In der schon erwähnten Begegnung mit den Firmkandidaten fragte mich auch einer: „Haben oder hatten Sie eine Freundin?“ Meine spontane Antwort war: „Ja, ich habe viele Freunde und auch Freundinnen; freilich nicht so, was jemand vielleicht unterstellen mag, nämlich geschlechtliche Beziehung, wenn es heißt: ´Er hat eine Freundin`.“ Ich wünsche jedem Menschen, dass er Freunde und Freundinnen hat!
Als Lazarus krank war, sagte man Jesus: „Dein Freund ist krank“, und als er von dessen Tod erfuhr, war er „im Innersten erregt und erschüttert“ und er „weinte“. Diese Menschlichkeit und Mitmenschlichkeit Jesu heißen für mich, dass er als einer von uns mich versteht und mich dort abholt, wo immer ich als Mensch stehe. Jesus ist wirklich Mensch geworden – in allem uns gleich außer der Sünde (vgl. Phil 2,5-11). Er ist für mich ein zutiefst glaubwürdiger Mensch, in dem Wort und Tat, Reden und Tun zusammenfallen.
Zu seiner Persönlichkeit und damit zu seiner Glaubwürdigkeit gehört auch sein Vertrauen auf den mütterlich-väterlichen Gott. Sein Leben und seine Lehre sind nur auf dem Hintergrund dieses Vertrauens zu verstehen; denken sie etwa an die Bergpredigt und an sein häufiges Beten zum Vater im Himmel! Freilich litt auch er an dessen Verborgenheit und scheinbaren Abwesenheit, etwa am Kreuz, so dass er schreit „Mein Gott, mein Gott, warum hast du mich verlassen?“ (Ps 22), aber schließlich ließ sich Jesus in tiefem Vertrauen in die Hände eben dieses Vaters im Himmel fallen.
Wenn Jesu Vertrauen ins Leere ging, d.h. wenn er vom Vater enttäuscht wurde und er nicht in die Fülle des Lebens gefallen ist, m.a.W. wenn er nicht auferstanden ist, dann war Jesus vielleicht ein bewundernswerter Held und ein großartiger ideal gesinnter Mensch, aber nicht der Messias, also nicht der, der er für mich ist: Grund meiner Hoffnung über den Tod hinaus. Dann sind sein Vertrauen in Gott und das Ende seines Lebens ein unerklärbarer Widerspruch. Jedenfalls ist Jesus dann nicht der Messias. Er ist dann zwar Mensch und holt mich dort ab, wo ich stehe, er bringt mich aber nicht dorthin, wohin jedes Menschen Sehnsucht geht, nämlich über ein Ende hinaus in eine Vollendung. Dann ist er keine Antwort auf die Frage der Dichterin Ingeborg Bachmann in ihrem Gedicht „Reklame“, die sich angesichts des Todes radikal stellt „Was aber ist -- wenn Totenstille eintritt?“
So wichtig zum einen die echte Menschlichkeit Jesu ist, es gehört zum anderen ganz wesentlich seine Auferstehung von den Toten dazu, damit ich an ihn als Messias glaube und er Grund meiner Hoffnung ist. Auferstehung ist tatsächlich der Ernstfall des Glaubens und Vertrauens. Darum sagt der Apostel Paulus in aller Klarheit: „Ist aber Christus nicht auferweckt worden, dann ist unsere Verkündigung leer und euer Glaube sinnlos…Wenn aber Christus nicht auferweckt worden ist, dann ist euer Glaube nutzlos, und ihr seid immer noch in euren Sünden.“ (1 Kor15,14.17)

Was bedeutet in diesem Zusammenhang das heutige Evangelium? Die Auferweckung des Lazarus ist kein Mirakel, also kein Durchbruch von Naturgesetzen oder ein Zauberstück eines Magiers, sondern wie alle Wunder der Evangelien ein messianisches Zeichen für etwas noch Größeres, das in der Auferstehung Jesu einfürallemal besiegelt und als Hoffnung für uns alle in Jesus verbürgt wird. Bei Johannes ist die Auferweckung des Lazarus das letzte der für ihn so wichtigen sieben Zeichen.

So wie in der Erzählung von der Verklärung Jesu am Berge Tabor, dem Evangelium vor drei Wochen, schon in die vorösterliche Zeit das Licht des Ostermorgens herüberleuchtet, um hier auf Erden angesichts von Leid und Tod Zuversicht zu schenken, so ist die Auferweckung des Freundes Lazarus die Verheißung an alle Menschen, dass die österliche Gewissheit der Überwindung des Todes keine bloße Aussage über das Leben nach dem Tode ist, also nicht eine Vertröstung auf das Jenseits, sondern dass Ostern uns schon im Leben vor dem Tode Urvertrauen schenkt und Kraft gibt, hier und jetzt uns schon zur Minderung todbringender Mächte einzusetzen.

Dass die Totenerweckung des Lazarus bereits vor der Auferstehung Jesu erzählt wird, besagt vielleicht auch, dass Ostern und Auferstehung Jesu nicht erst etwas für die Zeit nach dem Tode sind. Die Zeitebenen werden wohl bewusst durcheinander geschoben: Wir bleiben zwar auch nach der Auferstehung Jesu Sterbliche, aber schon vor dem Tod wird ihm seine endgültige Macht genommen. Unsere in Christus verbürgte Hoffnung sieht mehr, jetzt und später.

Der heutige Sonntag heißt auch Passionssonntag. Jede/r von uns ist gelegentlich vom Leben abgeschnitten und macht Erfahrungen des Leidens und des Todes, etwa wenn Beziehungen zerstört werden, wenn das eigene Lebenshaus durch Krankheit oder andere Schicksalsschläge zusammenzubrechen droht oder wenn ich mich aus irgendeinem Grund wie lebendig begraben fühle.

Zu Ostern feiern wir, dass durch Jesus der Tod einfürallemal überwunden wird und die Liebe und das Leben siegen. Kraft dieser österlichen Hoffnung sollen und können wir uns jetzt schon bemühen, vermeidbares Leid zu vermindern und zu bekämpfen. Ostern gibt uns die Kraft, lebensverneinende Mächten im persönlichen, politischen und wirtschaftlichen Leben zu besiegen, etwa im Einsatz gegen Kinderarbeit, Umweltzerstörung und Verletzung der Menschenrechte, gegen Süchte und Egoismus.

Dort wo wir wieder Lebendigkeit erfahren und wieder aufblühen, machen wir die Erfahrung dessen, was der Name Lazarus wörtlich bedeutet. Lazarus (=El´azar) heißt: „dem Gott hilft".

Jesus hat, wie jemand sagt, aus uns allen Lazarusse gemacht, also Menschen, denen Gott hilft.

Ich lade Sie ein, in ihrem Leben nachzuspüren, wo Sie schon die Erfahrung des Lazarus gemacht haben: wo Ihnen Jesus befohlen hat, aus der Tiefe der Todeshöhle herauszukommen und Ihnen dadurch ein großer Stein vom Herzen gefallen ist – etwa in der Befreiung von lebensstörenden Binden und Abhängigkeiten, von eigenem Druck oder von falschen Erwartungen anderer.

Vielleicht bin ich gerade dabei, Jesus verständliche Vorwürfe zu machen, dass dies und jenes nicht passiert wäre, wenn er da gewesen wäre. Ich lade Sie aber auch ein, sich an die Situationen zu erinnern, in denen von mir Binden gelöst wurden und ich erlöst weggehen konnte zu Wegen neuen und befreiten Lebens – wie damals Lazarus. Amen.

# Gründonnerstag

## Ex 12,1-8.11-14; Joh 13,1-15 (21.4.2011)

Es sind zwei für unseren Glauben elementare Ereignisse, die die Liturgie des Gründonnerstags und damit unseren Glauben prägen. Das eine ist die Fußwaschung, von der uns das Evangelium berichtet; das andere ist das letzte Abendmahl, das Jesus im Rahmen des Paschamahles, von dem die Lesung spricht, gefeiert hat. Zunächst ein paar Gedanken zur Fußwaschung. Ich habe bewusst heute am Festtag unseres Pfarrpatrons Bruder Konrad anbetracht unseres Kirchweihjubiläumsjahres „50 Jahre St. Konrad“ zwölf Seniorinnen und Senioren gebeten. Sie stehen stellvertretend nicht nur für die zwölf Apostel Jesu, sondern auch für alle älteren Menschen unserer Gemeinde, also die Gründer- und Aufbaugeneration unserer Pfarrkirche und Pfarre. Es gäbe uns als Pfarre nicht, hätten nicht diese Menschen auf je ihre Weise nicht nur den materiellen Aufbau mitgetragen, sondern auch als lebendige Steine ein gutes Pfarrleben begründet und durch ihr christliches Leben und das Einbringen ihrer Charismen gefestigt. Auch im Gedenken an meinen Vorgänger Pfarrer Renetseder will diese Fußwaschung Ausdruck der Wertschätzung und des Dankes an unsere Gründer sein. Ich denke dabei an das Wort des Apostels Paulus in seinem Ringen im Römerbrief über die Beziehung des Ersten Bundes zum neuen Bund, wo er sagt: „Nicht du trägst die Wurzel, sondern die Wurzel trägt dich.“ (Röm 11,17)

Das gilt auch hier: Wir ernten, was andere gesät haben. So ist das Leben überhaupt: Nur indem die eine Generation selbstlos für die nächste etwas tut, sprich, „ihr dient“, kommen Kinder zur Welt, werden Bäume gepflanzt, Kirchen und Museen gebaut, wird Leben weitergegeben. Dankbarkeit ist deshalb eine der größten Tugenden.

Die Frage „Was habe ich davon?“ greift zu kurz, denn dann würden wir alle bald an sozialer Kälte sterben. Unser Leben, global und lokal, kann nur gelingen, wenn nicht jeder nur auf sich schaut, sondern für den anderen da ist, also dient. Jesus gibt uns dafür in der Fußwaschung das Beispiel schlechthin. Indem der Herr und Meister den Jüngern die Füße wäscht, also einen Sklavendienst tut, sprengt er die gängigen Begriffe von oben und unten, von den ersten und letzten und stellt unser Denken und Handeln total auf den Kopf, denn die Gesetze seines Reiches sind anders als die Gesetze der Welt. Lebt in der Welt vielfach das Mehr des einen vom Weniger des anderen, so sagt Jesus klar: „Bei euch soll es nicht so sein!“ Wir erleben ja hautnah, wohin ein solches Handeln führt: zu einer Teilung der Welt in eine erste, zweite dritte, zur Unterjochung der Untertanen, in die Ausbeutung der Erde, in Rivalität, Mobbing und Ausgrenzung. Genug Beispiele dafür liefern die täglichen Nachrichten. Es ist also nicht so, dass wir im Gottesdienst Gott dienen (und es vielleicht gar als lästige Pflicht empfinden), sondern am Anfang steht, was Gott an uns tut, wie er uns dient.

Für mich gibt es zwei wichtige Folgerungen aus der Fußwaschung:

Die erste ist: Leben wir von dem, was unsere Vorfahren getan und aufgebaut haben, so sind auch wir gehalten und verpflichtet, für unsere Nachkommen zu sorgen. Der Gabe entspricht auch die Aufgabe. Dieser so genannte Generationenvertrag gilt in der Familie und in der Zivilgesellschaft, aber auch in der Staats- und Weltpolitik. Da frage ich mich z.B., ob nicht der Umgang mit den Ressourcen der Erde, die demographische Entwicklung in Europa, die Eigeninteressen der Länder in der EU, die Verteidigung wohlerworbener Rechte durch manche Gruppen oder das jetzige durchschnittliche Pensionsantrittsalters oder auch die Höhe mancher Pensionen dem Generationenvertrag widersprechen. Ist die Tatsache vieler armutsgefährdeter Menschen weltweit und auch eine Folge der genannten Tatbestände? Manchmal wüsste sich die Jugend wohl wehren, damit auch Jugend und Kinder von heute eine gute Zukunft haben.

Eine zweite Folgerung betrifft die Kirche selbst. Zunächst ist an uns alle die Frage gerichtet, ob wir das uns Mögliche tun, den von Vätern und Müttern ererbten Glauben auch der nächsten Generation weiterzugeben. Kardinal König meinte zu Recht: Die christliche Decke, auf der wir gehen, ist wie eine Eisdecke sehr dünn geworden und droht einzubrechen.

Vor allem aber muss sich das Leitungsamt der Kirche fragen und fragen lassen, wie weit es verstanden hat, dass Jesus in der Fußwaschung alle Hierarchien auf den Kopf gestellt hat und alle Leitung, vom Papst angefangen bis hin zum Pfarrer, ein Dienstamt sein muss. „Eine Kirche, die nicht, dient, dient zu nichts.“ (Jacques Gaillot) Dabei bringt es nichts, in kirchengeschichtlicher Demut nur an die Brust vergangener Jahrhunderte zu klopfen. Die Menschen sind heute zu Recht sehr sensibel geworden, was Machtausübung, Ansehen, Karrieredenken, übertriebener Zentralismus und nur von oben diktierte Ansichten betrifft. Der Reformstau in der Kirche rührt unter anderem wohl auch daher, dass die Stimme des Volkes (sensus fidelium) zu wenig wahrgenommen und gehört wird. Es geht fürwahr nicht um eine Abstimmung über den Glauben! Die Fußwaschung ist nicht nur der unaufhaltsame Anbruch des Reiches Gottes durch Jesus, sondern sie muss auch ein Stachel im Fleisch der Kirche sein, eine ständige Provokation, „um der Menschen willen“ mehr zu dienen.

Nun ein paar Gedanken zum Paschamahl und zur Eucharistie. Auch hier gilt das Paulus-Wort: „Nicht du trägst die Wurzel, sondern die Wurzel trägt dich.“ Wir verdanken unsere Eucharistiefeier dem vorausgehenden Paschamahl der Israeliten. Selbst diese haben vorisraelitische Riten aufgegriffen:

Zum einen haben die Israeliten den Ritus des Opferlammes von den Kleinviehnomaden übernommen anlässlich deren Aufbruches von den Winter- zu den Sommerweiden. Zum anderen haben sie von den Ackerbauern Kanaans den Ritus der ungesäuerten Brote im Frühjahr zu Beginn der Getreideernte übernommen. In der Lesung aus dem Buch Exodus haben wir gehört, wie diese Riten für die Israeliten bei der Befreiung aus der Knechtschaft eine ganz neue heilsgeschichtliche Bedeutung bekommen.

Das an die Türpfosten gestrichene Blut des geschlachteten Lammes hat den Engel Gottes veranlasst, in der Paschanacht, in der die Erstgeborenen Ägyptens getötet wurden, an den Häusern Israels schonend „vorbeizugehen“, so dass Pascha bald auch als Übergang vom Tod zum Leben gedeutet wurde. Das Paschablut gewährt also Schutz und verbürgt Leben.

Zusammen mit dem Pascha soll auch ungesäuertes Brot hastig gegessen werden: „die Hüften gegürtet, Schuhe an den Füßen, den Stab in der Hand“. So wird dieses Brot für die Israeliten zum Zeichen der Kraft zum Aufbruch, aber auch des Endes der Knechtschaft und der Verheißung des Gelobten Landes. Wenn in der Folgezeit Israel dies immer wieder feiert, so erinnert es sich dankbar an das, was Gott für sein Volk getan hat.

Der Evangelist Johannes, der statt des Abendmahles die Fußwaschung erzählt, hat stattdessen die lange Brotrede. Wenn alle drei anderen Evangelisten berichten, dass Jesus das letzte Abendmahl als Paschamahl gefeiert hat, so geht aus der geschilderten israelitischen Wurzel klar hervor, was dies bedeutet: Jesus bezieht das Brot und den Wein auf sich selbst und meint damit seine bevorstehende Hingabe im Tod und in der Auferstehung. Er selbst ist nun das Paschlamm. Das vergossene Blut deutet auf seinen gewaltsamen Tod, aber auch auf den endgültigen Bund Gottes mit den Menschen. Das Zeichen dieses Bundes ist nicht mehr das Opferblut von Tieren, sondern das Blut Jesu.

Zugleich sind dieses Blut und dieses ungesäuerte Brot Teilhabe an seinem neuen Leben der Auferstehung. Wenn Jesus sagt „Tut dies zu meinem Gedächtnis“, so ist es immer wieder Vergegenwärtigung des Christusgeschehens, also Neuvollzug der entscheidenden Rettungstat Gottes an seinem Volk.

Dass sich Jesus uns unter den Gestalten von Nahrungsmitteln gibt, zeigt uns, wie sehr er sich für uns hingibt, damit wir leben können. Jesu „Karriere“ als Brot und Wein ist kompromissloses Dasein für andere, um Gemeinschaft zu stiften. Wer an diesem Mahl teilnimmt, bekundet die Bereitschaft, kraft dieser Speise zum Aufbau der Gemeinde und zur Gestaltung der Welt beizutragen. Das letzte Konzil hat die Eucharistie deshalb zu Recht „Quelle und Höhepunkt unseres christlichen Seins und Handelns“ genannt. Wiederum ist es zuerst Gabe, also Gottes Dienst an uns und für uns. Sodann ist es aber auch Aufgabe.

Eine Folgerung innerhalb der Kirche heißt, Brot füreinander zu werden, also füreinander zu sorgen statt nur für sich selbst vorzusorgen. Ich danke all den vielen von Herzen, die dazu in unserer Pfarre Wesentliches beitragen.

Die andere Folgerung betrifft uns alle, zumal in unserer Wohlstandsgesellschaft, in der es viel Brotraub gibt und sehr vielen der Brotkorb zu hoch gehängt wird, während andere Brot wegwerfen. In der Kirchenzeitung vor einer Woche ist zu lesen: „Während es weltweit 850 Millionen unterernährte Menschen gibt, geht die Lebensmittelverschwendung in den reichen Industrieländern ungebrochen weiter. Eine Million Tonnen werden in Österreich an Lebensmitteln entsorgt. Ständig volle Supermarktregale mit frischen Waren und die Angst der Konsument/innen vor abgelaufenen Lebensmitteln führen dazu, das zumindest ein Viertel der gekauften Lebensmittel vom Kühlschrank direkt in die Mülltonne wandern.“ (LKZ 14.4.11., 6)

Ich bin überzeugt, die Eucharistiefeier ist fürwahr der Schlüssel zum Gelingen des Lebens, im Kleinen und im Großen! Amen.

# Karfreitag
## Jes 52,13-53,12; Hebr 4,14-16;5,7-9; Joh 18,1-19,42) 2005

Die kurze Gebetsstille zum Tode Jesu während der Leidensgeschichte ist vielleicht der beste Ausdruck, den wir vor dem dramatischen Geheimnis des Sterbens Jesu einnehmen können, denn wir knien dankbar nieder vor der unsagbaren und unausschöpflichen Liebe Gottes zu uns Mensche, wir erahnen darin seine Sympathie und Empathie, also sein Mitfühlen und Mitleiden mit uns.
Zwei Gedanken, die mich in dieser Stunde bewegen, möchte ich anfügen.
Nach der Verurteilung Jesu heißt es: „Jesus trug sein Kreuz und ging hinaus zur sogenannten Schädelhöhe, die auf hebräisch Golgotha heißt."(Jo 19,17) Nicht zum ersten Mal ist Jesus „Draußen vor der Tür", wie ein modernes Drama heißt, also außerhalb der Stadtmauern. Auch zu Beginn seines irdischen Lebens wurde er schon mit seinen Eltern hinaus geschickt, weil in der Herberge kein Platz für sie war. Außerhalb der Stadtmauern ist er geboren und außerhalb der Stadtmauern stirbt er.
Damit ist nicht eine romantische Landschaft vor der grässlichen Stadt gemeint, sondern genau das Gegenteil: Die Stadt war in der Antike der Ort der Beheimatung und der Gemeinschaft, die Stätte, in der man einen Namen und ein Ansehen hatte. Außerhalb dieser schützenden Mauern zu sein bedeutete Ausschluss von Verwurzelung und Zugehörigkeit, von sozialer Akzeptanz und Einflussmöglichkeit. Wer außerhalb war, war im „Out"; er war ein Nobody, ein Niemand, ein Underdog, also einer, den man abgeschrieben hat, ein Anonymus, dessen Namen man vergessen konnte.
Jesus lebt existentiell von der Krippe bis zum Kreuz dieses „Draußen vor der Tür" der Reichen und Wohlhabenden, damit auch jene jemanden haben, die sonst allein und vergessen sind. Es ist die äußerste Konsequenz seiner Parteilichkeit für jeden Menschen, der irgendwie zu kurz kommt, vom Arbeitslosen angefangen über die Modernisierungsverlierer und die Sündenböcke aller Zeiten bis hin zu den Flüchtlingen und Asylanten, ja bis hin zu den Schächern. Er lässt sich selbst unter die Verbrecher rechnen.
Jede und jeder von uns kann schnell in diesem „Out" sein überall dort, wo nur seine Arbeitskraft oder Kaufkraft, seine Rolle oder Funktion zählen und nicht der Mensch im Mittelpunkt steht, denn wenn der Mohr seine Pflicht getan hat, kann er schnell abtreten und ist vergessen – überall dort, wo er im ökonomischen Sinn jetzt ein Nichtsnutz ist, also nichts mehr zum ökonomischen Ertrag beiträgt. Nicht von ungefähr stehen deshalb die Ränder des Lebens – zu Beginn und am Ende – unter dem Damoklesschwert der Frage, ob es sich lohnt, es im Leben zu erhalten oder nicht!
Jesus entäußert sich bis zum Tode am Kreuz (Phil 2); er wird so wirklich ein herabgekommener Gott, der sich auf die Seite der Geschlagenen und Unterdrückten stellt, damit die Täter nicht ewig triumphieren. Ausgespannt am Kreuz umarmt Jesus alle, die irgendwie außerhalb stehen, damit niemand ausgeschlossen bleibt und jede und jeder ein Du hat, der ihm Ansehen gibt.

Auch wir dürfen uns draußen mitgemeint wissen. Mit dem Dichter Kurt Marti dürfen wir zuversichtlich sagen: „der du den schächer mit seiner blutschuld am galgen zu deinem begleiter gemacht hast - wir bitten dich herr: erachte auch uns seiner gesellschaft würdig und öffne uns das paradies auch uns – den schächern im geist“ (Kurt Marti, gott gerneklein)

Jesu Wort „Wenn ich am Kreuz erhöht sein werde, werde ich alle an mich ziehen“ (J0 12,32) gilt freilich nicht nur den Opfern, sondern – uns Frommen vielleicht zum Ärgernis - sogar den Tätern, betet er doch auch für sie: „Vater, vergib ihnen, denn sie wissen nicht, was sie tun.“

Wir alle – ob innerhalb oder außerhalb der Stadtmauern – sind auf Vergebung angewiesen:

„Wir sind aufeinander angewiesen,
wir brauchen alle einen,
der unsere Widersprüche
in sich aufhebt
und sich keinem verweigert,
einen, der redet, auch wenn er schweigt.“

So drückt es die Dichterin Christine Busta aus (Der Himmel im Kastanienbaum)

Die Frage bleibt an jede und jeden von uns gestellt: Wie halte ich es mit denen, die heute außerhalb sind? Gehe ich zu ihnen hinaus? Und wenn ich mich selbst draußen vor der Tür empfand, habe ich da an seine Nähe und Solidarität gewusst?

Mein zweiter Gedanke kreist um das Innere der Stadt Jerusalem. Als nach der Geburt Jesu Sterndeuter aus dem Osten kamen und nach dem neugeborenen König fragten , berichtet Matthäus: „Da erschrak Herodes und mit ihm ganz Jerusalem“ (Mt 2,3) und jetzt erschrecken offenbar von neuem alle, die in Jerusalem an den Hebeln der Macht saßen, der römische Statthalter Pilatus und die Hohenpriester und ganz Jerusalem, denn hier bekennt sich jemand, dieser Jesus aus Nazareth, als König. Es kommt freilich nicht zum Kampf wie unter zwei Rivalen, denn Jesus ist scheinbar eindeutig unterlegen; er scheitert kläglich als Verbrecher am Kreuz.

Warum zieht man mit allen Machtmitteln gegen ihn zu Felde wie schon damals Herodes nach seiner Geburt im Kindermord zu Betlehem? Er hat doch keine Divisionen. Und doch scheinen die Mächtigen dieser Welt zu ahnen, dass mit diesem Jesus eine Revolution beginnt, die den anderen nicht als Konkurrenten und Rivalen mit gleichen Mitteln von oben herab mit Sturm, Feuer und Erdbeben, mit politischer, militärischer oder wirtschaftlicher Macht unterdrückt, sondern dieser andere setzt tiefer an: Er könnte die Hausmacht der anderen vom Grunde her zugrunde richten und sie aus ihren Satteln heben, so wie er nicht mit einem Schlachtross, sondern mit einem Esel in Jerusalem eingezogen war.

Es ist das sanfte leise Säuseln Gottes am Berge Horeb, die wehrlose Ohnmacht des Kindes, die absichtslose Liebe dieses Jesus von Nazareth, die hier am Werke waren. Es ist die Konsequenz der Solidarität Jesu mit allen und damit die Erfüllung der tieferen Sehnsüchte jedes Menschen, die ihm die Sympathie des Volkes

bringen. Die Mächtigen dieser Welt machen ihn mundtot, aber es ist und bleibt für sie ein Phyrrussieg, denn letztlich siegt die unendliche Liebe Gottes in Jesus über alle Gewalt und äußere Macht, selbst über den Tod. Gott hat das letzte Wort!
Die weltliche Stadt Jerusalem ist erschüttert, denn es ist nicht „Der unaufhaltsame Aufstieg des Arturio Ui", wie das Stück von Bert Brecht aus den 30-er Jahren und aller weltlicher Heerführer heißt, das den Aufstieg Hitlers karikiert, sondern es ist der Anfang eines anderen Reiches gesetzt, das zwar in dieser Welt ist, aber nicht von dieser Welt – eines Reiches der Gerechtigkeit, der Liebe und des Friedens.
Die Frage an je und jeden von uns heißt: Glaube ich an diese Macht der Liebe, die letztlich sich stärker erweist als alles andere und allein dem Menschen Freiheit schenkt, oder habe ich mich arrangiert mit dem Machtgerangel dieser Welt, wo das Mehr des einen vom Weniger des anderen lebt? Welcher Revolution schließe ich mich an: der Revolution des Kampfes gegeneinander, wo jeder den größeren Happen für sich bekommen möchte aufkosten der anderen? – Es mündet immer wieder in das zeitlose Bild des Turmbaues von Babel, wo keiner den anderen mehr versteht. Oder schließe ich mich der von Jesus entfachten Revolution der Liebe an, wie er sie bis zum Sieg dieser Liebe im Tode gelebt hat, einer Liebe, die uns trotz verschiedener Sprachen einander verstehen und in versöhnter Vielfalt leben lässt?
„Wenn ich über die Erde erhöht bin, werde ich alle zu mir ziehen:" (Jo 12,32). Lassen wir uns von dieser Liebe in dieser Stunde wiederum zu Jesus ziehen, um ihrer teilhaftig zu werden. Amen.

## Osternacht
## Mt 28,1-10 (23.4.2011)

Genau vor vier Wochen war die Zeitumstellung von Winter- auf Sommerzeit. Manchen macht die Umstellung zu schaffen. Letztlich ist es aber eine belanglose Nebensache anbetracht der Zeitumstellung, die für uns Christen Ostern bedeutet. Damit meine ich nicht das heuer so späte, ja aufgrund der Berechnung durch den Gregorianischen Kalender überhaupt spätest mögliche Datum des Osterfestes. So gesehen blieben wir nur bei der äußeren Uhr, die die Griechen den Chronos nennen, also den gleich bleibenden Verlauf der Tage und Stunden, wie es auf jeder Uhr mit unseren Augen abzulesen ist.
Wir alle wissen aber auch um die Bedeutung besonderer Augenblicke und Zeitpunkte, in denen wir etwas Besonderes und Unvergessliches erfahren – nicht mit den Augen des Leibes, aber mit den Augen des Herzens – nach dem bekannten Wort von Saint-Exupery: „Man sieht nur mit dem Herzen gut. Das Wesentliche ist für die Augen unsichtbar." Die Griechen nannten diese Art von Zeit „Kairos", den günstigen und rechten Augenblick. Ostern ist diese Zeitumstellung Gottes, diese Zeitansage Gottes, der Augenblick, der verweilen möge, die Sternstunde der Menschheit, der „Kairos" für uns alle!
Anbetracht der vielen Negativmeldungen in unseren Tagen erleben nicht wenige Menschen die Zeit als eine schlimme Zeit, voll von Katastrophen, und sie haben ihre Hoffnung zu Grabe getragen und sehen wenig

oder keine Perspektive für die Zukunft. Man sagt, dass Depression die Krankheit unseres Jahrhunderts sei. Jedenfalls geht vielfach Angst um. Schwere Steine liegen auf den Lebenswegen vieler Menschen; sie lasten auf deren Herzen, liegen ihnen im Magen und lassen das Leben nur als mühsam erfahren. Es sind nicht wenige, die in die Arbeit flüchten, sich in Scheinwelten vertrösten lassen, in Süchte zurückziehen oder sich in Aggression abreagieren. Es ist ja auch die Freizeitindustrie, die teils den „Basic instinct", wie ein Film heißt, in Alkohol, Profit, Macht oder Sex anspricht, um den Hunger und Durst nach „mehr als alles" vergessen zu machen, so wie es die römischen Kaiser mit ihren „Brot und Zirkusspielen" (panem et circenses) schon versucht haben. Am Ende bleibt jedoch Enttäuschung und Frust – oder wie es Ingeborg Bachmann in der letzten Zeile ihres Gedichtes „Reklame" anspricht: „ Was aber ist - (leere Zeile) - wenn Totenstille einbricht?"

Die Tatsache unserer Endlichkeit und Sterblichkeit und unserer Verstricktheit in Gewalt, in Schuld und in Leid, das Menschen sich einander antun, machen es uns unmöglich, dem Zeitlauf der Vergänglichkeit zu entrinnen und unsere Sehnsucht nach einem bleibend guten Leben von uns aus zu erfüllen. Von uns aus ist unser Dasein ein „Sein zum Tode" (Martin Heidegger).

Ostern ist durch die Auferstehung Jesu von den Toten eine radikale Zeitumstellung: Gott hat der Zeit der Finsternis und des Todes ein endgültiges spektakuläres Ende gesetzt. Gottes unfassbare Liebe hat in Jesus den Tod besiegt. Ostern ist für uns Glaubende die Erinnerung und das Geschenk, dass die tiefste Sehnsucht des Menschen nach gelingendem Leben nicht ins Leere verläuft, sondern erfüllt wird, da in der Zeit das Fenster der Ewigkeit endgültig geöffnet ist.

Es ist der ganzen Schöpfung trotz aller Schattenseiten und trotz des Todes ein neues positives Vorzeichen geschenkt, mathematisch gesagt, ein Plus aufgrund des Sieges des Lichtes und des Lebens vorgesetzt. Das verloren gegangene Urvertrauen, der „Basic trust", ist uns wieder geschenkt, indem nicht niedere Triebe (basic instincts), sondern unsere tiefste Sehnsucht nach der Fülle des Lebens erfüllt wird. Unsere Hoffnung ist nicht ein „Prinzip Hoffnung", wie das Werk des ehemaligen DDR -Philosophen Ernst Bloch heißt, sonder ist eine Person: Jesus Christus!

Freilich heißt es zu bedenken, was die evangelische Theologin Dorothee Sölle sagt: „Über die Auferstehung kann man nicht freischwebend reden, als hätte sie mit dem Kreuz nichts zu tun. Als wäre Jesus in jedem Fall, auch nach seinem Tod aus Altersschwäche, in den Genuss dieser Wunderdroge gekommen!" Mit anderen Worten: Jesus hat selbst alles Negative menschlichen Lebens, alles Leid und selbst den qualvollen Tod erlitten – aus Liebe zu den Menschen und aus Solidarität zu allen Opfern der Menschheitsgeschichte, also zu allen Zukurzgekommenen, Verfolgten, Leidenden und Sterbenden. Weil aber dieser Jesus von den Toten erweckt wurde und lebt, ist und bleibt er das sichtbare Versprechen Gottes, dass er niemanden im Stiche lässt und dass er unsere Sehnsucht nach „Mehr als alles" erfüllt.

Wir reden von der Zeit auch als Datum. „Datum“ heißt wörtlich „etwas Gegebenes, eine Gabe“. Ein Aspekt dieses neuen Datums durch die Zeitumstellung Gottes ist unter anderem wie wir aus dem heutigen Evangelium schließen können, dass die Frauen die ersten Zeugen der Auferstehung sind. Frauen, die damals nicht einmal zum Zeugnis vor Gericht berechtigt waren und immer hinten rangierten, sind durch Jesus in ihrer gleichen Menschenwürde bestätigt worden. War schon zu Lebzeiten Jesu Umgang mit Frauen vorbehaltlos, so wird durch die Auferstehung Jesu das „Datum“, die Tatsache der Ebenbürtigkeit von Mann und Frau endgültig besiegelt. Die oft als „schwaches Geschlecht“ bezeichneten Frauen sind den Kreuzweg mitgegangen und waren auch als erste am Grabe, während viele Jünger davon liefen und die bewaffneten Wachsoldaten angesichts der Engel umfielen. Durch dieses Datum, diese Vorgabe, ist der Patriarchalismus von Gott her endgültig aus den Angeln gehoben! Auch wenn unserer Justizministerin jetzt eine Frau ist und Frauen vor Gericht aussagen können, hinken wir in Gesellschaft und Kirche in der damit gegebenen Aufgabe noch weit nach.

Ostern ist also ein besonderes Datum, der Kairos für die ganze Menschheit. Zugleich kann man zu Recht sagen: Ostern hat kein Datum, denn Ostern ist jeden Tag. Es ist keine Vertröstung auf das Jenseits, sondern die feste Überzeugung, dass Solidarität und Mitleiden jetzt schon Aufstehung bewirken und jetzt schon Ostern ist. Ostern ist also jeden Tag, wo immer einer des anderen Last tragen hilft und geteiltes Leid halbes Leid wird: „Wo jemand ein Herz für den Nächsten hat, und Hände und Füße in Bewegung setzt für die Bedrängten, dort ereignet sich Ostern. Wo Menschen sich um Alte und Gebrechliche annehmen, ist Ostern. Wo jemand den Geruch der Armut und der Krankheit nicht scheut, sondern hingeht ist Ostern. Wo sich jemand nicht in seine schön gestaltete Lebensoase zurückzieht, sondern dorthin geht, wo es unter den Menschen schwierig zugeht, ereignet sich Ostern. Wo jemand sich nicht davon stiehlt, sondern seinen eigenen Ruf riskiert für andere, ist Ostern.“ (Linzer Kirchenzeitung 21.4.11, 2)

Wir sind also eingeladen, das uns Mögliche tun, ohne die Neue Welt herstellen zu können. Sie hat aber mit Jesu Auferstehung unaufhaltsam begonnen. Ostern ist die Kraft unseres Einsatzes. Es ist die Zeitumstellung oder, wie die schon erwähnte Dorothee Sölle es nennt: die „Zeitansage“ die Gott selbst in Jesus gemacht hat und für deren Erfüllung er sich selbst verbürgt. Hören wir zum Schluss das Gedicht „Zeitansage“ von Dorothee Sölle:

„Es kommt eine zeit
Da wird man den sommer gottes kommen sehen
Die waffenhändler machen bankrott
Die autos füllen die schrotthalden
Und wir pflanzen jede einen baum
Es kommt die zeit
Da haben alle genug zu tun
Und bauen die gärten chemiefrei wieder auf

In den arbeitsämtern wirst du
Ältere leute summen und pfeifen hören
Es kommt eine zeit
Da werden wir viel zu lachen haben
Und gott wenig zu weinen
Die engel spielen klarinette
Und die frösche quaken die halbe nacht
Und weil wir nicht wissen
Wann sie beginnt
Helfen wir jetzt schon
Allen engeln und fröschen
Beim lobe gottes

## Ostersonntag

### Apg 10, 34a.37-43; Joh 20,1-9 (27.3.2005)

Der Karfreitag Jesu war auch der Karfreitag seiner Jüngerinnen und Jünger, denn Jesu Tod war auch für sie das Ende all ihrer Hoffnungen. „Ihn", der für sie alles war, „haben sie an den Pfahl gehängt und getötet" (Apg 10, 39), sagt Petrus in der Lesung. Jesus, der für Maria von Magdala der Anker ihres Lebens war, wurde ihr genommen; nicht einmal seinem Leichnam darf sie noch ihre Liebe erweisen.

Vielleicht können wir die Tragweite etwas erahnen, wenn wir an Situationen denken, wo wir verloren haben, woran unser ganzes Herz gehängt ist: der Tod eines lieben Menschen, das Scheitern einer Ehe, der Abbruch einer Lebensplanung durch Krankheit oder Arbeitslosigkeit. Wir dürfen uns nicht am Karfreitag vorbei hinüberschwindeln zum österlichen Halleluja!

Zugleich gilt für die heutige österliche Frohbotschaft von der Auferstehung des Herrn, was im ersten Petrusbrief steht: „Seid stets bereit, jedem Rede und Antwort zu stehen, der nach der Hoffnung fragt, die euch erfüllt; aber antwortet bescheiden und ehrfürchtig." (1 Petr 3,15f)

Unser Zeugnis von der Auferstehung will bescheiden sein, denn es ist nicht – salopp gesagt – auf unserem Mist gewachsen. Wir verdanken es anderen Zeugen und über die Auferstehung selbst verfügt niemand wie über eigenes Wissen; wir haben sie nicht im Griff; sie ist nicht machbar und lässt sich nicht aus den irdischen Tatsachen beweisen. Sie ist geschenkte Hoffnung, aufgrund deren wir uns nicht besser dünken als andere, denen die Gnade des Glaubens nicht zuteil wurde.

Unser Zeugnis von der Auferstehung will ehrfürchtig sein, denn wir stehen vor dem, was alle menschlichen Verfassungsvermögen und Worte sprengt. Wir stehen vor dem Unfassbaren, denn „Was kein Auge gesehen und kein Ohr gehört hat, was keinem Menschen in den Sinn gekommen ist, das hat Gott denen bereitet, die ihn lieben". Maria von Magdala, Petrus und Johannes, von denen das Evangelium berichtet, gehörten sicherlich zu ihnen.

Zugleich suchen wir zu Recht nach Erfahrungen und Bildern, die uns eine Verständnishilfe für das Unfassbare sein können. Petrus sagt in der Lesung: „Gott hat Jesus am dritten Tag auferweckt und ihn erscheinen lassen" und von Maria von Magdala heißt es, dass sie „frühmorgens, als es noch dunkel war, zum Grab" ging. Es hat also etwas zu tun mit Dunkelheit und mit Einbruch von Licht. Wahrscheinlich wissen Sie es noch aus eigener Erfahrung oder Sie erleben es jetzt mit Kindern oder Enkelkindern, dass die Finsternis der Nacht ängstigt und Kinder deshalb betteln, doch einen Spalt der Tür offen zu lassen, damit Licht vom Wohnzimmer oder Schlafzimmer der Eltern hereinscheint und sie so beruhigt einschlafen können. Sollte es trotzdem zu Tränen kommen, nimmt sie die Mutter in die Arme tröstet mit den Worten: „Es wird schon wieder alles gut!"

Die Auferstehung Jesu bedeutet für mich, dass in die Sackgassen unseres Alltags, in die Durststrecken mancher Wegstrecken, in die Wüstenwanderung unserer Beziehungen, wo wir nicht mehr weiter können, in die Labyrinthe aller Ichgefangenheit, ja selbst in die Finsternis der Todeskrankheit und des Sterbens ein Lichtstrahl in unser Leben dringt, der Licht am Ende jedes finsteren Tunnels verheißt – ein Lichtstrahl, der uns wirksam zusagt: „Es wird alles wieder gut!", denn in diesem Licht beginnt hier und jetzt schon das ewige Licht zu leuchten.

Auferstehung Jesu heißt für mich, dass in das Gefälle zwischen Ost und West, zwischen Nord und Süd dieser Erde eine endgültig heilende Balance eintreten wird, weil in diesem neuen Adam Jesus die absolute Würde jedes Menschen durch Gott selbst verbürgt ist.

Die Auferstehung Jesu besagt, dass selbst in die verfahrensten weltpolitischen Verhärtungen, etwa im Nahen oder Mittleren Osten, und selbst inmitten der von uns durch Atom- und Giftwaffen erzeugten immensen Gefahren und die damit verbundenen Ängste ein unauslöschlicher Lichtstrahl aufleuchtet, in dem uns der mütterlich-väterliche Gott verheißt: „Es wird alles wieder gut", denn in diesem Jesus hat die neue Erde bereits begonnen und ist unwiderruflich Gottes Reich der Gerechtigkeit, der Liebe und des Friedens im Kommen.

Auferstehung Jesu heißt für mich, dass der Wunsch nicht der Vater des Gedanken bleibt, wenn Eltern ihrem Kinde sagen, dass wieder alles gut wird, wenn sich Menschen in Familien, in den pfarrlichen und zivilen Gemeinden, im Staat und in der Völkerfamilie für Gerechtigkeit und Frieden einsetzen, denn den in Jesus entfachten göttlichen ewigen Lichtstrahl vermag keine Finsternis mehr zu löschen, weder im Leben des Einzelnen noch im Leben der Menschheit und der Welt.

Ich versuche, mich dem Unfassbaren noch mit einem anderen Bild zu nähern. Jeder Mensch träumt wahrscheinlich in seinem Leben gelegentlich von der Sternstunde seines Lebens. Der eine meint damit das große Los, das er zieht und das ihn all seiner Sorgen enthebt. Der andere sieht darin vielleicht das Glück in der Millionenshow; ein dritter stellt sich einen großen Lotteriegewinn vor oder auch die Hoffnung, als Star auf der Bühne entdeckt zu werden. Wieder andere sehen zu Recht eine Sternstunde ihres Lebens in dem Zeitpunkt, als sie ihren Lebenspartner kennen lernten. Manche vermuten wiederum in einer neuen wissenschaftlichen Entdeckung, etwa in der Entdeckung des menschlichen Genoms, eine Sternstunde der Menschheit. Für mich ist die Auferstehung Jesu Christi die Sternstunde der Menschheit schlechthin und dadurch meine und Ihre Sternstunde. Sie besagt nämlich, dass das Leben und die Liebe ein für allemal gesiegt haben und dass Gott das letzte Wort als ein Wort des Heiles und der Vollendung spricht, als absolutes Ja über alle garstigen Gräben dieser Geschichte und selbst über den Abgrund des Todes.

Bescheiden und ehrfürchtig wollen wir von dieser Hoffnung heute und immer Zeugnis geben, nicht nur in der Kirche, sondern auch öffentlich in dieser Welt.

Unser Glaube ist die persönliche Überzeugung jedes Einzelnen. Christsein ist in unseren Zeiten nicht mehr Schicksal, sondern freie Wahl, und das ist gut so. Christsein ist aber nicht, wie man uns einreden will, Privatsache oder gar nur Privathobby, das man in Kirche und Sakristei, im persönlichen Herrgottswinkel, in der religiösen Kuschelecke, in einem mystischen Reservat pflegen möge, aber mit dem man die Öffentlichkeit nicht befassen oder gar sich in den politischen Diskurs einmischen darf! Wer in Gott eintaucht, wird – so will es der christliche Glaube - bei den Menschen auftauchen. Mystik und Politik, Gläubigsein und Weltgestaltung sind untrennbar verbunden, denn die aus dem Glauben an die Auferstehung folgende Liebe will hier und jetzt Auferstehung möglich machen und alle gekrümmte Menschen kraft dieser Hoffnung aufrichten.

Zumal im westlichen Europa versucht man immer mehr, die Religion aus der öffentlichen Wahrnehmung zu verdrängen und man schaut gelegentlich etwas mitleidig auf die merkwürdigen Menschen, etwa in Amerika oder anderswo, die sich heute noch religiös „outen". Vielleicht haben Sie am vergangenen Sonntag in der Fernsehsendung „Orientierung" das Interview mit dem weltbekannten aus Wien stammenden amerikanischen Soziologen Peter L. Berger gesehen. Er meinte, nicht die Amerikaner und der große Rest der Welt seien merkwürdig ob ihrer Gläubigkeit, sondern vielmehr seien die Westeuropäer merkwürdig, weil sie nicht glaubten. Der Rest der Welt tut es! Zumal heute wollen wir dankbar sein für das Geschenk des Glaubens an die Auferstehung unseres Herrn, weil uns dadurch nichts mehr von Gottes Liebe in Christus Jesus unserem Herrn zu trennen vermag. Amen.

## 2. Ostersonntag

### Apg 2, 42-47; Joh 20,19-31 (30.03.08)

„Alle, die gläubig wurden, bildeten eine Gemeinschaft und hatten alles gemeinsam. Sie verkauften Hab und Gut und gaben davon allen, jedem so viel, wie er nötig hatte." (Apg 2,45) Das klingt wie im Märchen aus

Tausendsundeinernacht - zu schön um wahr zu sein! Gab es in der Urgemeinde zu Jerusalem keine Konflikte? Funktionierte er wirklich – dieser urchristliche Kommunismus?
Vor 40 Jahren haben manche der sogenannten 68-er Generation mit dieser Stelle aus der Apostelgeschichte argumentiert, um auch ihren Traum von einer gerechten und klassenlosen Gemeinschaft zu propagieren. In Wohngemeinschaften, Kommunen und selbstverwalteten Betrieben versuchte man nach diesem Wort „sie hatten alles gemeinsam“ zu leben.
Leider haben die Kritiker Recht behalten, die meinten, solche Utopien seien zum Scheitern verurteilt. Nicht nur manche Lebens- und Gütergemeinschaften jener Zeit haben Schiffbruch erlitten, sondern auch der Kommunismus als Ideologie ist in den späten 80-er Jahren kläglich zusammengebrochen. Seither ist es um derartige soziale Lebensentwürfe und Visionen still geworden. Ist also auch die Beschreibung der urchristlichen Gemeinde hinfällig?

Nun, zunächst muss man wohl sagen, dass die Erinnerung an die Urgemeinde erst später aufgeschrieben wurde, als es tatsächlich Probleme und Konflikte gab, etwa das Zusammenleben von Judenchristen und Heidenchristen, die verschieden soziale oder ethnische Herkunft, die Spannungen zwischen dem Umgang Jesu mit Frauen und dem damaligen vorherrschenden Patriarchat. „Sie hatten alles gemeinsam“ ist sicherlich eine Idealisierung – oder die Aussage darüber, wie es Gott uns schenkt. So sagt Paulus im Brief an die Galater: „Es gibt nicht mehr Juden und Griechen, nicht Sklaven und Freie, nicht Mann und Frau; denn ihr alle seid ´einer` in Christus Jesus“ (Gal 3, 28). Zugleich jedoch muss er große Probleme in Korinth feststellen und seiner Gemeinde den Vorwurf machen, „Dass es Spaltungen unter euch gibt“, also Konflikte, die sogar das Innerste, die eucharistische Mahlfeier und anschließende Agape betreffen, denn, so Paulus, „was ihr bei euren Zusammenkünften tut, ist keine Feier des Herrenmahl mehr; denn jeder verzehrt sogleich seine eigene Speisen, und dann hungert der eine, während der andere schon betrunken ist“ (1Kor 11,18-21) Die Wirklichkeit war wohl nie ideal; wir Menschen hinken immer nach!
Was will also die Schilderung der angeblich problemlosen Urgemeinde? Ist es nicht wie bei einer freundschaftlichen oder ehelichen Beziehung, dass es gut ist, sich in Krisenzeiten an den Anfang der Liebe und deren Strahlkraft zu erinnern, um wieder bei dieser ersten Liebe anzuknüpfen und neu beginnen zu können?
Es ist das positive Gesetz des Anfangs, das Kraft gab, sodass am Beginn die erste Liebe von innen heraus wie ein Kompass das rechte Handeln bestimmte und man wirklich alles gemeinsam hatte. Wer kennt aber nicht die Gefahr der Routine und die angeblichen Sachzwänge des Berufs und der Außenwelt und die eigennützigen Begierden, die an dieser ursprünglichen Motivation zehren und zu Durststrecken und Krisen führen?
Wir Menschen bewegen uns leider immer wieder zwischen den beiden Extremen: Am einen Pol erfahren wir den anderen als Glück und Seligkeit und können das Wort mit vollziehen „Die anderen, das sind der

Himmel“ und wollen wirklich alles gemeinsam haben. Am anderen Pol, am extremen Gegensatz sehen wir nur noch das eigene kleine Ich und vermuten im Anderen den Konkurrenten und Rivalen, ja den Feind, so dass wir mit Jean Paul Sartre empfinden „Les autres sont l`enfer - Die anderen, das sind die Hölle“ (Bei verschlossenen Türen)

Es bleibt die Frage: Ist jedes Ideal von vornherein zum Scheitern verurteilt oder ist es möglich, kraft dieses Ideales die möglichen nächsten Schritte in diese Richtung zu gehen, auch wenn wir zeitlebens hinter dem Ideal nachhinken werden? Freilich, nur als gesellschaftliches Ideal lässt sich diese urchristliche klassenlose Gesellschaft nicht halten, wie die Geschichte zeigt. Bevor die Ideologie des Kommunismus zusammengebrochen ist, gab es schon intern viel morsches Gebälk, d.h. eine reiche Oligarchie und viel armes Proletariat, denn der Mensch ist und bleibt versuchbar und verfällt der Versuchung auch immer wieder.

Die Bibel sieht den Grund für dieses Scheitern darin, dass der Mensch selbst wie Gott sein will, dass er die Welt zum Rohstoff seiner eigenen Welt macht und dass der andere seinem Glück dienen soll, sodass Neid, Hass und Krieg beginnen. Der Glaube, dass der Mensch von sich aus ein Paradies auf Erden schaffen könne, scheitert an der Begierlichkeit des Menschen, denn leider ist es wirklich so: „Geiz ist geil!“

Ist alles Streben nach diesem Ideal also Sisyphusarbeit – ohne irgendeine Aussicht auf Erfolg?

Wir haben eine wesentliche Dimension der christlichen Urgemeinde überlesen: „Die Gläubigen hielten an der Lehre der Apostel fest und an der Gemeinschaft, am Brechen des Brotes und an den Gebeten. ... Tag für Tag verharrten sie einmütig im Tempel, brachen in ihren Häusern das Brot. ... und sie lobten Gott.“

Die Urgemeinde war also tief in Gott verwurzelt. Darin liegt deren Anziehungskraft und Stärke. Aus dieser Verbindung mit Gott wissen die Menschen, was Gott für sie will: die Befreiung des Menschen aus ungerechten Strukturen, die Parteinahme für die Ausgegrenzten und Benachteiligten, die Überwindung des Todes in unserem Leben und über unser Leben hinaus. All das zielt in die Richtung der gleichen Würde aller Menschen und der gerechten Verteilung der Lebenschancen für alle, also in Richtung des „Sie hatten alles gemeinsam“. Das ist kein weltfremdes Ideal, sondern das in Christus begründete Verständnis voneinander und von der Zukunft. Deshalb können Christen und Christinnen gar nicht anders, als in der Nachfolge Jesu die Welt zu verändern. Wer in Gott eintaucht, der taucht beim Mitmenschen auf. Ohne aus dieser göttlichen Tiefe zu kommen, wird sich der Mensch mit all seinen Idealen und Weltverbesserungswünschen immer wieder überfordern und letztlich scheitern. Mit anderen Worten: Mystik und Politik, Kontemplation und Aktion gehören in unserem Glauben untrennbar zusammen. Wer in die Fußstapfen dieses Gottes tritt, tut es, um die Welt menschlicher zu machen.

Wir sind nicht in der Kirche hier beisammen, um bloß eine innere Erleuchtung zu haben und mit Gottes Hilfe unsere Seele zu retten. Wir lassen uns deshalb auch nicht in die Sakristei zurückdrängen und finden uns nicht mit der bloßen Privatsphäre der Religion ab. Wir sind hier , um durch das Eintauchen in die Liebe

Gottes und im Kommunizieren mit ihm selbst verwandelt zu werden zu Menschen der Liebe, die Brot für einander sind und die in der Gesellschaft überall den Mund auftun, wo des Menschen Würde auf dem Spiel steht, wenn z.B. behinderte Menschen als Schadensfall eingestuft werden, wenn Kinder vor der Geburt rechtlos bleiben, wenn schwerkranke Menschen sozialem Druck ausgesetzt werden, den anderen nicht mehr zur Last zu fallen. Die Gottesverwurzelung bewahrt uns davon, dass unser soziales Engagement zum bloßen Aktionismus verkommt. Unser Wirken in der Gesellschaft bewahrt uns vor einem bloß verinnerlichten, also unprophetischem und blutleeren Christentum.

Auch wenn wir keine politische Revolution vom Zaun brechen, so ist es doch eine Revolution der Liebe, die uns verändern und etwas von der Strahlkraft der Urgemeinde haben sollte. Auch wenn wir nicht wie in einem Kloster alles gemeinsam haben, so werden wir doch hier an die soziale Dimension alles Privateigentums erinnert und zum Teilen in unseren Möglichkeiten aufgefordert. Die Kirche muss in der Nachfolge des Herrn jedoch auch global an die soziale und ökologische Verantwortung des Kapitals und allen Eigentums erinnern und sie muss die globalen spekulativen Finanzmärkte, die nur auf den eigenen Gewinn aus sind, kritisch beurteilen. Bevor wir Christen jedoch andere kritisieren, müssen wir immer wieder auch vor der eigenen Türe kehren. Man spricht gelegentlich vom ekklesialen Atheismus. Das heißt: es genügt nicht, dass etwa in einer Pfarre viel los ist, wenn die Seele des Ganzen, Gott selbst, fehlt. Vielleicht liegt auch mancher Mangel an Ausstrahlungskraft unserer Gemeinden, dass es uns an der Gottesverwurzelung fehlt. Auch dieser sonntägliche Gottesdienst möge uns helfen, uns mehr in Gott zu verwurzeln, also in der Mystik zu wachsen, damit wir auch in der Politik, also in unserem gesellschaftlichen Einsatz glaubwürdiger werden. Vielleicht gibt es dann auch heute in der Kirche ein neues österliches Frühlingserwachen – ähnlich dem, wie es heute in der Lesung heißt: "Und der Herr fügte täglich ihrer Gemeinschaft die hinzu, die gerettet werden sollten". Amen.

## 3. Ostersonntag

### Apg 16,11-15 (Frauenalternativleseplan), Joh 21,1-14 (10.4.2005)

Auch an diesem 3. Ostersonntag stehen wir vor einem der tastenden Versuche der Jünger Jesu, sich der in unseren Begriffen nicht fassbaren Wirklichkeit des auferstandenen Herrn zu nähern. Kein Wunder, dass sie sich damit schwer tun, sprengt es doch alles bisher Übliche, und erst schön langsam gelingt es ihnen darauf zu vertrauen, dass Jesus lebt und ihnen, wenn auch anders als zuvor, nahe bleibt. Die Ausgangssituation ist also eher ernüchternd. Die Jünger Jesu kehren zurück in ihre Heimat Galiläa und wenden sich ihrem ursprünglichen Fischer-Beruf wieder zu. Es hat sich offenbar wenig geändert; sie haben Schwierigkeiten, ihr Leben und ihren Alltag mit dem Glauben zu verbinden. Die Siebenzahl der erwähnten Jünger als Zahl der Fülle deutet offenbar an, dass es allen gleich geht – damals und heute! Die Ernüchterung wird noch gesteigert zum Frust, denn „in dieser Nacht fingen sie nichts". Es ist die Nacht der Erfolglosigkeit und der allgemeiner Frustration. Nichts wollte mehr gehen; sie sind angestanden - selbst dort, wo sie sich früher kompetent und sicher fühlten.

Zwei Dinge sind in dieser Situation wichtig: Zuerst, sie haben trotz aller Erfolglosigkeit den Blick nicht nur auf sich gerichtet, sondern sehen auch den, der in der Morgendämmerung am Ufer steht und ihnen in dem ganz normalen Alltag ihres Berufes begegnet. Sie verzweifeln nicht, als ob sie nur auf sich allein gestellt wären, sondern bleiben offen. Und ein Zweites: Als der noch Unbekannte am Ufer zum Bittsteller wird und nach etwas zum Essen fragt, gestehen sie ihren eigenen Mangel!

Die Erkenntnis der eigenen Not und die Offenheit des Blickes über sich hinaus sind offenbar zwei Voraussetzungen, um sich helfen zu lassen. Es ist dies die anfangs oft frustrierende Erfahrung, das Leben nicht selbst im Griff zu haben und vom hohen Ross der Selbstgenügsamkeit herabzustürzen.

Wer denkt etwas nicht an Petrus, als er im Brustton der Überzeugung sagt: „Und wenn Dich alle verraten, ich aber nicht" oder an Paulus, der die Anhänger dieses Jesus bis aufs Blut verfolgte? Oder an irgendjemand, der selbstgenügsam das Leben in die geschlossene Hand oder in die Faust nimmt, die gegebenenfalls den anderen aus dem Wege schafft, um sich zu behaupten? Muss nicht jede und jeder, meist oft auf schmerzliche Weise, die Erfahrung machen, dass das Eigentliche des Lebens, der Sinn des Lebens und auch die Erfahrung von Auferstehung nicht machbar ist, sondern nur ein Geschenk sein kann?! Diese Erfahrung und die aus der Sehnsucht gegebene Offenheit und das damit verbundene unbestimmte Vorschussvertrauen sind es, die die Fischer offenbar veranlassen, auf Jesu Wort hin das Netz zu einer ökonomisch eher unproduktiven Zeit neu auszuwerfen.

Es ist der Jünger, von dem es heißt, dass er in einer besonderen liebenden Beziehung zum Herrn stand, der als erster aus der Tatsache des reichen Fischfangs erkennt: „Es ist der Herr!" In personalen Beziehungen ist und bleibt es einzig die Liebe, die nicht blind, sondern sehend macht. Auch hier gilt: „Das Wesentliche ist für die Augen unsichtbar, man sieht nur mit dem Herzen gut!" (Saint-Exupery) Das Leben gelingt und glückt also, wo wir auf sein Wort hin neu die Lebensnetze auswerfen und durch ihn mit reichem Lebenssinn beschenkt werden.

Was bedeutet die Zahl von 153 Fischen, wenn nicht die wirtschaftliche Quantität, sondern die Qualität der Liebe zählt? Griechische Zoologen kannten damals 153 Arten von Fischen. Der Evangelist will also sagen: die Frohbotschaft Jesu ist an alle gerichtet; die Sendung der Kirche betrifft alle Menschen, zumal jene, die mutlos geworden sind und auf vielfache Weise schmerzlich das „Umsonst" erleben: noch nicht und nicht mehr zum Bruttoinlandsprodukt Beitragende, Arbeitslose und Behinderte, Modernisierungsverlierer und Zukurzgekommene, Gescheiterte und Erfolglose, Kranke und Sterbende.

Das Evangelium ist aber auch eine Einladung an alle Satten und Selbstgenügsamen, sich nicht in falscher Sicherheit zu wiegen, denn zumindest spätestens im Tode wird jedem Menschen der Boden unter den

Füssen weggezogen und versinkt er ohne tieferen Halt in den Abgrund der Namenlosigkeit, in die Nacht des ewigen Todes.

Noch ein Wort zum Fisch und seinem Symbolgehalt: Der Fisch war in der Antike vielfach ein Symbol für Leben und Heil, das von Gott kommt. Letztlich ist der Herr nicht nur im Brot, sondern auch im Fisch. Noch bis ins 9. Jahrhundert wird in den Katakombenmalereien neben Brot und Wein auch der Fisch als eucharistisches Symbol dargestellt. Er war ja auch über Jahrhunderte das Geheimzeichen der Christen, denn das griechische Wort für Fisch „Ichthys“ sind die Anfangsbuchstaben für „Jesus Christus, Sohn Gottes, Heiland“.

Brot und Fisch sind auch Frucht der Erde und der menschlichen Arbeit. Wir sollen uns also selbst einbringen, doch zutiefst schenkt sich der Herr selbst darin und stiftet im Mahl Gemeinschaft mit ihm und untereinander. Er selbst ist Leben und Heil. Wenn Jesus am Schluss des Evangeliums zum gemeinsamen Mahl einlädt, so ist damit auch gesagt, dass das Brot und die Fische für alle reichen.

Übrigens, die Begegnung mit dem Herrn geschieht beim Fischen, also mitten im Alltag – dort, wo jede und jeder in seinem Beruf, in seiner Mit- und Umwelt hingestellt ist. Der Alltag ist also der Ort, wo hier und heute die Begegnung mit dem Herrn geschieht, wo heute Himmel und Erde sich berühren.

Es hat oft den Eindruck, als könnten viele Menschen Gott und sein Wort entbehren, denn die eigene Anstrengung beschert scheinbar volle Boote. Ich zweifle jedoch an dieser scheinbaren Selbstgenügsamkeit. Ein beredtes weltweites Zeugnis für die Sehnsucht nach mehr als das, was diese Welt zu bieten vermag, haben wir in diesen Tagen beim Begräbnis unseres Papstes erlebt. So vielschichtig das Phänomen sein mag, das Schauen praktisch der ganzen Welt auf diesen Papst Johannes Paul II in seinem Leben und in seinem Sterben und auf sein Begräbnis ist für mich Ausdruck der Dankbarkeit für einen, der im Leben und im Sterben ein unerschütterliches Zeugnis gibt für den, der - im Bild des heutigen Evangeliums gesprochen – „am Ufer“ dieser Welt steht und durch den ein neuer lichtvoller Morgen in die Dunkelheit des Lebens kommt. Ob gläubig oder suchend, die Menschen sind offenbar dankbar für das Zeugnis des Papstes; dass es einen offenen Himmel als not-wendendes Heil dieser Welt gibt.

Die Bedeutung des verstorbenen Papstes wurde in diesen Tagen vielfach gewürdigt, angefangen von seinem weltpolitischen Einfluss als maßgeblich Beteiligter am Fall des Eisernen Vorhanges über die Brückenbauerfunktion zwischen Völkern und Religionen und als großer Mahner zum Frieden bis hin zu seinem sozialen Engagement. Ich bin überzeugt, am meisten hat er Millionen von Menschen beeindruckt als Zeuge des Glaubens, der selbst zutiefst in Gott verwurzelt diese Welt in all ihrer scheinbaren Selbstgenügsamkeit und doch letzten Hinfälligkeit offen gehalten hat auf Gott hin.

Dieser Papst ist eine Ikone dafür, dass von Gott her jeder Mensch, ob im Moment das Lebensnetz voller Fische oder leer ist, eine letzte absolute Würde hat, also von Gott verbürgte Menschenrechte, ob gesund oder krank, behindert oder unbehindert, lebend oder sterbend, vom ersten Moment des Daseins bis in alle

Ewigkeit. In dieser Überzeugung hat Johannes Paul II die Netze immer wieder ausgeworfen und Menschen aller Kontinente in deren tiefen Sehnsucht nach einem Heiland der Welt angesprochen.
Ähnlich wie der große Völkerapostel Paulus, von dessen ersten Schritten nach Europa auf seiner zweiten Missionsreise die heutige Lesung berichtet, war der verstorbene Papst voll apostolischem Eifer und mit großem persönlichen Einsatz für das Evangelium bis zu den Grenzen der heutigen Welt in 105 Reisen außerhalb Italien unterwegs. Als charismatische Persönlichkeit hat er sehr viel bewegt und das ihm Mögliche getan. Manche vor allem innerkirchliche Wünsche bleiben für seinen Nachfolger offen; einen möchte ich abschließend äußern.

Die in der Lesung berichtete Begebenheit ist in meiner Überzeugung auch für die Zukunft der Kirche zumal in Europa als dem ehemals christlichen Abendland ein wegweisendes Zeichen der Zeit. Paulus wendet sich in Philippi zuerst an die Frauen, wie übrigens Frauen auch die ersten waren, die dem Auferstandenen begegnet sind. Der Herr öffnete einer gottesfürchtigen Frau namens Lydia das Herz, so dass sie den Worten des Paulus aufmerksam lauschte, sich und ihr Haus taufen ließ und Paulus bat, aufgrund ihres festen Glaubens in ihrem Hause zu bleiben.
Der Weg zum Glauben führt über Begegnung und Gespräch, damals und heute. Manche Kanäle des Dialogs zwischen dem Lehramt und den Theologen und dem Glaubenssinn des Volkes waren in den letzten Jahren nicht sehr durchlässig. Lydia, die erste Christin Europas, steht für alle Frauen, die ein offenes Ohr für Christus haben und zugleich aber zurecht ein offenes Ohr und Herz von Seiten der männlichen Christusverkünder erwarten, so dass sich auch heute Frauen mit ihren gottgewirkten Berufungen in Begegnung und Gespräch einbringen können und so zum Wohle der Kirche in ihr bleiben, statt innerlich oder äußerlich zu emigrieren. Wir trauern um den verstorbenen Papst und danken ihm für sehr vieles und wir beten zugleich für die Kardinäle, dass sie in ihrer Wahl des neuen Papstes offen sind für den Willen Gottes in den Erfordernissen unserer Zeit. Amen.

## 4. Ostersonntag

## Apg 2,14a.26-41; Joh 10,1-10 (15.5.2011)

Der heutige 4.Ostersonntag ist vom Evangelium her auch Guter-Hirten-Sonntag genannt. Offenbar ist es aber immer noch so, dass auch wir uns wie die Jünger Jesu damals schwer tun, den Sinn dessen zu verstehen, was Jesus uns damit sagen will. Dabei liegt es nicht nur daran, dass uns Städtern das den damaligen Menschen vertraute Bild von Schafherden mit ihren Hirten kaum noch eine Erfahrungswirklichkeit ist. Den Menschen des alten Orients war dies ein vertrautes Bild und deshalb war auch der Zugang zum Verständnis im religiösen Zusammenhang wesentlich leichter. Das Menschenbild der Bibel ist ja das des Gärtners und des Hirten.

Die viel größere Schwierigkeit liegt wohl darin, dass nicht wenige von denen, die sich Hirten oder gar Oberhirten nennen, das Bild des biblischen Hirten konterkarieren, also fast ins Gegenteil umdrehen und so in Verdacht kommen, Diebe und Räuber zu sein, also für sich selbst etwas haben zu wollen. Die Folge ist, dass verständlicherweise niemand ein von solchen Hirten geleitetes Schaf sein will. Es kann sein, dass man in den Augen solcher Hirten leicht zu einem schwarzen Schaf wird, weil man sich dies und jenes nicht gefallen lässt, oder es kommt zum „Schweigen der Lämmer", wie sich ein Film nennt – was auch nicht viel besser ist! Das Evangelium ist eine ganz schöne Herausforderung und zugleich Gewissenserforschung für uns, die wir uns Hirten nennen.

Mit einer Geschichte möchte ich aufzeigen, was wohl im biblischen Bild Jesu vom Schafe und Hirten über deren Beziehung zueinander gesagt werden will: „Der englische Physiker, Mathematiker und Astronom Isaac Newton, der sich auch als zuverlässigen Wetterprophet ansah, ging unter wolkenlosem Himmel spazieren. Er traf einen Hirten und fragte, wie das Wetter werde. Er erhielt die Auskunft, es wird bald regnen. Er selbst glaubte jedoch gemäß seiner eigenen Prognose fest daran, dass das Wetter schön werde. Deshalb lachte er und wanderte weiter. Zwei Stunden später kam er völlig durchnässt zurück. „Woher wussten Sie, dass das Wetter schlecht werden wird?" frage er den Hirten. Der Hirt antwortete: „Von dem kleinen schwarzen Schaf dort. Wenn es mit dem Rücken zum Wind frisst, kommt Regen."

Es ist wohl klar, was diese Geschichte über die Qualität eines guten Hirten aussagt. Ein guter Hirt ist nicht einer, der von oben herab weiß, wo es lang geht, und von den Schafen blinden Gehorsam verlangt. Er ist vielmehr bei den Schafen; er geht mit ihnen und teilt mit ihnen den Hunger nach Leben, so wie Jesus seine Jünger fragt, ob sie Brot haben; er teilt auch den Durst nach Liebe mit den Menschen, so wie Jesus zur Frau am Jakobsbrunnen sagt, dass ihm dürste und sie ihm zu trinken geben solle.

Es sind Hirten, die nicht ihren Ornat und ihre Titel vor sich hertragen, sondern die Umwege und gelegentlich auch die Irrwege der Schafe teilen, damit sie nicht allein gelassen sind, so wie Jesus mit den Menschen auch die Kreuzwegstationen und selbst den schmerzvollen Tod teilt. Gute Hirten begegnen ihren Schafen sozusagen auf Augenhöhe, ja sie entäußern sich – wie Jesus (Phil 2) -, um mit ihnen ganz solidarisch zu werden, einer von ihnen zu sein, „in allem den Menschen gleich außer der Sünde" (4. Hochgebet).

Die Geschichte von Isaac Newton und dem Hirten sagt aber sogar noch mehr, und zwar etwas scheinbar Unerhörtes: Der gute Hirte lernt vom Schafe, denn das Schaf spürt vor dem Hirten den Wetterwandel. Die Schafe haben offenbar für so manches ein feineres Gespür als die Hirten selbst, weshalb der Hirte bei ihnen gleichsam in die Schule gehen muss.

Was heißt das für uns, die Hirten der Kirche, angefangen von uns Laien- oder Priesterseelsorgern bis hin zu den Bischöfen und zum Papst?

Das 2. Vatikanische Konzil hat es deutlich ausgesprochen: alle Getauften sind gleich an Würde und Tätigkeit, bei aller Verschiedenheit der Dienste. (Ich sage deshalb gelegentlich, dass wir Abschied genommen haben von „Hochwürden"; vielleicht gibt es da und dort noch „Merkwürden"). Das Konzil

spricht aber auch von den „Zeichen der Zeit" als einem ganz wesentlichen Kriterium, die Wahrheit des Evangeliums für heute zu erkennen und es entsprechend umzusetzen. Ich denke, dass die „Schafe", also die Laien, diese Zeichen der Zeit oft eher erkennen als die Hirten.
Als eine Folge daraus spricht sogar das Kirchenrecht wörtlich vom „Recht (jedes Getauften), den Hirten gegenüber besonders die geistlichen Bedürfnisse und Wünsche zu eröffnen und entsprechend dem Wissen und der Kompetenz die Meinung zu kirchlichen Angelegenheiten zu bekunden. Dieses Recht kann zuweilen sogar zur Pflicht werden" (CIC can.212 § 2-3). Es kann also im Bildwort Jesu in der Beziehung zwischen Hirten und Schafen nicht nur um eine rein hierarchische Beziehung von Oben nach Unten („Top – Bottom") gehen, sondern dazu gehört unbedingt heute mehr denn je das sogenannte synodale Element des Dialoges von unten her und der Mitsprache der „Schafe", des Volkes Gottes. Darum habe ich auch vor sechs Jahren unseren Oberhirten Ludwig im Mariendom im Namen der Priester mit den Worten des „Oberösterreicher Marsches" begrüßt: „Frisch aussa wias drin is, nicht kriecha am Bauch, ins Gsicht gschaut und d`Händ gebn, is Oberösterreicher Brauch". Es geht also um Begegnung auf Augenhöhe.

Ich darf Ihnen ehrlich sagen, das ich im Bemühen, ein solcher Hirte in der Pfarre und in meinen überpfarrlichen Tätigkeiten zu sein, auch nicht Weniges – um im Bild zu bleiben - den Schafen abgeschaut habe, also von den anderen Getauften gelernt habe. Ich darf drei Beispiele nennen.
Da ist zunächst meine Sicht von Homosexualität: Als Sprecher des Priesterrates war ich viele Jahre in einer Arbeitsgruppe, wo ich aus den modernen Erkenntnissen der Humanwissenschaften und aus der Begegnung mit Betroffenen meine aus der Kindheit übernommene Sicht von Homosexualität kräftig revidiert habe.
Da ist meine theologische Erkenntnis, dass gerade die christliche Heilsgeschichte durch den Tod und die Auferstehung Jesu Christi auch das Scheitern eines Menschen etwa in ehelichen Beziehungen nochmals für alle, denen es im Glauben ein Anliegen ist, liebend umfängt, und dazu gehört die Begegnung mit betroffenen geschiedenen Wiederverheirateten, die mich darin bestärkt hat, dass es auch hier für alle guten Willens einen Weg der Versöhnung und des guten Neuanfangs geben kann und soll, ohne die Bruchstücke und Tränen auf dem Wege zu bagatellisieren und das Sakrament der Ehe gering zu schätzen.
Als drittes Beispiel nenne ich auch aus der Begegnung mit starken Frauen hier in unserer Pfarre und anderswo, dass die Frauen in Gesellschaft und auch in der Kirche einen noch viel bedeutenderen Platz, ja die Gleichstellung, auch was Ämter und Dienste in der Kirche betrifft, erhalten sollten, denn „es gibt nicht mehr Mann und Frau …. Ihr seid alle einer in Christus Jesus" (Gal 3,28). Es ist meines Erachtens deshalb nicht richtig, dass z. B. ein Bischof in Australien in diesen Tagen vom Oberhirten in Rom abgesetzt wurde, weil er in der Sorge um den Priestermangel anregte, auch über die Möglichkeit der Weihe von verheirateten Männern und Frauen ins Gespräch zu kommen.
Es ist schade, wenn von oben oft der Verdacht und der Argwohn mitschwingen, man wolle sich bloß ein „Christentum light" nach eigenem Geschmack fabrizieren, währenddessen so manche sorgenvolle kritische

Äußerungen zu kirchlichen Regelungen nur, wie ich gelegentlich sage, der Schatten der Liebe zur Kirche sind. Unter anderem ist es die Sorge, dass durch das Auseinanderdriften von Hirten und Volk Gottes tatsächlich ein horizontales Schisma zwischen Oben und Unten entstehen könnte.

Kirche muss also auch die Zeichen der Zeit sehen und beachten, also für die Menschen und die Welt von heute offen sein, freilich ohne einem kurzlebigen Zeitgeist zu verfallen, also mit den Menschen von heute kritische Zeitgenossen sein.

Noch ein Wort zum Schluss: Der „Gute-Hirte-Sonntag" ist auch der Weltgebetstag für geistliche Berufe. Auch wenn aufgrund der kirchlichen und auch weltlichen Rahmenbedingungen der Wind uns nicht in die Segel bläst, so finde ich es noch immer ein spannendes und reizvolles Unterfangen, sich auf einen kirchlichen und auch geistlichen Beruf einzulassen, m.a.W. auf das Abenteuer mit Gott zu setzen und im Namen Gottes mit den Menschen die Höhe- und Tiefpunkte ihres Lebens zu feiern und zu begehen. Kann es letztlich etwas Erfüllenderes und Zukunftsträchtigeres geben?! Die Sozialgestalt der Kirche wird sich sicher verändern müssen und wir erleben die Trauerarbeit des Abschieds von so manchem Liebgewonnenem, aber auch die Geburtsschmerzen von etwas Neuem.

Ich verspüre sozusagen einerseits die Geburtswehen, und ich möchte mich dabei nicht heraushalten und ich setze mich für Erneuerung ein, zugleich freue ich mich auch auf das, was hier geboren wird: eine dem Herrn Jesus und den Menschen nähere Gemeinschaft der Glaubenden, die Freude und Hoffnung; Trauer und Angst aller Menschen teilt. Der Sonntag vom guten Hirten ist also auch Einladung darüber nachzudenken, in welcher Form jede/r nach Gottes Willen Hirt/in für andere sein soll und darf; für viele wird es einehrenamtliches Engagement in der Pfarrgemeinde sein, für manche aber wohl auch die Berufung zu einem kirchlichen oder geistlichen Beruf. Amen.

## 6. Ostersonntag

### 1Petr 3,15-18; Joh14,15-21 (29.5.2011)

Ein Satz aus der heutigen Lesung aus dem 1. Petrusbrief hat es mir schon lange angetan: „Seid stets bereit, jedem Rede und Antwort zu stehen, der nach der Hoffnung fragt, die euch erfüllt; aber antwortet bescheiden und ehrfürchtig."

Ich möchte meine Gedanken um diesen Satz kreisen lassen.

Vielleicht ist der Satz den Christen zugesprochen, die ob ihres Glaubens vor Gericht gestellt werden; es werden von ihnen Überzeugung, Geradlinigkeit und Mut zur Wahrheit gefordert, selbst wenn es Nachteile mit sich bringt. Woher nehmt Ihr die Kraft zum Zeugnis? Vielleicht ist es aber auch einfach die Frage der damaligen Zeitgenossen an die Anhänger des so genannten „neuen Weges", wie die Christen damals genannt wurden: Was bewegt euch und wovon seid ihr überzeugt?

Jedenfalls geht es um die Bereitschaft zum persönlichen Zeugnis. Da hilft kein Katechismus, weder aus Jerusalem noch heute aus Rom, kein bloßes Glaubenswissen oder die Kenntnis der Dogmen, auch kein „youcat", wie der neue Jugendkatechismus heißt. Um mich und andere zu überzeugen genügen keine Bücher und Traditionen. Es bedarf dazu offenbar vielmehr eines brennenden Herzens, wie es die Jünger von Emmaus erlebt haben, denn unmittelbar vor dem zitierten Satz heißt es: „Haltet in eurem Herzen Christus, den Herrn, heilig!" Was ist in meinem Herzen die innerste Überzeugung meines christlichen Glaubens und der Kern meiner Hoffnung?

Jesus Christus ist Gottes ewiges und endgültiges Wort als ein Wort der Liebe zum Menschen und zur Welt. Er ist ganz Mensch, in allem uns gleich außer der Sünde, bis zum Tod am Kreuz; er ist aber von den Toten auferweckt worden zum Leben in Fülle. Deshalb bin ich gewiss, dass nichts, weder Leben noch Tod, weder Gegenwart noch Zukunft, weder Engel noch Mächte, weder Gewalten der Höhe oder der Tiefe noch sonst irgendeine Kreatur mich trennen können von der Liebe Gottes in Christus Jesus (Röm 8,28f). Die Auferstehung Jesu ist tatsächlich der Ernstfall des Glaubens und der Hoffnung. Paulus sagt es in aller Klarheit: „Ist (aber) Christus nicht auferweckt worden, dann ist unsere Verkündigung leer und euer Glaube sinnlos." (1 Kor15,14) Wir müssen uns bewusst sein, ob wir wollen oder nicht: Das Sinn-Angebot des christlichen Glaubens ist heute eines unter vielen. Christ-Sein ist heute kein Schicksal mehr, sondern freie Wahl. Wir sind biblisch gesagt fürwahr wieder „nur" das Salz in der Suppe!

Gefragt nach der Hoffnung, die mich erfüllt, muss meine Antwort einigen Kriterien entsprechen.

Ein erstes Kriterium ist ein glaubwürdiges persönliches Zeugnis. Die Menschen sind heute mehr denn je für die Diskrepanz zwischen Wort und Tat, Reden und Tun hellhörig. Wir wissen, dass die Politik viel an Glaubwürdigkeit durch einige schwarze Schafe verloren hat, aber ebenso die Kirche durch die Missbrauchskandale, bei denen die eigene Ehre der Kirche die Not der Opfer verdrängte.

Zu Recht sind die Zeitgenossen sensibel geworden, wenn kirchliche Amtsträger der eigenen Karriere dem Dienst an den Menschen den Vorrang geben oder wenn die Ernennung mancher Bischöfe höchst fragwürdig ist. Es genügt nicht, wegen der Schuld der Kirche nur an die Brust vergangener Jahrhunderte zu klopfen, auch heute geschehen Fehler – von oben und von unten.

Im einfachen Mesner und Landwirt Franz Jägerstätter, dessen Feststag am 21. Mai war, hat unsere Diözese einen zutiefst glaubwürdigen Zeugen gegen das unmenschliche System der Nazis, der dafür sogar mit seinem Leben eingestanden ist.

Ein zweites Kriterium einer Antwort auf Fragen verlangt, dass ich auf Fragen antworte, die mir gestellt werden, statt Antworten zu geben auf Fragen, die gar nicht gestellt sind, weil ich eigentlich gar nicht höre, was mein Nächster mich fragt!

Wir dürfen auch selbst wie der mir so sympathische Thomas, der fälschlich der Ungläubige genannt wird, wichtige Fragen stellen und eigene Zweifeln äußern, etwa: wie sollen wir den Sinn unseres Lebensweges kennen, wenn uns der Lebensweg oft wie eine Odyssee oder ein Labyrinth vorkommt? Jesus verweist Thomas auf sich selbst als Weg. Oder wie soll man an einen fernen über den Wolken schwebenden Gott angesichts existentieller Nöte glauben, wenn er mit uns nicht solidarisch ist und die Wunden der Erde am eigenen Leib verspürt? Jesus offenbart sich Thomas als der, der die Wundmale der Welt trägt und sie liebend umfängt im Siege des Lebens in seiner Auferstehung.

Zugleich muss die Kirche auf die Fragen der Menschen und auf die Zeichen der Zeit hinhören, also sensibel sein für die Fragen von heute und sie im Lichte des Evangeliums deuten.

Das Emmaus-Modell ist und bleibt das Vorbild auch für heute: die Menschen ernst nehmen, auf ihre Fragen hören, sie dort abholen, wo sie stehen, mit ihnen ein Stück des Weges gehen ohne ständigen moralischen Zeigefinger, auf dass sie bitten zu bleiben, weil ihnen ums Herz warm geworden ist. Dann erst kann auch der Tisch des Wortes und des Brotes gedeckt und geteilt werden.

Weil es oft daran mangelt, gibt die Kirche vielfach Antworten auf Fragen, die gar nicht gestellt sind. Wer braucht wirklich noch Anweisungen über die liturgische Sprache oder getreue Übersetzungen aus dem Lateinischen ohne das Sprachgefühl für heute? So wie niemand mehr wissen will, wie viele Engel auf einem Nadelkopf Platz haben, so wäre vielleicht auch zunächst ein längeres hinhörendes Schweigen in manchen Fragen der Sexualmoral angebracht.

Welche Fragen treiben heute die Menschen um? Ich möchte einige nennen:

Angesichts der vielen Patchworkfamilien besteht die Frage, wie heute Beziehungen gelingen können. Dürfen Brüche im Leben überhaupt sein? Anbetracht vieler Ängste und Krisen in einer Zeit der Pluralität fragen viele nach Sinn und Orientierung, damit das Leben nicht sinn-los wird. Arbeiten wir nicht vielfach in der ersten Lebenshälfte so, dass wir unsere Gesundheit gefährden, für die wir dann in der zweiten Lebenshälfte alles hart Verdiente wieder ausgeben müssen?

Wobei manche die Frage bedrängt, wie sie Arbeit finden, oder auch – etwa die Flüchtlinge, wo sie Heimat und Beheimatung finden. Wie gehen wir mit unserer bedrohten Zukunft um?

Wir Christen dürfen durchaus mit gesundem Selbstbewusstsein Rede und Antwort stehen und auf das hinweisen, was der Theologe Paul Michael Zulehner die Gratifikationen der Kirche nennt, also das, was unsere Zeitgenossen auch heute in der Kirche schätzen. Ich nenne einige Beispiele:

Viele wollen trotz kirchlicher Distanz ein christliches Europa – mit all den religiösen Werten, die dabei mitschwingen, ohne jedoch daraus ein wehrhaftes Christentum machen zu wollen. Viele entdecken neu den Wert des Pilgerns, eine Angebot, das unseren Glauben schon immer prägte. Nicht wenige suchen in Kirchen und Klöstern mehr als bloß Wellness; die Kirchen können tatsächlich mehr geben, wo Liturgie gottvoll und erlebnisstark gefeiert wird.

Wir dürfen den Menschen noch immer wertvolle Rituale von der Wiege bis zur Bahre anbieten, also an den positiven und negativen Intensivstationen des menschlichen Lebens die Zusage des treuen und liebenden

Gottes feiern. Die unstillbare Gottesfrage können wir mit den Erfahrungen des biblischen Gottes bereichern. Selbst die Schutzengel sind als Sinnbild der Sehnsucht des Schutzes durch Gott mehr denn je gefragt.
Unsere Antwort braucht noch zwei weitere wichtige Kriterien:
Zunächst – gegen jede Besserwisserei und eigene Einbildung muss unsere Antwort unaufdringlich und bescheiden sein. Wir sind nämlich keine Hofräte Gottes. Gott ist immer größer als wir je zu erfassen vermögen. Alles, was wir haben, ist Geschenk. Außerdem hinken wir selbst nach und werfen den Schatten des eigenen Versagens und der eigenen Versäumnisse auf unser Zeugnis. Wir alle bedürfen selbst der Vergebung und des immer wieder geschenkten Neuanfangs.
Sodann muss unsere Antwort ehrfürchtig sein, denn wir müssen großen Respekt vor dem je eigenen Weg Gottes mit diesem oder jenem Menschen haben und zugleich auch Ehrfurcht haben vor der Biographie des einzelnen Menschen, also vor dessen Geheimnis und seinen Möglichkeiten. Es ist gute alte katholische Annahme, dass jeder Mensch letztlich sein Heil nach seinem Gewissen wirkt, selbst wenn dieses irrt.
Vielleicht denken sie jetzt: Das ist ganz schön anfordernd! Nun ja, aber auch hier gilt, was Roger Schutz, der Gründer von Taizé sagt: „Lebe das vom Evangelium, was du davon verstanden hast, und sei es noch so wenig." Heißt das nicht zuletzt auch: Wir sollen so leben, dass die Menschen uns fragen? Die Frage ist also, ob wir selbst einladend für andere leben. Wir stärken uns hier am Tisch des Wortes und nun am Tisch des Brotes, um für dieses einladende Lebenszeugnis Kraft zu bekommen. Amen.

## Christi Himmelfahrt
### Apg 1,1-11, Mt 28,16-20 (5.5.2005)

Auferstehung, Himmelfahrt und Pfingsten – alles gehört zur österlichen Zeit. Und doch wäre es ein falscher Eindruck, darin drei verschiedne Etappen einer räumlich und zeitlich ausgedehnten Erfahrung erblickten! Ostern sprengt Raum und Zeit. Darum bleibt selbst den Zeugen nur ein Stammeln in Worten und Bildern. Wir Menschen können nicht anders als es in einer räumlichen Unterscheidung von oben und unten und in einer zeitlichen Erstreckung von 50 Tagen ausdrücken.
Zunächst ein paar Anmerkungen zu den Bildern, die den Zeitgenossen von damals durchaus vertraute Symbole waren, uns aber eher fremd sind.
Es ist die Rede von der Wolke. Damit ist weder eine Regen- noch eine Schönwetterwolke gemeint, sondern die Wolke ist in der Bibel, etwa bei der Wüstenwanderung des Volkes Israel, bei der Taufe Jesu oder auf dem Berge Tabor, ein Bild für Gottes machtvolle, aber verborgene Nähe und Gegenwart. Jesus bleibt also verborgen seiner Jüngergemeinde nahe! Im Evangelium heißt diese Zusage Jesu: „Mir ist alle Macht gegeben im Himmel und auf der Erde. ... Ich bin bei euch alle Tage bis zum Ende der Welt."

Die Lesung spricht sodann von den Männern in weißen Kleidern, die die Jünger fragen: „Was steht ihr da und schaut zum Himmel empor?" So weisen sie den Blick der Jünger vom Himmel zurück zur Erde, denn das Reich Gottes ist nicht über den Wolken. Es soll hier auf Erden anbrechen; es ist aus dem Stoff der Erde! Glaube ist also keine Vertröstung auf den Himmel. Mit dem pfingstlichen Geist beginnt die Umwandlung dieser Welt! Die Jünger und Jüngerinnen Jesu sind Zeugen für die Erfahrung von Gottes Gegenwart schon im Hier und Jetzt. Als solche Zeugen sind sie zu allen Völkern gesandt.
Eine wichtige Aussage des Evangeliums: Jesus erscheint nicht allen, sondern den Elf, also denen, die er zu tragenden Säulen der glaubenden Gemeinschaft gemacht hat. Der Evangelist besagt damit wohl, dass wir Jesus nicht mehr mit irdischen Augen sehen können, aber wir können bis heute diejenigen sehen, die er sendet und die ihm nachfolgen. Auch in ihnen ist er in unserer Mitte bis ans Ende der Welt; an sie können wir uns halten.
Bemerkenswert ist sicherlich auch, dass die Sendung der Elf auf einem Berg erfolgt. Der Berg ist in der Schrift immer Ort der Gottesbegegnung, sei es auf dem Horeb oder Sinai, auf dem Tabor oder Golgotha, auf dem Berg der Seligpreisungen oder hier auf dem Berg der Sendung und Himmelfahrt. Es ist ein wichtiger Übergang, nämlich von der Zeit der unmittelbaren Jünger und Jüngerinnen Jesu, wofür das lukanische Evangelium steht, zur Zeit der Kirche, wofür die ebenfalls von Lukas geschriebene Apostelgeschichte steht. Auch Kirche ist damals und heute mehr als eine menschliche Versammlung; sie ist und bleibt Gefäß des Heiligen Geistes, durch den Jesus auch weiterhin mittelbar erfahrbar bleibt.

Wenn Ostern in der Ausfaltung von Auferstehung, Himmelfahrt und pfingstlicher Geistsendung Raum und Zeit sprengt, also keine streng historische Erzählung ist, was bedeutet dann die zeitliche Angabe in der Lesung, dass Jesus den Aposteln „vierzig Tage hindurch" erschienen sei?
Die Angabe „40 Tage" findet sich oft in der Heiligen Schrift: „Nach 40 Tagen öffnete Noach das Fenster der Arche" (Gen 8,6). „40 Tage und 40 Nächte blieb Mose auf dem Berg" Sinai (Ex 24,18). Elija „wanderte, durch die Speise der Engel gestärkt, 40 Tage und 40 Nächte bis zum Gottesberg Horeb" (1 Kön 19,8). „Der Geist führte Jesus 40 Tage lang in der Wüste umher" (Lk 4 1).
Die Zahl 40 bedeutet also eine wichtige und notwendige Zeit der Vorbereitung für eine tiefere Einsicht und Weisheit, für eine Mehr-Sicht durch die Augen des Glaubens, für eine neue und größere Gotteserkenntnis. Die Zahl 40 steht für ein besonderes Handeln Gottes, das am Ende der 40 Tage zum Tragen kommt.
Was bedeuten die 40 Tage am Beginn der Zeit der Kirche?
Für unsere Welt bedeuten die 40 Tage und die darauffolgende Himmelfahrt, dass sie grundsätzlich geöffnet ist und bleibt für den Himmel – oder anders gesagt (um nicht vertröstend auf den Himmel hinaufzuschauen!): Gott hat sich endgültig dieser Welt zugesagt; sie ist und bleibt der Stoff, aus dem auch das Reich Gottes ist, da Gott in Jesus nicht nur den Fuß, sondern sich selbst in die Tür der Welt gestellt hat, damit die Welt sich nicht mehr verschließt, sondern offen bleibt für die Vollendung, die allein Gott zu

schenken vermag. Noch mehr: Gott wurde Teil dieser Welt, damit wir selbst jetzt schon, überall wo die Liebe die Welt verändert, und einmal ganz an Gott teilhaben. Es stimmt: „Wer Ostern kennt, kann nicht verzweifeln." (Dietrich Bonhoefer)

Diese Botschaft von der für Gott offenen Welt hat eine besondere Brisanz für Europa, dessen Situation ein Journalist so beschreibt: „Die Mehrheit der Menschen in Westeuropa gehört zwar immer noch einer christlichen Kirche an – ihr Heil aber erwarten sie, solange das Leben einigermaßen ruhig dahingeht, vom Geld, das sie reich macht, und von der Medizin, die sie gesund hält. Die Kirchen verlieren Mitglieder ... Und wenn die Meinungsforscher nach den Vorstellungen zur Auferstehung Jesu, zur Dreifaltigkeit oder gar zur Jungfräulichkeit Mariens fragen, erhalten sie Antworten, die den kirchlichen Bekenntnissen so fern sind wie die Ameise der Mond. Das christliche Gemeindeleben ist zur Angelegenheit einer Minderheit geworden; das öffentliche Bekenntnis gilt als Tabubruch, vor dem die Ratgeber fürs gute Benehmen warnen." (Matthias Dobrinski, Süddeutsche Z., 23.4.2005)

Hinter dieser Säkularisierung Europas steht die Aufklärung der letzten beiden Jahrhunderte, die auch für die Kirche notwendig war, um endlich nicht mehr ein Königreich dieser Welt sein zu wollen und auch in ihr Menschenrechte und der Religionsfreiheit als integrale Teile des Glaubens anzunehmen.

Die Aufklärung hat freilich über das Ziel geschossen, wo aus der Religionsfreiheit die Freiheit von Religion, aus der Religion eine Privatsache oder nur mehr Privathobby wurde. Aufklärung, die allein den Menschen zum Maßstab nimmt, vermag nämlich nicht mehr den absoluten Wert des Menschen, den tieferen Grund von Demokratie, den Lebenssinn und die vielfach gepriesene Freiheit zu verbürgen. Es wäre freilich utopisch und falsch, ein christliches Europa zu ersehnen, in dem sich die Politik nach kirchlichen Verlautbarungen richtet. Es wird auch kaum möglich sein zu verhindern, dass durch den gesellschaftlichen Wandel manche traditionell christentümliche Fassaden noch zusammenbrechen, denn Christsein ist in Zukunft mehr denn je nicht mehr Schicksal, sondern freie Wahl.

Ein Europa, das sich jedoch von Gott abnabelt, ein gottloses Europa, das den Gott aussperrt, der sich durch die Himmelfahrt endgültig auf diese Erde eingelassen hat, untergräbt genau ihr kostbarstes Erbe und schaufelt sich das eigne Grab. Gerade das ökonomisch blühende Europa läuft ohne sein christliches Erbe Gefahr, aus der reinen Humanität in die größte Inhumanität versinken zu können. Die jetzigen Gedenktage „60 Jahre Kriegsende" erinnern uns grauenvoll an die Nähe zwischen Weimar und Buchenwald, zwischen rein menschlicher Größe und zutiefst schrecklicher Unmenschlichkeit.

Ich bin überzeugt, dass dies die berechtigte Sorge von Papst Benedikt XVI ist. In dem kurz vor seiner Papstwahl erschienen Buch schreibt Kardinal Ratzinger, Europa habe die Lust an der Zukunft verloren, weil der Kontinent ausgerechnet im Moment seines größten Erfolges seine geistigen Grundlagen zu verlieren drohe. Das reiche Europa sei durch die Ökonomisierung seines Lebens hohl geworden, das sei die eigentliche Krise des Westens. Europa müsse sich wieder seiner christlichen Wurzeln besinnen und seine

Identität neu finden, um zu leben, zu überleben und auch für den weltweiten Dialog der Religionen und Kulturen gerüstet zu sein.

Für mich ist das Fest der Himmelfahrt Jesu ein Fest, das uns wieder Lust an der Welt und an deren Zukunft gibt, weil Gott selbst unserer Welt in Jesus Zukunft geschenkt hat und sie für ewig offen hält, dass sie sich wandle zu einer sinnvollen, weil gottvollen Welt. Gott selbst hat unwiderruflich den Anfang für sein Reich der Gerechtigkeit, der Liebe und des Friedens gelegt. Als Christinnen und Christen dürfen wir uns zumal in Europa nicht abgrenzen und in die Sakristei ausgrenzen lassen, sondern wir sind gerufen, uns einzumischen und Europa durch die innere Substanz, durch unseren „Glauben, der die Erde liebt" (Karl Rahner) zu verändern.

Ich bin zutiefst überzeugt, dass wir in diesem Sinne durch unseren Glauben Europa wirklich etwas Gutes zu sagen haben – das heißt ja „bene-dicere" und dass wir durch den Sauerteig unseres Glaubens an den offenen Himmel wirklich ein Segen für unseren Kontinent sind. Zugleich lade ich zum Gebet für unseren Papst ein, dass sein wohl bewusst gewählter Name Benedikt auch ein verheißungsvolles Programm, ein Segen für Europa und die anderen Kontinente unserer Erde sei. Amen.

## 7. Ostersonntag
## Apg 1,12-14; Joh 17,1-11a (12.5.2002) (Muttertag)

Abschied und Anfang begegnen uns in den Lesungen des heutigen Sonntags. Im nicht leicht verständlichen Evangelium hören wir aus den Abschiedsreden Jesu sein Abschiedsgebet. Auch wenn es die Handschrift des Evangelisten trägt, so ist darin doch das innerste Geheimnis des Lebens Jesu enthalten, der Sinn seines ganzen Daseins, denn in solchen Stunden spricht man nicht von Nebensächlichkeiten; da erhält jedes Wort seine tiefe Bedeutung. In der Lesung aus der Apostelgeschichte treffen wir auf den Anfang der Kirche.

Abschied und Anfang - sind das nicht Gegebenheiten, die uns alle berühren und die uns doch geheimnisvoll bleiben, weil sie unserem Zugriff entzogen sind? Ich möchte behutsam das heutige Wort Gottes nach seiner Bedeutung für unser Leben fragen, vielleicht auch für das, was ein echter und zu bewahrender Kern des Muttertages ist.

Zunächst zum Abschied Jesu im Evangelium: Jesus gibt gleichsam einen Rechenschaftsbericht. Rein menschlich wird sein Leben mit einem Fiasko enden. Der tödliche Konflikt zeichnet sich bereits in den sich ständig steigenden Auseinandersetzungen mit seinen Gegnern ab. Auch Jesus gibt nicht nach - nicht weil er seinen Kopf durchsetzen will, sondern weil er konsequent der Berufung seines Herzens, der Liebe zu allen, treu bleibt und Gottes Liebe den Menschen verkündet und sie vor allem lebt. Mehr im Tun als im Reden, vor allem in seiner gelebten intimen familiär-vertrauten Beziehung zum 'Abba' hat er den Menschen gezeigt, wer Gott ist: ein väterlich-mütterlicher Gott, der nicht etwas für sich möchte, sondern die Seinen an seiner Liebe und an seiner Herrlichkeit teilhaben läßt.

Jesus selbst ist keineswegs eine ausgetrocknete Opferseele, sondern er ist vom Vater, bei dem er in der Nacht, in der Stille, im Gebet immer wieder Kraft geschöpft hat, reich beschenkt. Gott hat ihm, so sagt das Evangelium heute, 'Macht' gegeben. Er hat sich selbst finden und annehmen dürfen. Im Vollbewußtsein seiner Macht und seiner eigenen Identität und getragen von dieser väterlich-mütterlichen göttlichen Quelle kann er sich ganz verschenken, so etwa wenn es vor der Fußwaschung, dem niedrigsten Dienst, heißt: 'Da er wusste, dass der Vater ihm alles in die Hand gegeben hatte, nahm er das Leinentuch, umgürtete sich ...'
Ich glaube, dass damit auch etwas ausgesagt ist, was im christlichen Dreiklang der Liebe, der Gottes-, Nächsten- und Selbstliebe, oft vernachlässigt wurde, nämlich die nötige Selbstliebe, das Sich-selbst-Finden und Sich-Annehmen und Zu-sich-Stehen, bevor man zu anderen stehen und sich für andere verschenken kann.
Auch in manchem 'Mutterbild' ist diese Selbstliebe in falscher Idealisierung oft zu kurz gekommen, so dass Muttersein (oder auch gelegentlich Priestersein) zu schnell mit Opferbereitschaft gleichgesetzt wird und dass deshalb zurecht heute von Müttern auch die recht verstandene Selbstverwirklichung und das Zu-sich-Stehen als Frau als Voraussetzung auch des Mutterseins eingemahnt wird.
Wo die Quelle zu diesem Selbstseindürfen versiegt, tun sich zwei Straßengräben auf: entweder verliert dadurch das Dasein für die anderen an Strahlkraft und Selbstlosigkeit und vertrocknet zu einem unerlösten Opferleben oder die nicht aus der tiefen Quelle stammende 'Macht' wird kompensiert mit äußerer Macht durch Herrschen über andere, durch autoritäres Handeln oder sonstiges Imponiergehabe. Die beiden Straßengräben bedingen auch einander. Ist der erste eher die Gefahr von Frauen, so ist der zweite die eher männliche Falle.

Jesu Gebet ist zunächst ein Gebet für sich selbst, die Bitte um die Teilhabe an Gottes Lebensfülle und Herrlichkeit. Aber diese 'Macht-Herrlichkeit' wird bei ihm nicht zum Werkzeug der Herrschaft über andere, sondern er schenkt sie und damit das ewige Leben an die Menschen weiter.
So gelten die nächsten Bitten Jesu Bitten seinen Jüngern, die an seinem Wort festgehalten haben und zum Glauben an ihn gekommen sind. Wie der Vater und der Sohn eins sind, so sind auch die gegenwärtigen und die künftigen Jünger und Jüngerinnen das Herzensanliegen Jesu und des Vaters, die sie an ihrer ureigenen Liebesbeziehung teilnehmen lassen wollen. Ich möchte es einmal so sagen: Gehalten in der durch den väterlich-mütterlichen Gott ermöglichten Selbstliebe entgeht Jesus der Gefahr einer verkümmerten Mütterlichkeit, die sich verschenkt, bevor sie sich selbst finden durfte; er entgeht aber auch der Gefahr einer in falscher Männlichkeit begründeten Machtausübung über andere. Wo gegenseitige Konkurrenz und Rivalität wegfallen, weil das deine auch meines ist und umgekehrt, verliert aller gegenseitiger Kampf, zumal auch der der Geschlechter seinen Sinn und seine Berechtigung.
Über dem Abschied Jesu liegt für mich ein Frieden, der trotz äußerer widriger Umstände aus der Quelle des Daseins schöpft, Leben weiterschenkt und sich in die Fülle des Lebens ergießt.

Begegnet uns darin nicht ein väterlich-mütterlicher Gott und treffen wir nicht in Jesus auf einen mütterlichen Menschen, sofern Mütterlichkeit nicht auf das weibliche Geschlecht beschränkt ist, sondern zu jedem vollen Menschsein gehört?

Ich bin überzeugt, dass viele Probleme und Konflikte im persönlichen, familiären, kirchlichen und gesellschaftlichen Leben und deren Eskalation in Kriegen damit zusammenhängen, dass es in uns am Dreiklang der Liebe, nämlich der Gottes-, der Selbst- und der Nächstenliebe fehlt. Dadurch kommt es zur mangelnden Integration zwischen Hirn und Herz oder, wie die Psychologen sagen, zwischen 'Animus' und 'Anima'. Hier liegen die giftigen Wurzeln für frauenverachtende patriarchalische Strukturen in Kirche und Gesellschaft, für biologisch oder ideologisch begründete Dominanz der Männer und für mangelndes Selbstwertgefühl der Frauen. Noch immer haben wir nicht genug ernst gemacht mit dem, was Paulus den Galatern schreibt: „Es gibt nicht mehr Juden und Griechen, nicht Sklaven und Freie, nicht Mann und Frau, denn ihr alle seid 'einer' in Christus Jesus" (Gal 3,28)
Gott wurde durch Jesus erfahrbar durch seine Güte und Menschlichkeit, durch sein Dasein und Sosein, die das Leben der anderen besser und glücklicher machten. Ich bin überzeugt, dass dies auch heute noch vielfach geschieht durch die Mütter und durch alle in diesem Sinne 'mütterlichen' Menschen. Ihnen allen möchte ich von Herzen danken, denn ohne sie wäre die Welt viel ärmer und kälter.

Werfen wir noch einen kurzen Blick auf den Anfang der Urkirche unmittelbar nach der Himmelfahrt Jesu. Zwei Dinge sind für mich in der Lesung ausschlaggebend:
Die Jünger und Jüngerinnen Jesu entwerfen nicht gleich einen Pastoralplan, eine 'katholische Aktion'. Sie bauen nicht gleich Kirchen und Dome und teilen die Welt nicht in Planquadrate zur Missionierung, geschweige denn, dass sie kreuzzugartig die Welt für Christus erobern wollen. Sie gingen in Jerusalem in das Obergemach (manche vermuten darin den Abendmahlssaal) hinaus und blieben dort und verharrten einmütig im Gebet.
'Obergemach' ist für mich mehr als ein geographischer Ort. Es ist wie wenn Jesus auf einen Berg geht, um dem Vater näher zu sein und von oben zu sehen und zu verstehen, wie die Wege verlaufen, worauf es ankommt, was Sinn macht. Es ist der Ort der Verbindung zu Gott; es geht um die Gottesliebe, aus der Selbst- und Nächstenliebe folgen.
Es ist nicht die Angst, die sie dorthin getrieben hat, sondern der Anschluss an die Quelle, die ihnen Jesus eröffnet hat und von der sie reichlich schöpfen wollen, das lebensnotwendige 'Bei-ihm-sein', so wie Jesus selbst beim Vater war, um daraus seiner Berufung folgen zu können. Das ist das Um-und-auf vor aller Sendung und vor allem Apostolat! Dadurch sind und bleiben die Jünger eingebunden in Gottes Welt. Ohne diese meditative Eingeborgenheit in die Welt Gottes durch das einmütige Gebet verlieren unser Mensch- und Christsein die innerste Mitte und verkümmert unser Tun in Betriebsamkeit.

Es ist diese mystische Nähe zur göttlichen Quelle, die sich eine auch mütterliche Kirche bewahren muß und die offenbar eine zweite Voraussetzung hat, damit Mütterlichkeit voll zum Tragen kommt, nämlich die hier erwähnte Tatsache, dass die Männer zusammen mit den Frauen im Gebet vereint waren. Da gab es kein Neben- oder gar Übereinander, sondern ein Mit- und Füreinander. Männer und Frauen sind in gleicher Weise offen für diese spirituelle Dimension.

Offenbar wird die Kirche nur im gleichrangigen Dasein beider, der Männer und der Frauen, den Gott verkünden, den Jesus zu verkünden ihnen aufgetragen hat. Dass wir diesem Auftrage bis zum heutigen Tag leidvoll nachhinken, müssen wir wohl auch bekennen. Aber es gilt hier und heute in unserer Pfarre, mehr und mehr geschwisterliche Kirche zu werden und dadurch der Mütterlichkeit in Kirche, Familie und Gesellschaft mehr Gestalt zu geben.

Von der Mutter Kirche, von den leibhaftigen Müttern und von allen mütterlichen Menschen möge immer mehr erlebt und weitergegeben werden, was ein indisches Sprichwort sagt:

'Solange deine Kinder klein sind, gib ihnen tiefe Wurzeln. Wenn sie älter geworden sind, gib ihnen Flügel'.

Mütterlichkeit ist ja kein Selbstzweck, denn Eure Kinder sind nicht eure Kinder. Sie sind die Söhne und Töchter der Sehnsucht des Lebens nach sich selber' (Kahlil Gibran). Amen.

# Pfingsten

## Gen 11,1-9; Joh 20,19-23 (12.6.2011)

Drei Gedanken bewegen mich.

Mein erster Gedanke kreist um Babel und Pfingsten als zwei Gegensätze.

Anbetracht der Katastrophen in den letzten Monaten in Japan und Nordafrika und anderswo haben sich wohl schon viele gefragt, ob wir – biblisch gesagt - in Babel leben und der Turm, den wir bauen wollten, nicht einstürzt und dabei viele Menschen begräbt. Der Turm zu Babel war ein etwa 90 Meter hoher Stufenbau, „Zikkurat“ genannt. Es ist dies ein zeitlos gültiges Bild. Das aktuell höchste Gebäude der Welt hat eine Gesamthöhe von 830 Metern und wurde 2010 in Dubai fertig gestellt. Wolkenkratzer sind seither ein demonstratives Symbol für das wirtschaftliche Wachstum und das Streben nach Wohlstand und Reichtum. Machtdemonstrationen sind aber nicht ohne Unterdrückung möglich. Das Gegenteil ist der Fall: nicht machtvoller Zusammenschluss, sondern Sprachverwirrung und Zerstreuung. Die Spitze des Turmes sollte bis in den Himmel reichen. Der Mensch will – so wie es bereits in der Paradieseserzählung geschildert wird – sein wie Gott.

Die Bibel (Gen 11) nennt als Grund für den Bau dieses Hochhauses und für die dadurch von den Menschen verursachte Gefährdung, dass sie sich selbst einen Namen machen wollen und deshalb jeder gegen jeden vorgeht, bis sie sich schlussendlich nicht mehr verstehen, also gegeneinander handeln und auseinander streben, statt einander zuwendend sich beim Namen zu rufen und mit- und füreinander dazu sein. Dieser babylonische Geist wird schließlich wie bei Goethes Zauberlehrling zu „Geistern, die der Mensch rief und nicht mehr los wird".

Um unseren äußeren Lebensstandard aufrecht zu erhalten, beuten wir die Ressourcen der Erde aus, nehmen die Anfälligkeit der Atomkraft in Kauf, hängen den Brotkorb einander so hoch, dass es eine erste, zweite und dritte Welt gibt, und prägen unser Zusammen- oder besser Auseinanderleben durch Mobbing, Konkurrenz und Ausgrenzung.

Auch unser kurzlebiger Zeitgeist, in dem die Reichen und Schönen, die Tüchtigen und Erfolgreichen das Sagen haben und die Meinungen und Moden wie Sanddünen kommen und gehen, oft von Populisten für ihre Zwecke missbraucht, ist Teil dieses babylonischen Geistes, der die Gestalt der Erde beschädigt und ruiniert.

Pfingsten mit der Sendung des Heiligen Geistes ist das positive Kontrastprogramm dazu. Aus dem Vertrauen, dass Gott uns beim Namen gerufen hat (Jes 43,1), wie uns in der Taufe im Heiligen Geist bereits zugesagt und in der Firmung besiegelt wird, und aus der Gewissheit, dass uns nichts von der Liebe Gottes in Jesus Christus zu scheiden vermag (Röm 8,38f), finden die verängstigten Jünger durch die Kraft von oben zu neuer Zuversicht und werden zu Zeugen des Heiligen Geistes, der das Angesicht der Welt erneuert.

Im Gegensatz zu Babel verstehen einander beim Pfingstereignis die verschiedensten Nationen (Apg 2), vor allem von Mensch zu Mensch mit dem Herzen. Nun gelten nicht mehr die Grenzen der Rasse, der Sprache und der Herkunft. „Es gibt nicht mehr Juden und Griechen, nicht Sklaven und Freie, nicht Mann und Frau; denn ihr alle seid 'einer' in Christus Jesus" (Gal 3,28), d.h. alle rassistischen, sozialen und sexistischen Vorurteile sind von Gott her radikal abgeschafft; hinter der damit gegebenen Aufgabe hinken wir in Kirche und Gesellschaft stets nach. Es ist allein der Heilige Geist, mit dem wir die heute so wichtigen Anliegen von Gerechtigkeit, Frieden und Bewahrung der Schöpfung zu bewältigen imstande sind.

Den eben beschriebenen Gegensatz von Babel und Pfingsten können wir auch – in einem zweiten Gedankengang – benennen: Geisterfahrt oder Geist-Erfahrene?!

Vor einer Woche zeigte man im Fernsehen, dass eine Radfahrerin auf dem Pannenstreifen der Welser Autobahn als Geisterfahrerin unterwegs war. War das schon für diese Person gefährlich, so ist es für unsere ganze Gesellschaft die wesentliche Frage, ob wir auch eine Geisterfahrt machen oder als Geist-Erfahrene unseren Weg gehen. Wes Geistes Kind sind wir?

Das ist eine Frage der Ökonomie: Es ist eine Geisterfahrt – mit verderblichem Ausgang -, wenn der Turbokapitalismus und der Neoliberalismus den Schwung der Wirtschaft angeben, wenn die Politik einen Kniefall vor der Wirtschaft macht und wenn dadurch die Schere zwischen Arm und Reich immer größer wird.

Als durch den pfingstlichen Geist Gestärkte und Geist-Erfahrene liegt es in unserer Verantwortung, dem gegenüber in Rücksicht auf den Menschen und die Natur die ökosoziale Bremse einzuschalten, damit es nicht zum totalen Crash kommt. NGOs, Fair-Trade, Eine-Welt-Kreise und viele andere versuchen das zu tun.

Das ist eine Frage der Ökologie: Es ist eine Geisterfahrt mit einem schrecklichen Ende, wenn wir weiter gedankenlos die Ressourcen der Erde ausbeuten (denken wir an die Ölkatastrophe vergangenes Jahr im Golf von Mexiko und heuer an die Atomkatastrophe in Fukushima!), an das ungelöste Problem der Atomstäbe-Endlagerung, an die Abholzung der Urwälder im Amazonasgebiet, an so manche schon verbrannte Erde. Darf der Mensch denn alles tun, was er kann? Dann wird es wirklich zu einer Talfahrt der Menschheit und wir können

Als Geist-Erfahrene ist es für Christen Gebot der Stunde, die ökologische Bremse zu ziehen, wie es z.B. Bischof Kräutler in Brasilien tut. Es ist wichtig die alternativen Energien, wie Solarenergie, mehr zu nutzen; wir freuen uns deshalb über unsere Photovoltaikanlage am Kirchendach als Signal für das Anliegen der Bewahrung der Schöpfung.

Geist-Erfahrene müssen heute „den Mut und die Voraussicht“ haben, „schon heute mit dem Werk einer geeinten Welt zu beginnen, damit unsere Kinder und Kindeskinder einst mit Stolz den Namen Mensch tragen“ (Gebet der Vereinten Nationen GL 31/1)

Es ist auch eine Frage der Politik. Es kann für die Zukunft der EU nicht gut sein, wenn alle nur die Rosinen herauspicken und ihre Partikularinteressen in Brüssel vertreten oder in der Flüchtlingsfrage nur den Randländern die Last von deren Aufnahme zu befürworten und sich selbst herauszuhalten. Dass sich die Vernetzung mit Diktatoren, solange es Nutzen bringt, nicht lohnt, zeigt neben der falschen Parteilichkeit die neueste Geschichte. Geist-Erfahrene stellen das Gemeinsame vor das Eigene, bedenken angesichts der sinkenden Kinderzahl und des steigenden Lebensalters den Generationenvertrag mit den notwendigen Folgen für das Pensionssystem und das Pensionsalter.

Ein Politiker sagte einmal: „Wer Visionen hat, gehört ins Sanatorium.“ Ich bin überzeugt, ohne die Vision, dass der Heilige Geist das Antlitz der Erde auch heute durch Geist-Erfahrene erneuern kann und will, wird die Welt leicht zum Narrenhaus, denn ohne diesen Geist wird es zur Geisterfahrt.

Es ist natürlich auch eine Frage der Kirche. Eine Kirche, die nur als Pyramide von oben nach unten gesehen wird, kann nicht gut gehen, denn es fehlt der Geist des Dialogs, wie er noch 1998 im „Dialog für Österreich“ in Salzburg sehr zu spüren war.

Ein letzter Gedanke: Niemand hat den Heiligen Geist gepachtet. Es bedarf vor allem des Geistes der Unterscheidung der Geister, damit niemand „den eigenen Vogel für die Taube des Heiligen Geistes hält“. Im Heiligen Geist ist der Mensch nicht fixiert , sondern offen für Fragen und selbst Zweifel. Einer der ältesten Religionssoziologen P.L. Berger schrieb jüngst ein Buch mit dem Titel „Lob des Zweifels“.

Er sieht auf der einen Seite die „fraglos Glaubenden“, die unverrückbare absolute Wahrheiten verlangen. In dieser fundamentalistischen Grundhaltung geben nicht wenige ihren eigenen Verstand an der Garderobe ab

und richten sich in Religion oder Politik an die Vorgaben eines „Führers". Auf der anderen Seite nennt Berger die postmodernen Relativisten, deren Motto heißt „Anything goes". Auch diese Haltung läuft konsequent auf eine Unterhöhlung jeder Gesellschaft und Chaos hinaus, also auf einen Turmbau zu Babel.
Fragende, die auch Zweifel haben, wissen um die „Hierarchie der Wahrheiten" und kommen durchaus durch Erfahrungswerte und gemeinsame ethische Überzeugungen zu sehr tragfähigen Gewissheiten, wie etwa der zweifelnde Thomas des Evangeliums.
So wie erfahrene Menschen zum Gelingen von Beziehungen um die Notwendigkeit des Kompromisses im konkreten Leben wissen, so werden Geist-begabte Christen um die Notwendigkeit des Dialogs wissen. Bitten wir um diesen Geist des Bundes zwischen Vater und Sohn, zwischen Gott und Mensch, zwischen Mensch und Mensch, zwischen Mensch und Natur. Amen.

## Dreifaltigkeitssonntag

### Ex 34,4-10; Joh 3,16-18 (19.6.2011)

Was können wir zum heutigen Festgeheimnis der Dreifaltigkeit sagen? Sollten wir nicht besser schweigen? Der Grazer Theologe Philipp Harnoncourt, Bruder des berühmten Dirigenten Nikolaus Harnoncourt, bemerkte in diesen Tagen anlässlich seines 80. Geburtstages: Die christlichen Kirchen haben ihr Zentrum – das Bild des dreifaltigen Gottes – weitgehend aus dem Blick verloren; sie sind deshalb oberflächlich und langweilig geworden – und damit unfähig zur Ökumene.
Ich vermute, dass an dieser Mahnung durchaus einiges richtig ist. Zunächst ist zu sagen, dass in der sogenannten „Hierarchie der Wahrheiten" das Geheimnis der Dreifaltigkeit ganz im Zentrum steht und dort keinen Sinn hätte, wäre sie nicht auch von ungeheurer Bedeutung für unser Leben. „Hierarchie der Wahrheiten" besagt, dass es eine gestufte Wichtigkeit der Glaubenslehre gibt: Es ist ein riesiger Unterschied, ob etwas ganz zentral für unseren Glauben ist, etwa wie die Dreifaltigkeit und die Gottessohnschaft Jesu, oder nahe dem Zentrum wie etwa die Stellung Mariens im Heilsplan Gottes oder ganz am Rande wie etwa Marien-Erscheinungen in Lourdes oder Fatima, die, obwohl von der Kirche anerkannt, ich als Katholik persönlich nicht einmal glauben muss.
Was hat also Dreifaltigkeit mit uns Menschen und mit meinem Leben zu tun?
Es ist sicherlich leichter zu sagen, was Dreifaltigkeit alles nicht ist als was sie ist: Sie ist keine höhere Mathematik, die die einfache Logik des Einmaleins außer Kraft setzt. Sie ist auch nicht ein heiliges technisches Gerät, dessen inneres Schaltsystem dreipolig ist. Auch die Psychoanalyse kann uns nicht weiterhelfen. Jede Begrifflichkeit kommt hier an ein Ende!

Dreifaltigkeit ist und bleibt ein Geheimnis! Der Mensch kann allerdings seine Erfahrungen nur in Worten, Bildern und Vergleichen ausdrücken; er muss sich aber bewusst bleiben, dass sie immer nur unzulängliche

Verstehenshilfen bleiben. Gerade hier gilt die „negative Theologie“, die besagt, dass das, was wir von Gott nicht wissen, immer mehr ist als das, was wir wissen.
In Graz ist in diesen Tagen eine vom schon erwähnten Theologen Philipp Harnoncourt initiierte Ausstellung „1+1+1=1“. Es waren mehr als 600 Kunstschaffende aus Mittel- und Osteuropa eingeladen und motiviert, sich mit dem christlichen „Ursatz“ „Im Namen des Vaters und des Sohnes und des Heiligen Geistes“ kreativ in bildender Kunst, Literatur, Musik und Tanz auseinanderzusetzen. Nach anfänglicher Skepsis („Was wollen Sie mit diesem Ladenhüter?“) war das Echo überwältigend und die Früchte dieser Auseinandersetzung mit dem Thema „Trinität“ sind jetzt zu sehen, denn „Die Kunst“, so Harnoncourt, „ist die letzte Hüterin des Heiligen“. Es ist sicherlich so, dass gerade die Kunst am ehesten den Raum des Geheimnisses offen lässt und vor dem begreifen wollenden Zugriff schützt.
Die Dreifaltigkeitslehre ist nicht als Dogma vom Himmel gefallen, sondern in ihr spiegeln sich die Erfahrungen der glaubenden Menschen mit ihrem Gott wider.
Eine dieser Erfahrungen ist uns in der Lesung aus dem Buch Exodus geschildert. Zunächst im Gottesnamen selbst. „Jahwe“ heißt: Ich bin der, der da ist – für dich, der mit dir geht durch dick und dünn, der dir helfend und schützend zur Seite steht. So hat Israel seinen Gott erfahren, auch als einen, der, wie es in der Lesung heißt, „ein barmherziger und gnädiger Gott, langmütig, reich an Huld und Treue“ ist.
Im Gegensatz zu allen selbstfabrizierten Hausaltären mit nicht selten krankmachenden und angsterregenden Gottesbildern darauf hat Gott von sich aus offenbart und erfahren lassen, wie er ist und wie er verehrt und angerufen werden will.
Der darauf folgende zentrale Satz der Lesung (der leider im offiziellen Text fehlt) heißt: „Da sagte der Herr: Hiermit schließe ich einen Bund.“ Gott ist also ein beziehungsfähiger und beziehungswilliger Gott. Darin kommt etwas zum Tragen, was ganz wesentlich ist: Gott selbst ist liebende, sich selbst mitteilende und sich nach innen und außen verschenkende Beziehung. Wer am göttlichen Leben Anteil hat (das tut der Mensch als sein Ebenbild), lebt, wann immer er in liebender Zuwendung und Beziehung ist, denn Leben ist Beziehung. Vom ersten Kapitel der Bibel bis zum letzten ist der Gedanke der Beziehung grundlegend und für das Leben von höchster Relevanz!
Wer das Antlitz des gelegentlich auch fernen und fremden Gottes kennenlernen will, wer also die Selbstmitteilung Gottes finden möchte, der findet sie in Jesus Christus. In ihm ist gleichsam die Fülle Gottes zu finden. Schließlich hat sich Gott uns als einender und stärkender Geist geschenkt.
Gott offenbart sich als schöpfender, mütterlich-väterlicher liebender Gott, als brüderlicher Weggefährte in Christus, der uns in allem gleich ist außer der Sünde und als der uns mit den beiden und untereinander verbindender Geist. „Ruach“ ist übrigens weiblich; bis heute geschieht die meiste lebensspendende und fördernde Beziehungsarbeit von Frauen. Immer ist es ein und derselbe und doch dreifaltige Gott, zu dem wir uns im Kreuzzeichen bekennen. Bei aller Unzulänglichkeit der Sprache und der Vergleiche finden sich m.E. alle drei Dimensionen auch in seinem Ebenbild, in uns Menschen:

Der Mensch darf als Vater und Mutter teilhaben an der liebenden Schöpferkraft des mütterlich-väterlichen Gottes. Ich bin überzeugt, dass alle Eltern diese mit Gott verbindende Zeugungs- und Geburtskraft immer wieder erfahren dürfen. Mann und Frau sind keine platonischen Ideen, sondern ihre Liebe ist leibhaftig und wird immer wieder Fleisch und Blut, also ein lebendiger Mensch, wenn sie sich mit Leib und Seele, mit Haut und Haar einander schenken. Das Kind ist, liebend gezeugt, zugleich die aus dem Einswerden der beiden Eltern die selbstständige und zum Eigensinn geborene Frucht der Liebe, die die Beziehung zwischen Vater und Mutter stärkt und fördert.

Ich habe von der Verbindung von Mann und Frau, im Idealfall von der in Liebe verbindlichen Ehe gesprochen. Irgendwie gilt es jedoch für alle Formen zwischenmenschlicher Liebe. Eine EGO-AG ist sozusagen kontra-trinitarisch.
Ja, auch Ehelosigkeit kann nur gelingen, wenn der Mann oder die Frau grundsätzlich positiv beziehungsfähig sind, also grundsätzlich genauso gut heiraten könnten, was wiederum eine positive Annahme der eigenen Geschlechtlichkeit voraussetzt.
Die drei genannten Dimensionen müssen analog auch bei dem, der um des Himmelreiches willen ehelos ist, vorkommen. Die Psychoanalyse spricht dementsprechend von drei Bedingungen einer gelungenen Ehelosigkeit: Erstens, das, was man tut, muss etwas Schöpferisches im Menschen anregen; zweitens, das, was man tut, muss von sozialer, also zwischenmenschlicher Bedeutung sein, und drittens, das was man tut, muss dem jeweiligen Menschen auch inneren Frieden und Zufriedenheit geben. Friede ist eine Gabe des Heiligen Geistes.
Der Psychotherapeut Wunibald Müller, der in Münsterschwarzach viel geistliche Berufe in Krisen begleitet, sagte vor kurzem anbetracht der Zölibats-Krisen und des häufigen Burn-outs vieler Priester aufgrund von Arbeitsüberlastung: „Gelingt es Priestern, persönlich tiefe und damit intime Beziehungen aufzubauen und zu unterhalten? Priester brauchen solche intime Beziehungen zu Frauen und zu Männern, in denen sie sich zu Hause fühlen und sich vorbehaltlos öffnen können. Dann können sie sehr wohl den Zölibat leben.“ (SDZ 18.4.11)
Trotz oder auch gerade wegen des bleibenden Geheimnisses der Dreifaltigkeit hoffe ich, dass dieses zentrale Geheimnis für uns im Glauben nicht unter „Ferners liefen“ eingereiht ist. Ich hoffe, wir ahnen etwas von der unmittelbaren Lebensbedeutung dieses Geheimnisses für uns alle, denn in Ehe und Ehelosigkeit und in welch immer gelungenen von Liebe und Verantwortung getragenen zwischenmenschlichen Beziehungen spielen alle drei Offenbarungsweisen dieses einen Gottes eine ganz wesentliche Rolle.
Nehmen wir deshalb das Bild des dreifaltigen Gottes wieder bewusst in den Blick, damit unser Leben nicht oberflächlich und langweilig, sondern tiefgehend und sinn-voll erfüllend wird. Amen.

## Fronleichnam

### 1 Kor 10,16f; Joh 6,51-58 (23.6.2011)

Das Wort Fronleichnam kommt aus dem Mittelhochdeutschen: „vron“ bedeutet Herr, und „lichnam“ ist der lebendige Leib. Wir feiern also den lebendigen Leib des Herrn, indem wir Eucharistie feiern und im Zeichen des Brotes in der Monstranz bezeugen wir die lebendige Gegenwart Jesu Christi sowohl in unserer Mitte als auch durch die Prozession in unserem Alltag.

Die sonn- und feiertägliche Eucharistiefeier möge uns gut und wohl tun! Wenn der Tisch des Wortes und des Brotes gedeckt wird, mögen wir Kraft schöpfen! Ich bin überzeugt, dass der Gottesdienst eine, wenn sie wollen, Super“-Tankstelle für unser Leben ist. Es wäre allerdings ein volles Missverständnis zu glauben, dass die Messe eine Wellness-Veranstaltung sei.

Ein oberflächlicher Wellness-Event wäre die Messe, wenn ich hier nur für mein eigenes individuelles Seelenheil sorgen möchte und mir alle anderen gleichgültig wären. Der Sonntag ist, wie unser Altbischof Maximilian immer wieder sagt, die älteste Sozialgesetzgebung der Menschheit. Wenn die Sonntagsmesse nur dem eigenen Seelenheil diente, wäre der Sonntag alles andere als sozial! Eine bloße Wellness-Veranstaltung wäre die Eucharistiefeier, wenn es nur beim Reden bliebe und daraus kein Tun folgte – wie beim Floriani-Prinzip: Immer sind es die anderen, die etwas tun sollten, z.B. teilen, für Gerechtigkeit sorgen usw. Ebenso wäre es eine bloße Wellness-Veranstaltung, wenn der Sonn- und Feiertag nicht mein Leben von Montag bis Samstag, also den Alltag prägte, so wie man von den „Sonntagsreden“ mancher Politiker“ spricht.

Es gibt freilich auch das Gegenteil, wenn z.B. eben wieder ein Parteivorsitzender aus wahltaktischen Gründen ein Bild von Österreich malte, als ob unser Heimatland am Rande der größten Katastrophe stünde und die Pleitegeier überall schon warteten, während es doch das siebt-reichste Land der Erde ist. Es gibt sie auch heute, die falschen Propheten, die ihr eigene Karriere planen, aber nicht das Wohl des kleinen Mannes im Auge haben, so sehr sie es verbal betonen.

Zunächst also: wir dürfen zumal in unserer Heimat Österreich die Eucharistie wirklich als Dankfeier feiern (Eucharistie heißt genau das!), weil es uns in der großen Mehrzahl doch – Hand aufs Herz – sehr gut geht. Das berühmte Raunzen der Österreicher ist bei den meisten auf sehr hohem Niveau. Wir wollen und dürfen freilich die Not der Armen und Bedrängten auch bei uns nicht übersehen. So müssen wir unbedingt auch die andere Seite der Eucharistie bedenken!

Eucharistie ist, wie der diesjährige Diözesanschwerpunkt heißt, „um der Menschen willen“ da. Das gilt vorrangig von der Eucharistie selbst. Nicht von ungefähr schenkt sich Jesus als Brot, als das notwendige und notwendende Nahrungsmittel schlechthin. Jesus selbst hat eindeutig eine Option für die Armen und Schwachen getroffen, also für jene, die das Brot in Form des notwendigen Einkommen und dadurch auch möglichen Auskommens nicht haben, aber denen auch die genau so wichtige Wertschätzung und Zuwendung, die man am gemeinsamen Tisch erhält, fehlt.

Jesu Fleisch essen und sein Blut trinken, heißt doch, dass das, was ich esse und trinken, teil meines eigenen Fleisches und Blutes werden. Ich soll also aus dem Nährstoff Jesus Christus leben, nach seinem Vorbild handeln und in meinem Leben seine Wirklichkeit für das Leben der Welt umsetzen, auch im demütigen Wissen, dass ich immer hinter dem Beispiel Jesu sehr nachhinke.

„Wer mein Fleisch isst und mein Blut trinkt, der bleibt in mir und ich bleibe in ihm." (Joh 6,56) Das ist Zusage und zugleich Anspruch. Wenn die Geburtsstunde der Eucharistie das Abendmahl ist, bei dem Jesus sagte „Tut das zu meinem Gedächtnis!", so ist und bleibt jede Eucharistiefeier zugleich als Anspruch eine „gefährliche Erinnerung", nämlich daran, dass hier einer sich aus Liebe zu den anderen ganz verschenkt und hingibt.

Johannes sagt in seiner Passionserzählung, dass einer der Soldaten die Seite Jesu öffnete und sogleich flossen Blut und Wasser heraus. Es ist die Geburtsstunde der Kirche mit den beiden Gaben, dem Wasser der Taufe und dem Blut der Eucharistie. Das hat mit dem Einsatz Jesu für das Leben der Welt zu tun, aber auch mit unserem Auftrag, uns für die Welt einzusetzen, vor allem für jene, die selbst die nötigen körperlichen und geistigen Lebens-Mittel nicht haben, d.h. für all jene, die nicht erwerbstätig sind und leicht durch das Netz der ökosozial ungebremsten neoliberalen Wirtschaft durchfallen.

Man könnte nun von allen Arbeitslosen und allen in prekären Arbeitssituationen sprechen.

Ich möchte mich aber heute auf Grund von unseren zwei Fronleichnamsprozessionsaltären auf zwei Gruppen beschränken, die damit unmittelbar zu tun haben:

Es sind die noch nicht erwerbstätigen Kinder, die das Mandala für uns bereiten, und auf die nicht mehr Erwerbstätigen Senioren und alten Menschen, wie sie uns stellvertretend im Seniorenheim St. Anna begegnen. Zu ihnen Jesus im Brote bringen ist zugleich unser Auftrag, sie hereinzuholen in unsere Gemeinschaft, nicht weil sie etwas leisten und haben, sondern sie zu achten und zu schätzen, weil sie alle als Gottes Geschöpfe absolute unverletzbare Menschenwürde haben – vom Beginn ihres Lebens bis zu dessen irdisches Ende.

Wir wissen, dass gerade in unseren westlichen aufgeklärten Ländern die Ränder des Lebens sehr gefährdet sind, sei es trotz der demographischen Entwicklung von immer weniger Kinder durch sehr liberale Gesetzgebungen bezüglich Schwangerschaftsabbruch, abgesehen von den Dunkelziffern, sei es durch die Propaganda für Euthanasie, die nicht selten zum Druck für ältere Menschen wird, den anderen und deren Wohlergehen nicht durch lästige Pflege zur Last zu fallen.

Unsere Zukunft liegt sicher in der Hand unserer Kinder, zugleich zeigt sich die Kultur einer Generation auch immer daran, wie sie mit den alten Menschen umgeht.

Wir unterschreiben damit gleichsam auch den Generationenvertrag ob der Würde jedes Menschen: Ob Kind oder Greis, ob Junior oder Senior, ob gesund oder krank: wir alle sind einer in Christus Jesus.
Der Kreis, den die Kinder im urmenschlichen Symbol des Mandalas legen, ist in der Pflanzenwelt, z.B. in der Rose, im Mikro- und Makrokosmos oder auch in den gotischen runden Fensterrosetten vorgebildet. In diese Mitte, die von Gott als Mitte des Lebens Zeugnis gibt, stellen wir die Monstranz mit dem Allerheiligsten.
Die schönen und ausgeglichenen Formen des Mandalas laden uns ein, uns auf diese Mitte, auf Jesus Christus, einzulassen. Möge jede/r von uns in IHM die Mitte finden, die ihn trägt, hält und gegebenenfalls zurückfinden lässt. Nicht von ungefähr hat Jesus die Kinder in die Arme genommen und sie gesegnet, damit sie nicht als mögliche Störenfriede, Nichtsnutze und Karriereknick das Nachsehen haben, sondern selbstlose Zuwendung erfahren.
Christus heute im Heiligen Brot beim von den Kindern gelegten Mandala möge uns helfen, an all den anderen Tagen als Kindergartenpädagoginnen, Lehrerinnen, Alleinerzieherinnen, als Eltern, als Pensionisten, Arbeitgeber und Arbeitnehmer den Kindern Respekt und Würde zu erweisen.
Unsere Prozession führt auch heuer ins Seniorenheim St. Anna. Auch wenn die alten Menschen nichts mehr zum Bruttonationalprodukt beitragen, so sind sie uns wichtige Lebensgefährten durch ihre Erfahrung und im Leben angesammelte Weisheit. Auch wenn sie nicht zur erhofften Steigerung des wirtschaftlichen Wachstums von fast drei Prozent im nächsten Jahr beitragen, so dürfen wir sie doch nicht auf das menschliche Abstellgleis stellen, denn der Mensch ist mehr als er hat und leistet. Ich habe in diesen Tagen von Arno Geiger das Buch „Der alte Königin seinem Exil“ gelesen. Diese wertschätzende Schilderung der fortschreitenden Demenz des Vaters des Autors hat mir tiefen Respekt vor der Würde alter Menschen abverlangt. Gerade auch für den alten Menschen ist Jesus Christus das Brot, das vom Himmel kommt und auch zum Himmel führt, denn wer von diesem Brote ist, wird in Ewigkeit nicht sterben. Feiern wir also Eucharistie! Danken wir dem Herrn für die Gabe des eucharistischen Brotes und kommen wir immer mehr unserer Aufgabe nach, füreinander zu Brot zu werden. Amen.

## 9. Sonntag
### Röm 3,21-25a.28; Mt 7,21-27 (6.3.2011)

Heute ist Faschingssonntag! Ist uns auch danach zumute?
Im Blick auf unsere Zeit und Zeitgenossen traue ich mir zu sagen: Angst geht um! Nicht erst seitdem die Völker Nordafrikas sich erheben und sich bei manchen demokratischen Regierungen des Westens das schlechte Gewissen ob des bisher guten Einvernehmens mit den Despoten dieser Länder herrschte, denn wirtschaftlich brachte es Vorteile und die Menschenrechte waren nicht Gesprächsstoff.

Angst geht um, seitdem in unseren Breitengraden ein gewisses religiöses Vakuum entsteht und die Decke des ehemals christlichen Abendlandes immer dünner wird. Die Angst ist die oft nicht bewusste Sorge, dass der Boden unter den eigenen Füßen nicht mehr recht tragfähig ist und der Islam in seiner militanten Form die entstandene Leere auffüllen könnte.

Mit dem Bildwort Jesu aus dem Evangelium ist die Frage gestellt, ob Europa etwa sein Haus auf Sand baut. Geht uns durch die Verdünnung des Glaubens und teils auch durch den Reformstau in der Kirche der feste Boden unter den Füßen verloren? Isst nicht die „Angst Europas vor der Religion“, wie das Buch des berühmten Soziologen José Casanova heißt, die Ursache, dass Angst umgeht? Gehen damit nicht das so wichtige Urvertrauen und Vorschussvertrauen ins Leben verloren? „Europa – Was hast du mit der Religion?“ Das ist eine sehr aktuelle abgewandelte Gretchenfrage!

Es gibt verschiedene Ausflüchte vor der Religion: etwa jung, schön und fit sein zu wollen! Aber wie lange wird das andauern? Hast Du was, bist Du was; hast Du mehr, bist Du wer! „Ach, du Narr!“, würde Jesus antworten, „noch heute kannst du sterben und was nützt dir dann alles?“, denn „Alles ist zu wenig“ (Ingeborg Bachmann).

Wieder andere flüchten in die Arbeit und Leistung. Nicht selten bleibt ein „Burn-out“ zurück. Auch das Untertauchen in die Scheinwelt der Süchte und Drogen ist keine Lösung, sondern höchstens eine Verdrängung der Angst.

Es gab und gibt auch die Angst vor einem strafenden Gott: „Wie finde ich einen gnädigen Gott?“ war Martin Luthers Frage. Wer kennt nicht die Versuchung, vor Gott sich durch eigene Leistung rechtfertigen zu wollen. Martin Luther fand angesichts der Unmöglichkeit, sich durch Werke sozusagen den Himmel zu verdienen, in den Worten des Apostels Paulus in der heutigen Lesung aus dem Römerbrief die für ihn und für uns alle befreiende Antwort: „Jetzt ist unabhängig vom Gesetz die Gerechtigkeit Gottes offenbar geworden …: die Gerechtigkeit Gottes aus dem Glauben an Jesus Christus. ... Denn wir sind der Überzeugung, dass der Mensch gerecht wird durch Glauben, unabhängig von Werken des Gesetzes.“ (Röm 3,21ff) Das heißt: Der Mensch kann und braucht sich das Erbarmen Gottes nicht zu verdienen; es wird ihm geschenkt, ohne dass er dafür bestimmte Leistungen bringen muss.

Diese so genannte Rechtfertigungslehre, die Katholiken und Protestanten über Jahrhunderte zu trennen schien, ist heute von beiden Seiten voll anerkannt. Es handelt sich eher nur um verschiedene Akzentsetzungen: während die evangelische Kirche den Akzent vor allem auf den Geschenkcharakter legt (sola gratia – nur durch Gnade), weist die katholische Kirche darauf hin, dass der Mensch nicht bloß ein willenloses Werkzeug ist, sondern ihn die Gnade Gottes erst selbständig und zum Handeln fähig macht. Dieser Zusammenhang zwischen Gottes Geschenk und dem freien Zutun des Menschen ist eines der größten Geheimnisse, vereinfacht ausgedrückt: 100 Prozent der Gnade und 100 Prozent menschliches freies Tun ergeben nicht 200, sondern eben nur 100 Prozent! Das Handeln Gottes kommt im Handeln des Menschen zum Ausdruck, dem Wort Gottes entspricht die Antwort des Menschen.

Weder irdische Leistung vor Menschen noch geistliche Leistung vor Gott helfen also zu einem festen Boden unter unseren Füßen und können wahres Urvertrauen vermitteln, sondern es ist allein das Vertrauen auf Gott selbst. Anders gesagt: Niemand kann sich selbst den Sinn des Lebens produzieren, weder vor Gott noch vor den Menschen. Am vergangenen Sonntag hieß derselbe Gehalt: Macht euch nicht so viele sorgen. Der Vater im Himmel weiß darum und sorgt für euch. (Mt 6) Der Sinn des Lebens bleibt immer Geschenk, so vorläufig in den zwischenmenschlichen Beziehungen als erst recht endgültig in der gläubigen Beziehung zu Gott.

Im Bildwort des Evangeliums von dem klugen Mann, der sein Haus auf Felsen baute, kommt dies wunderbar zum Ausdruck. Wenn die Heilige Schrift des Alten und Neuen Testamentes immer wieder Gott als Fels bezeichnet, so drückt sich darin die Erfahrung der gläubigen Menschen aus, dass Gott inmitten der Unbeständigkeit und der Verunsicherung des Lebens festen Boden unter den Füssen, Grund und Fundament gibt und ein Halt in der Schnelllebigkeit und Flüchtigkeit unserer Zeit ist. Der Fels als Sinnbild dieser Verlässlichkeit ist etwas anderes als eine tote Betonmauer; er ist Sinnbild der treuen Liebe Gottes.

Ich bin überzeugt, dass gerade heute die Menschen anbetracht vieler gestörter Beziehungen und anbetracht der Wolkenbrüche, sprich der Krisen, die der Welt und auch zwischenmenschlichen Beziehungen nicht erspart bleiben, mehr denn je diesen Felsengrund brauchen, dieses Urvertrauen in Gott, denn (wie Altbischof Reinhold Stecher einmal sagt) „unsere Gesellschaft ist ja nicht gerade eine Felsenlandschaft der festen überzeugenden und gültigen Wahrheiten, sondern eher ein Gelände mit wachsenden Sanddünen, die sich heute da und morgen dort erheben, wo gerade der Wind des Zeitgeistes den Sand der Mehrheit und die Meinung der vielen zusammenweht".

Für mich ist das Bauen auf diesen Fels, also das Vertrauen auf Gott die Frohbotschaft schlechthin. Deshalb haben zumal Christinnen und Christen allen Grund, nicht nur in der Faschingszeit oberflächlich Spaß zu haben, sondern das ganze Jahr über sich zu freuen. Das bis ins 18. Jahrhundert erhaltene „Osterlachen" (risus paschalis) und das österliche Halleluja verdrängten nicht die Schattenseiten des Lebens, aber sie waren und sind Ausdruck, dass letztlich Hoffnung und Licht siegen.

Auch wenn vom Lachen Gottes in der Bibel wenig die Rede ist, bleibt der Humor die Schwester des Glaubens. Humor befreit von Bigotterie und falschem Haften am Buchstaben. Jesus ist gekommen, damit die Freude in uns ist und die Freude einmal vollkommen werde. Teresa von Avila betete zu Recht: „Vor traurigen Heiligen bewahre uns o Herr!" Amen.

## 11. Sonntag

### Ex 19,2-6; Mt 9,36-10,8 (12.06.2005)

Zu Beginn der Messe haben wir gesungen: „Lobe den Herren, der dich auf Adlers Fittichen sicher geführet." Dieses Bild ist von der heutigen Lesung aus dem Buch Exodus genommen; da heißt es: „Der Herr spricht zu

Mose: Ihr habt gesehen, wie ich euch auf Adlersflügeln getragen und hierher zu mir gebracht habe.“ – Ist das nicht ein wunderbares Bild des Vertrauens und des Glücks, eines sinn-vollen Lebens, von dem wir alle träumen, eines Lebens, das offenbar gelungen ist? Wer hat nicht schon Vögel, zumal den König der Vögel, den Adler in seinem herrlichen Gleitflug durch die Lüfte betrachtet und an Reinhard May gedacht „Über den Wolken muss die Freiheit wohl grenzenlos sein“. Oder er verspürte in sich den Traum des Ikarus, selbst fliegen zu können und von den Lüften getragen zu werden?!

Für Israel ist es die Erfahrung, dass Gott rettet und es gegenüber den übermächtigen Feinden beschützt hat. Jahwe hat Israel aus Bedrückung und Knechtschaft befreit. Wie die Jungen des Adlers sich in dessen Gefieder geborgen fühlten, so erlebte sich Israel bei Gott geborgen und getragen. Der Feind und Unterdrücker schlechthin war Ägyptens Pharao und der Frondienst bei ihm. - Ist dieses von Gott Getragensein auch unsere Erfahrung oder fühlen wir uns nicht oft auch fallengelassen?

Wir sollen jedoch bedenken: Es war fürwahr nicht so, dass diese Erfahrung, von Gott wie von Adlersflügeln getragen zu sein, dem Volke von Anfang geschenkt war. Israel fühlte sich keineswegs von Beginn an auf dem Weg aus Ägypten wie auf einem Höhenflug ohne Schwierigkeiten. Die Erfahrung „auf Adlers Fittichen sicher geführet“ ist eher eine Erkenntnis, die sich am Ziel des Weges, also erst im Gelobten Land einstellt.

Es ist eine biblische, ja zutiefst menschliche Erfahrung, dass man Gott nur im Rücken, also im nachhinein sieht (wie es auch die den meisten wohl bekannte Geschichte von den „Spuren im Sand“ zum Ausdruck bringt).

Der Weg aus dem Land der Knechtschaft ist gar nicht so einfach und verlockend gewesen, denn schließlich wurden in Ägypten die materiellen Grundbedürfnisse befriedigt; man tat, was alle taten. Auch wenn es ein Käfig war, hatte man sich arrangiert und eingerichtet und offenbar war das anfängliche Begehren nach Freiheit und der damit gegebenen Verantwortung gar nicht so groß. Die Bibel berichtet uns, dass es Gott und sein Beauftragter Mose beim Auszug aus Ägypten und bei der Wanderung durch die Wüste mit dem Volke Israel nicht leicht hatten, denn oft protestierten sie auf dem Weg in die Freiheit und sehnten sich zurück an die Fleischtöpfe Ägyptens. Mose hatte mit dem widerspenstigen Volke alle Mühe. Wenn es heute in der Lesung heißt, dass Israel so Gottes besonderes Eigentum und ein heiliges Volk wurde, so wissen wir auch, dass Israel diese Zeit erst im nachhinein – nach Überwindung aller Hürden auf dem Weg – als seine Brautzeit mit Jahwe erkannt und besungen hat, als die Zeit, in der es eigene Identität gewonnen hat und seine Liebe zu Gott gewachsen ist, so dass es in den Bund mit ihm einwilligte.

In der Osternacht hörten wir im Exultet und in der Exodus-Lesung den Lobgesang auf jene Nacht, in der die Israeliten im Durchzug durchs Schilfmeer den ersten Schritt in die Freiheit getan haben. Oft bleiben wir bei der Frage hängen, warum die Ägypter von den zurückflutenden Wassermassen vernichtet wurden.

Es geht zunächst nur um die Rettung Israels – und die Ägypter werden zum Bild der Schwierigkeiten, die dabei überwunden werden müssen – Schwierigkeiten, die in der Umwelt oder auch oft in uns selbst liegen können.

Irgendwie habe ich für das Bild und die Realität der Vernichtung des Feindes in diesen Tagen bei unserer Reise in Rumänien fast Verständnis bekommen. Die Führerin schilderte uns die grässlichen Untaten des Ehepaares Ceauscescou, die in der Erschießung im Dezember 1989 gleichsam das gerechte Urteil für alle Unmenschlichkeiten, die sie anderen angetan hatte, ereilte, auch wenn sich der Mensch nie zum endgültigen –Richter über einen anderen erheben darf. Die Täter sollen aber nicht ewig über die Opfer triumphieren! Es ist übrigens auch bekannt, wie schwer sich manche in den Ländern des ehemaligen Ostblocks teils mit der wiedergewonnenen Freiheit tun. Auch dort tauchen Sehnsüchte nach den Fleischtöpfen der ehemaligen DDR oder anderer kommunistischer Systeme auf.

Ich möchte aber jetzt weder von der ehemaligen Situation Israels noch von der heutigen Lage der Länder hinter dem ehemaligen Eisernen Vorhang sprechen, sondern der Auszug aus Ägypten und die Wüstenwanderung ins Gelobte Land als ein Bild der Lebensaufgabe eines jeden Menschen aufgreifen. Es ist die Sehnsucht und die Suche nach dem wahren Selbst und nach der eigenen Berufung. Es ist Gottes Ruf an jeden von uns in der Einmaligkeit des Daseins und Soseins, wie er einst an Abraham in Haran und an Israel in Ägypten erging, das zu verlassen, was alle tun und dem Ruf unseres Herzens und dessen Sehnsucht nach „mehr als alles" zu folgen.

Das Bild vom Adler und seinen Jungen hat übrigens auch eine notwendige Ergänzung: Der Adler wirft seine Jungen auch aus dem Nest, damit sie sich nicht von der kuscheligen Wärme betäuben lassen und nicht für immer abhängige Mutterkinder bleiben, sondern selbst fliegen lernen und eigenständig und erwachsen werden. Freilich ist der Adler stets bereit, ein Junges, das noch nicht so weit ist, mit seinen Flügeln wieder aufzufangen. In der Entwicklung jedes Kindes zum Erwachsenen bedarf es auch dieser Seite, ebenso später in der Befreiung von falschen Abhängigkeiten.

Vielleicht sind heute viele Menschen müde und erschöpft und erleiden Frust und Sinnlosigkeit, weil sie sich nur als Nummern, Kostenfaktoren, Stimmvieh, Quotenbringer fühlen, die irgendeine Rolle oder Funktion erfüllen, aber in ihrer eigenen einmaligen Identität nicht gefragt sind. Sie fühlen sich nur gebraucht nach ihrer Nützlichkeit, sonst eher Teil einer Wegwerfgesellschaft. Sie suchen nach jemand, der sie beim unverwechselbaren Namen ruft.

Im Evangelium werden zwölf Hirten, die Apostel, namentlich angeführt.

Ich sehe die Aufgaben der Hirten, die Menschen an ihre Gottebenbildlichkeit und absolute Menschenwürde in Wort und Tat zu erinnern und die tiefe Sehnsucht der Menschen und den Traum der Seele gegen alle Verschüttung wach zu halten.

Wer weiß nicht um die Versuchung, wie Israel nur halbherzig und zögernd diesem Traum oder der Freiheit, die uns in Christus geschenkt ist, zu folgen? Denn es geht zunächst nicht um einen Höhenflug, sondern eher um die Erfahrung von Widerspruch und Gegenwind. Als Seelsorger muss ich in mir selbst die erste Liebe zu Gott immer wieder wachrufen und daraus Kraft schöpfen, um den Müden und Erschöpften Mut und Zuversicht zu machen und dem Leben trauen zu lernen, weil Gott es mit uns lebt.

Ich bin fest überzeugt, dass es am Wege immer wieder kleine Taborstunden als Licht in dunklen Wegstrecken gibt und ich bin gewiss, dass wir zumindest rückblickend jetzt schon und erst recht am Ende des irdischen Lebens die Nähe des Himmelreiches (Evangelium!) und das Getragensein auf göttlichen Adlersflügeln verspüren:

Was ich von diesem notwendigen Aufbruch aus Ägypten und von den schwierigen und zugleich beseligenden Erfahrungen auf dem Lebensweg sagte, lässt sich für manche in poetischer Weise oft leichter verständlich machen als in den biblischen Texten vom Exodusgeschehen oder vom Weg Jesu hinauf nach Jerusalem. So möchte ich auf ein paar Ihnen wahrscheinlich bekannte Novellen verweisen, die die tiefe Sehnsucht der Menschen und die göttliche Hilfe gut zum Ausdruck bringen. Es geht verschlüsselt darum, zuerst das Reich Gottes zu suchen – im Vertrauen, dass alles andere hinzugegeben wird.

Ich denke an manche Passagen beim „Kleinen Prinzen“ von Saint-Exupery, an die meiner Generation sehr vertraute Erzählung und Musik von der „Möwe Jonathan“ von Bach und Neal Diamond oder an die neuere Novelle „Der träumende Delphin“ von Sergio Bambaren.

Zum Bild des Adlers zurückkehrend erzähle ich zum Abschluss eine derartige Geschichte im Fabelkleid:

Ein Mann ging in den Wald, um einen Vogel zu suchen, den er mit nach Hause nehmen könnte. Er fing einen jungen Adler, brachte ihn nach Hause und steckte ihn in den Hühnerstall zu den Hühnern, Enten und Truthahnen. Er gab ihm Hühnerfutter zu fressen, obwohl er ein Adler war, der König der Vogel. Nach fünf Jahren bekam der Mann Besuch von einem Biologen. Und als sie zusammen durch den Garten wanderten, sagte der Naturwissenschaftler: „Der Vogel da ist kein Huhn, er ist ein Adler.“ „Ja“, sagte der Mann, „das stimmt. Ich habe ihn wie ein Huhn aufgezogen. Und nun ist er kein Adler mehr, sondern ein Huhn, auch wenn seine Flügel drei Meter breit sind.“ Doch der andere sagte: „Nein, er bleibt noch immer ein Adler, denn er hat das Herz eines Adlers. Und das wird ihn fliegen lassen, hoch in die Lüfte.“ „Nein, nein, er ist nun wirklich ein Huhn und wird nie mehr fliegen wie ein Adler.“

Daraufhin beschlossen sie, einen Versuch durchzuführen. Der Biologe nahm den Adler, hielt ihn in die Höhe und sagte beschwörend: „Du bist ein Adler, du gehörst zum Himmel und nicht zur Erde; breite deine Flügel aus und flieg!“ Der Adler saß auf der hochgereckten Faust und schaute sich um. Unter sich sah er die Hühner, die Maiskörner pickten, und sprang herunter, um bei ihnen zu sein. Der Mann sagte: „Ich habe dir ja gesagt; es ist ein Huhn.“ „Nein, es ist ein Adler. Wir werden es noch einmal probieren.“

Am nächsten Tag stieg der Biologe mit dem Adler auf das Dach des Hauses, hielt ihn in die Höhe und sagte: „Adler, du bist ein Adler. Breite deine Flügel aus und flieg!“ Doch als der Adler wieder die scharrenden Hühner im Hühnerhof sah, sprang er wiederum herunter und scharrte mit ihnen. Wieder sagte der Mann:

„Ich habe es dir doch gesagt; es ist ein Huhn.“ „Nein“, sagte der andere, „es ist ein Adler und er hat noch immer das Herz eines Adlers. Wir wollen es noch einmal versuchen; morgen wird ich ihn fliegen lassen.“
Am andern Morgen stand er früh auf, nahm den Adler und brachte ihn außerhalb der Stadt, weit weg von den Häusern an den Fuß eines hohen Berges. Die Sonne ging gerade auf und vergoldete den Gipfel des Berges. Jede Zinne erstrahlte in der Freude eines wunderbaren Morgens. Er hob den Adler in die Höhe und sagte: „Adler, du bist ein Adler. Du gehörst dem Himmel und nicht dieser Erde. Breite deine Flügel aus und flieg!“ Der Adler schaute sich um, zitterte, als sei er erfüllt von neuem Leben, - aber er flog nicht. Da ließ ihn der Biologe in die Sonne blicken. Und plötzlich breitete er seine gewaltigen Flügel aus, erhob sich mit dem Schrei eines Adlers, flog höher und höher und kehrte nie mehr zurück.

## 12. Sonntag
### Jer 20,10-13; Mt 10,26-33 (23.6.2002)

Wenn die Kirche in den Medien Schlagzeilen macht, so sind es leider vielfach negative Nachrichten. Abgesehen davon, dass 'gute Nachrichten keine Nachrichten' sind, soll nichts beschönigt werden, wenn Menschen in der Kirche oder auch die Institution Kirche versagt haben, etwa bei den derzeitigen Mißbrauchsfällen von Kindern durch Priester in den USA.
Es ist sicherlich auch so, dass zurzeit ein relativ großer Reformstau in der Kirche besteht und die Kanäle des Dialogs teils verstopft sind. Wenn in einem Kelomat die normalen Ventile nicht mehr funktionieren, darf es nicht wundern, dass es woanders zum Überlaufen kommt. Insofern ist die angekündigte Priesterinnenweihe die Kehrseite eines m. E. berechtigten Anliegens, das allerdings auf diesem Weg zu Unrecht erzwungen werden soll. Es soll also nichts entschuldigt werden. Die Kirche ist nicht nur, aber auch, wie Karl Rahner sagt, eine Kirche der Sünder und eine sündige Kirche und sie bedarf deshalb der ständigen Reform in allen ihren Gliedern.
Freilich muss man auch sagen: Selbst wenn alle Reformen, wie immer sie jemand für richtig erachtet, durchgeführt würden und sozusagen die beste aller Kirchen entstünde (einmal abgesehen davon, dass dies gar nicht möglich ist), selbst wenn wir also den menschenfreundlichsten Gott nicht nur verkündeten, sondern auch vorlebten, selbst wenn wir alle unsere Begabungen positiv in die Gemeinschaft der Glaubenden einbrächten, würde etwas bleiben, was uns mit dieser Kirche nicht bloß 'bella figura' machen läßt, was also an der Kirche Anstoß erregt und immer irgendwie vielen ein Ärgernis bleibt. Ich bin überzeugt: Wenn sich wirklich alle der Kirche anschließen würden und mit ihr überhaupt keine Schwierigkeiten hätten, wäre es nicht die Kirche Jesu Christi, sondern ein Eigenfabrikat nach Art des Hauses.
Auch die sozusagen bestreformierte Kirche würde nicht nur positive, sondern auch negative Schlagzeilen machen, denn neben allem, was an ihr einladend und friedensstiftend wäre, waren und sind der Gott der

Bibel und der von ihm gesandte Jesus in dieser Welt immer auch anstößig und ein Stück fremd und provozierend.

Oder haben wir vergessen, wie sehr die Propheten soziale Übel als himmelschreiende Sünde aufzeigen und Mahnreden halten und wie oft sie auf Widerstand stoßen?!

In der Lesung ist von einem der größten Propheten, von Jeremia, die Rede. Weil er Missstände aufzeigte und seinen Zeitgenossen nicht nach dem Mund redete, wurde er bespitzelt und belauert. Weil er den Mächtigen ins Angesicht widerstand, wurde er von Verwandten, Landsleuten und vom König verfolgt, gefangen und schließlich ins Ausland verbannt.

Auch Jesus kann und will es fürwahr nicht allen recht machen, weder den Reichen, die es sich auf Kosten anderer gut gehen ließen, noch den religiösen Führern, die den Menschen sinnlose Lasten auflegen, noch den Frömmlern, die sich zur Schau stellen. Jesus ist nicht der Allerweltsausgleicher, auch nicht der bloß liebliche Jesus, sondern er eckt vielfach an und er ist für manche fromme Ohren anstößig. Sein prophetisches Auftreten ruft aus Beliebigkeit zur Entscheidung und fordert Konsequenzen. Seine Parteilichkeit für die Armen und Schwachen hat eine Kehrseite: die Auseinandersetzung mit den Reichen und Mächtigen.

Jeremia und auch Jesus erleiden das Prophetenschicksal; sie setzen ihr Leben, ihr Herzblut für die Botschaft ein und werden durch Menschenfurcht nicht wankelmütig. Was gibt ihnen die Kraft dazu? Ja, noch mehr: Jesus verzeiht sogar seinen Verfolgern und Henkern. Aus welcher Quelle schöpft er dazu den Mut? Ist es Fanatismus? Jesus war jedoch kein Fanatiker, sondern ein Mann der Geduld und des langen Atems, ein Mensch konsequenter Liebe. Ist es Zivilcourage? Vielleicht auch, aber diese reicht sicherlich nicht aus!

Jeremia gibt uns sein innerstes Geheimnis preis: "Der Herr steht mir bei wie ein gewaltiger Fels. ... denn dir habe ich meine Sache anvertraut. ... Er rettet das Leben der Armen aus der Hand der Übeltäter" (Jer 20,11-13) Für mich ist dieses Wort "Dir habe ich meine Sache anvertraut" wie ein Edelstein, der alle Gefahren und Ängste relativiert und ihnen Grenzen setzt - ähnlich etwa dem in der Hl. Schrift öfter wiederkehrenden Wort: 'Bei Gott ist nichts unmöglich'.

Für Jesus gilt dasselbe: er kann sein konsequentes Leben der Liebe bis zum Tode am Kreuz nur leben, weil er dem 'Abba', diesem väterlich-mütterlichen Gott seine Sache anvertraut hat. Dessen vergewissert er sich, wenn er um zu beten auf den Berg geht, in die Stille der Nacht oder des Kämmerleins und in seine Hände läßt er sich fallen in der Stunde des Todes. Auch Paulus fasst sein Leben in die Worte zusammen: "Ich weiß, wem ich Glauben geschenkt habe" (2 Tim 1,12), d.h. wem ich meine Sache anvertraut habe.

Das Evangelium ist einer Aussendungsrede Jesu entnommen. Matthäus spricht zugleich zu seinen Gemeinden. Auch diese Christen werden offenbar vielfach bedrängt, verfolgt und sogar getötet. Auf diesem Hintergrund verstehen wir das dreimalige 'Fürchtet euch nicht!' Der Grund dieser Ermunterung zur Furchtlosigkeit ist nicht ein stoisches Gefühl der Gleichgültigkeit, auch nicht bloße Zivilcourage, sondern das Vertrauen auf Gott-Vater.

Zwei für mich sehr berührende und anschauliche Bilder wollen dieses Vertrauen stärken: Gott lässt keinen Spatzen ohne sein Wissen zur Erde fallen und er zählt sogar die Haare auf dem Kopf. Um wieviel mehr wert sind aber erst die Menschen! Jesus möchte ja in seinem ganzen Sein und Tun nichts anderes als den Menschen das in diesem guten Gott begründete Urvertrauen ermöglichen und schenken.

Was für die christlichen Gemeinden damals galt, ist auch heute noch gültig. Auch heute ist Sendung kein Kinderspiel, sondern birgt Risiken. Auch heute gibt es Situationen, wo in uns Furcht aufsteigt.
Zu einem realistischen Bild der Jüngergemeinde und damit der Kirche gehört das nüchterne Eingeständnis der von uns verursachten Schattenseiten der Kirche, aber gegen allzu schwärmerische und idealistische Visionen von Kirche gehört auch die Einsicht, dass Kirche in der Nachfolge Jesu immer ein Stück anstössig und fremd bleiben wird und deshalb ich nicht nur an ihr, sondern auch mit ihr leiden werde, insofern sie das Programm Jesu, den konsequenten Einsatz für Schwache, Arme und Kleine in die Tat umsetzt.
Auf uns allein gestellt werden wir uns in der Kirche entweder selbst überfordern oder aufgrund so manches selbst verursachten Mangels resignieren. Wir sind heute neu eingeladen, sowohl unser Leben als auch unser Christsein mit den damit verbundenen Ängsten Gott anzuvertrauen. Er ist der einzige Halt - es ist dieser Glaube, der alles besiegt. Ihm dürfen wir unsere Sache anvertrauen. Wir sind in Gottes Hand, sind wir doch viel mehr wert als die Spatzen und die Haare, um die sich Gott kümmert! Daraus folgt fürwahr kein triumphalistisches Kirchenbild oder eigene Selbstüberschätzung, aber bei aller kirchengeschichtlichen Demut folgen daraus ein gesundes christliches Selbstwertgefühl und ein in Gott begründetes Urvertrauen. Das wünsche ich Ihnen und mir von Herzen. Amen.

## 13. Sonntag

### 2 Kön 4,8-10.14-16; Mt 10,37-42 (26.6.2011)

Die Sonntagsarbeit ist wieder einmal im Gespräch. Da ist die Rede von den nötigen Verhandlungen zwischen Arbeitgebern und Handelsangestellten. Der Zuschlag müsse stimmen, etwa 100% für Sonntagsarbeit usw. Der Lohn muss taxiert, also genau geregelt sein. Ich bin aus verschiedensten Gründen für den arbeitsfreien Sonntag, aber wenn schon, dann wären so ein Vorgehen und Verhandeln sicherlich richtig.
Beide biblische Lesungen heute sprechen auch von Menschen, die sich einsetzen und engagieren, denen auch Lohn versprochen wird, der allerdings nicht kalkulierbar ist und nicht taxiert wird. Beide Male wird gesagt, dass Gott zwar reichlich belohnt, aber man kann mit ihm nicht Geschäfte machen. Unsere Beziehung zu ihm beruht auf Vertrauen und nicht auf irgendeinem Kollektivvertrag. Dieses Vertrauen allerdings bestärkt uns in der Gewissheit, dass Gott sich nicht lumpen lässt; er wird uns über alle unsere Erwartungen hinaus reichlich geben.

Die heutige Lesung erzählt von einer vornehmen Frau aus Schunem. Ihr fehlt es offenbar nicht an der im Orient bis heute hochgehaltenen Gastfreundschaft nicht. Ohne Hintergedanken und ohne Kalkül auf Belohnung oder eigenen Vorteil nimmt sie den Propheten auf, so dass er sich wohl fühlen konnte. Er wurde nicht gleich zu etwas gebraucht, missbraucht – auch nicht in frommer Absicht. Er wurde nicht aufgenommen, „um zu …"

Reiner Kunze, der zeitgenössische Schriftsteller, der 1977 aus der DDR auswanderte und jetzt in der Nähe von Passau lebt, definierte solche absichtslose Gastfreundschaft einmal trefflich in einem kurzen Text mit der Überschrift „Pfarrhaus": „Wer da bedrängt ist, findet mauern, ein dach und muss nicht beten"(aus: zimmerlautstärke, 1968)

Es ist in der Lesung keine Rede von Lohn und Entgelt. Die Gastgeberin muss im Moment selber mit weniger auskommen. Sie tut es ohne die Angst, selbst zu kurz zu kommen.

Das alles ist leichter gesagt als getan. Ich denke, dass zwei Voraussetzunge gegeben sein müssen, um in solcher Absichtslosigkeit einander zu begegnen:

- die eine ist, dass diese Frau aus Schunem eine eigenständige, selbstbewusste Frau war, die nicht erst den Gast brauchte, um jemand zu sein. Sie ist ein Mensch mit Selbstwertgefühl und eigener Identität; sie weiß sich wohl selbst von Gott angenommen und geliebt!

Ein solcher Mensch kann den anderen aufnehmen und zugleich loslassen. Sie sagt zu ihrem Mann: „Wir wollen ein kleines gemauertes Obergemach herrichten und dort ein Bett, einen Tisch … bereitstellen; wenn er dann zu uns kommt, kann er sch dorthin zurückziehen."

- die andere Voraussetzung für eine solche absichtslose Begegnung ist die biblische Sicht, dass einem im anderen, zumal im Fremden, Gott selbst begegnet. Das heißt: der andere bekommt seinen Wert nicht erst durch die Begegnung mit mir, sondern hat ihn immer schon durch Gott. Auch wenn das von einem Propheten in besonderer Weise gilt, so trifft doch auf jeden Menschen zu, was die Frau sagt: „Ich weiß, dass dieser Mensch, der ständig bei uns einkehrt, ein heiliger Gottesmensch ist."

Die Thematik „Fremder" ist auch heute in unseren Breitengraden höchst aktuell! Auf dem Hintergrund der tagespolitischen Diskussion, wie in Österreich die Integration der Menschen mit Migrationshintergrund besser gelingen könne und nicht Feindbilder unseren Umgang bestimmen, hat die heurige Ökumenische Sommerakademie in Kremsmünster den Titel: „Auch Gott ist en Fremder." Es geht dabei um Fremdsein, Toleranz und Solidarität.

Menschen, die so tief in Gott verwurzelt sind – wie die Frau von Schunem und der Gottesmann Elischa -, dass sie einander nicht im oberflächlichen Sinn „brauchen", also nicht an den anderen herangehen bloß mit dem Gedanken „Was habe ich davon? Was gibt es mir?", solche Menschen erst können einander in Freiheit und Vertrauen begegnen.

Gerade weil sie nichts voneinander wollen, weil sie in der Begegnung einander loslassen können, wird diese Begegnung – so paradox es klingen mag – fruchtbar und bereichernd, wie es in der Lesung durch die

Verheißung der Geburt eines Sohnes zum Ausdruck kommt. Loslassen führt nicht nur zu neuer Freiheit, sondern macht auch fähig zu tieferen Beziehungen!

Gastgeberin und Gast, oder sagen wir allgemein, wir alle werden nur dann in vollem Vertrauen ohne Schielen auf eigenen Vorteil begegnen, wenn wir selbst nochmals tiefer verankert sind in Gott, der allein den absoluten Wert des einzelnen Menschen garantiert und so auch verhindert, dass der Einzelne auf der Suche nach sich selbst den anderen gebraucht, um jemand zu sein. Wo die Orientierung und der Schutz menschlicher Gemeinschaft durch diesen gläubigen Bezugspunkt auf Gott verloren geht, d.h. im bloßen Humanismus ohne Gott, da liegt die Stadt der Kultur oft nicht unweit von der Stätte menschlichen Grauens, Weimar unweit vom KZ Birkenwald. Das meint wohl auch A. de Saint-Exupery, wenn er sagt: "Wenn uns ein außerhalb unseres gemeinsamen Ichs liegendes gemeinsames Ziel mit anderen Menschen geschwisterlich verbindet, dann allein atmen wir frei. Die Erfahrung lehrt uns, dass Liebe nicht darin besteht, dass man einander ansieht, sondern dass man in gemeinsame Richtung blickt."

Dieses Geheimnis des Einander-Loslassens, um jenseits des Einanderbrauchens in echter Freiheit zu begegnen, ist das Geheimnis der Liebe, die nicht kalkuliert, aber umso mehr belohnt.

Das gilt vor allem für die Ehe, die innerweltlich größtmögliche Liebe und Einheit. Der Weise Kahlil Gibran fasst es in die Worte: „Lasset Raum zwischen eurem Beieinandersein und lasset Wind und Himmel tanzen zwischen euch. Liebet einander, doch macht die Liebe nicht zur Fessel. … singet und tanzet zusammen und seid fröhlich, doch lasset jeden von euch allein sein. … . Und stehet beieinander, doch nicht zu nahe beieinander: denn die Säulen des Himmels stehen einzeln, und Eichbaum und Zypresse wachsen nicht im gegenseitigen Schatten."

Dieses im Loslassen angesprochene Geheimnis der Liebe ist nicht in Worte fassbar; es bleibt eher ein Stammeln und Umkreisen; ansatzweise dürfen wir es dort und da in gelungenen Begegnungen erfahren.

Hat das Ganze mit dem heutigen Evangelium zu tun? Das klingt ja keineswegs auf Anhieb sehr menschenfreundlich und schon gar nicht nach romantischer Liebe! Und doch!

Auch Jesus spricht von dem paradoxen und scheinbar widersprüchlichen Geheimnis des Leben mit den Worten: Das Leben gewinnst du nur, wenn du – wie die Frau von Schunem – den anderen nicht zu deinem Vorteil brauchst und ihn nicht für deine Zwecke festhältst. Nur wenn du bereit bist zu geben, wirst du empfangen. Du kommst nicht um deinen Lohn und brauchst darum nicht zu bangen, denn nichts geht verloren, was du in freien und vertrauensvollen Begegnungen gewagt hast.

Am Ende des Lebens zählt nicht, was du hast, sondern nur was du gegeben hast. Der Himmel ist nämlich nichts anderes als die Vollendung unserer in Freiheit und Vertrauen gelungenen Beziehungen.

Jesu anscheinend harte Worte „Wer Vater und Mutter mehr liebt als mich … und wer nicht sein Kreuz auf sich nimmt und mir nachfolgt, ist meiner nicht wert" sind nicht der Ruf eines unmenschlichen Gottes. Es ist vielmehr die Zusage Gottes, dass wir einander aus einengenden Beziehungen loslassen dürfen in den

„Eigensinn" jedes einzelnen, um in Freiheit und Vertrauen einander zu begegnen. Gott selbst – und er allein – verbürgt den absoluten Wert jedes Menschen und durch ihn ist das Kreuz so mancher notwendiger „Abnabelung" und die Schwierigkeit des Loslassens eine „Entbindung" zu mehr Leben, also durch Geburtsschmerzen hindurch eine Neugeburt zu größerer Fülle des Lebens.

Alle Ehe- und Familientherapeuten wissen: Erst muss man ausgezogen sein, weggegangen sein, um wieder nach Hause kommen zu können. Der Schritt nach draußen schafft die notwendige Durchlässigkeit, um offen zu sein für neue Beziehungen, um anderen zu geben und auch von ihnen empfangen zu können. Jesus selbst hat sich abgenabelt und die Familienidylle in der Vision des Reiches Gottes gesprengt. Es geht ihm in erster Linie um das Reich Gottes, in dem die familiären und verwandtschaftlichen Beziehungen eine geringere Bedeutung haben.

Fürwahr nichts gegen die Familie! Sie ist sicherlich der Raum, in dem wir uns für das Leben einüben und unsere Erfahrungen sammeln können, positiv wie negativ. Aber sie muss Raum geben und lassen für eine Gemeinschaft, die keinen Menschen ausgrenzt. Jede Pfarrgemeinde als Familie Gottes will ein bescheidenes Bild für das wachsende Reich Gottes sein, indem wir uns gegenseitig manche Last abnehmen, manches Leid teilen, manches Kreuz mittragen.

So bleiben wir offen für das Leben in all seiner Farbigkeit, für die ganze Menschheitsfamilie als Kinder Gottes, für das Reich Gottes, von dem gilt: Es ist nicht mehr Jude und Grieche, nicht Sklave und Freier, nicht Mann und Frau, nicht Jung und Alt, nicht Erwerbstätig und Pensionist, nicht Kind und Greis: Ihr alle seid einer in Christus Jesus(vgl. Gal 3,28). Amen.

## 14. Sonntag

### Röm 8,9.11-13; Mt 11,25-30 (7.7.2002)

Ich habe vor zwei Wochen bei der Predigt gesagt, dass in den Kirchen gewisse Reformen gut wären. So manche wünschenswerte Neuerungen, etwa die Entfaltung des priesterlichen Amtes unabhängig von Lebensform und von Geschlecht, würde - abgesehen von neuen Spannungen - zumindest vorübergehend eine Entspannung etwa im Priestermangel bringen. Ich bin aber zugleich überzeugt, es wäre kein Heilmittel für all das, was uns Christen und die Zeitgenossen heute bedrängt. Es bedürfte wohl einer 'Wurzelbehandlung', d.h. mit Strukturreformen allein wird es sicherlich nicht getan sein. Wir müssen uns der radikalen Frage stellen, was Gott überhaupt für jede/n von uns und in unserer Gesellschaft bedeutet.

So wie Jesus heute im Evangelium können auch wir unter den Zeitgenossen zwischen den Weisen und Klugen auf der einen Seite und den Unmündigen auf der anderen Seite unterscheiden. Oder, um es uns nicht zu einfach zu machen, richtiger müssen wir wohl sagen: Zwei Seelen wohnen wohl auch in unsrer Brust, die weise und kluge Seele auf der einen Seite und die unmündige Seele auf der anderen Seite.

Spontan klingt 'weise und klug sein' recht positiv, denn wer möchte dies nicht?! Wer will schon unmündig sein? Offenbar ist aber der von Jesus hier 'weise und klug Genannte' verschlossen für Gottes Wirklichkeit, für die Dimension des Geheimnisses, das ihm entzogen ist und nur geschenkhaft zuteil werden kann. Der Weise und Kluge im Sinne Jesu kennt nicht den heiligen Boden, wo es heißt: 'Schuhe ausziehen, niederknien und anbeten'. Er hat alles fest im Griff und kostet die Erde und alles, was sie bietet, ganz aus, weil ja das Leben hier die letzte Gelegenheit ist. Es zählt für ihn, was messbar ist und in klingende Münze oder momentanen Genuss umgesetzt werden kann. Der so Kluge und Weise ist, was er hat, leistet und verdient. Er macht sich selbst den Namen wie die Turmbauer zu Babel.

So weit der andere in sein Konzept paßt - als Produzent, Konsument, Arbeitskraft oder auch Lebensabschnittpartner - , ist er willkommen, aber der kluge Mensch baut vor, dass daraus keine Einschränkung entsteht, die die eigene Selbstverwirklichung und Freiheit irgendwie einengt. Der kluge und weise Mensch in diesem Sinne scheut eine endgültige Bindung und Verbindlichkeit mit einem Du; er definiert sich aus sich selbst - ohne ein Du.

Gott hat in diesem Lebensmodell keinen Platz, aber auch nicht Kirche, nicht die Gemeinschaft der Glaubenden, außer wo sie dienlich sind. Außerdem liefert die Kirche genügend Schattenseiten, um sich entschuldigend herauszuhalten und selbst besser dazustehen. Ich freilich glaube, dass sich darin ein uraltes Problem auch in unseren Tagen zeigt: Den Religionen geht es meist nicht gut, wenn es den Menschen allzu gut geht.

Schon im Alten Testament kommt immer wieder die Klage der Propheten, das Volk hätte, reich und satt geworden, auf den vergessen, der es aus der Sklaverei in die Freiheit geführt hatte. Es ist offenbar eine Erfahrungstatsache - damals und heute -, dass der Mensch in guten Zeiten dazu neigt, alles selbstverständlich zu nehmen und gedankenlos und undankbar zu werden und so auch den Geber alles Guten zu vergessen.

Geht es uns nicht allen teilweise so? Liegt etwa darin der tiefste Grund, dass sich immer weniger Christen zur Dankfeier schlechthin, zur sonntäglichen Eucharistie versammeln und Gott für und mit Christus danken? Der Besuch der Sontagsmesse lässt auch in unserer Pfarre stark nach! Sind wir nicht in Gefahr, den letzten Grund unserer Herkunft, Gegenwart und Zukunft zu vergessen? - Hat uns Gott in Jesus nicht alles geschenkt (Röm 8)?

Es wäre fatal, sich schlechte Zeiten zu wünschen, damit die Menschen sich wieder mehr Gott zuwenden. Es wäre aber richtig, in guten Zeiten dankbar zu bleiben und das oft leichthin gesagte 'Gottseidank' aus einer leeren Worthülse mit Leben zu füllen.

Auch Jesus hat erlebt, dass von den zehn Geheilten nur einer zurückkam, um zu danken. Er selbst hat ganz aus der Verbindung mit seinem 'Abba', aus der seligen Verwiesenheit auf ihn und im Urvertrauen auf ihn gelebt. Es ist dieser Geist der Kindschaft, der Geist der Bergpredigt, aus dem er lebt. In diesem Sinn ist Jesus selbst 'unmündig', weil er sich ganz auf den Vater verlässt und seine Absicherung und sein Selbstwertgefühl nicht im eigenen Haben sucht: 'Ich preise dich, Vater, Herr des Himmels und der Erde, ....' Sein Lob der

Unmündigkeit ist jedoch kein Lob der Unreife oder Unterwürfigkeit, sondern sie bedeutet als selige Verwiesenheit inneren Reichtum, weil ihm alles vom Vater geschenkt ist. Es ist der intime Strom der gegenseitigen Liebe zwischen Vater und Sohn.

Wir sind vor die Wahl gestellt, welcher von den zwei Seelen in unserer Brust wir den Vorzug geben: der weltlichen Klugheit und Absicherung oder dem religiösen und auch zwischenmenschlichen Vertrauen.
Vielleicht sind wir Verkünder des Glaubens auch gelegentlich der Versuchung erlegen, Gott nur als großen Nothelfer zu verkünden - und deshalb kann er so wie der Mohr abtreten, wenn er seine Pflicht getan hat und es uns wieder gut geht - bis zur nächsten Krisenintervention! Vielleicht ist es uns zu wenig gelungen, Gott unseren Zeitgenossen als den erfahrbar zu machen, der ein Freund und Liebhaber des Lebens ist, der in guten und schlechten Zeiten uns trägt und bei uns ist.
Sicherlich aber muss sich jeder Mensch fragen, ob die Gott- und Gottesdienstvergessenheit nicht auch darin liegen, dass wir Menschen , solange es uns gut geht und alles funktioniert, uns kaum Gedanken machen, warum es uns gut geht, also allzu gedankenlos und undankbar in den Tag hineinleben!
Wir sind vor die Wahl gestellt, uns wie Jesus zu öffnen für die geheimen Quellen unseres Daseins, uns dort auszuruhen und zu erholen, also von diesen Wurzeln her Rekonvaleszenz zu erleben und Kraft zu schöpfen oder uns in falscher Unabhängigkeit selbst in den Ferien und im sommerlichen Urlaub nur dem Freizeitstress auszuliefern.
Jesus lädt uns ein zu einer Erholung für Leib und Seele ein, zu einem Stressabbau, der uns allen gut tut: 'Kommt alle zu mir, die ihr euch plagt und schwere Lasten zu tragen habt. Ich werde euch Ruhe verschaffen.'
Die kommenden Wochen sind also eine Einladung, gerade von Gott nicht Urlaub zu machen, sondern vermehrt für ihn Zeit und Muße zu haben, etwa im Staunen vor seinen Schöpfungswerken, in der Zeit für die Begegnung mit seinem Ebenbild, dem Mitmenschen, und vor allem auch in der Kultur des Sonntags mit der Feier der sonntäglichen Eucharistie, in der wir alle einstimmen in Jesu Worte: 'Ich preise dich, Vater, Herr des Himmels und der Erde ....'

Wenn Paulus heute in der Lesung zwischen dem Leben nach dem Fleisch und dem Leben nach dem Geist unterscheidet, so ist mit 'Fleisch' keine manichäische Leibfeindlichkeit gemeint, sondern das ist der weltlich kluge Mensch, der sich nur auf sich selbst verlässt und verlernt hat zu vertrauen, dass es auf dieser Welt auch etwas gratis gibt, ja, dass das Wesentliche, was das Leben lebenswert und liebenswert macht, nicht im Geschäft gekauft werden kann, sondern nur gratis einem zufällt: die Schönheit der Natur, die Gesundheit des Leibes, die Freundschaft von Menschen, die Liebe Gottes. Wer dies vergessen hat, der wird auch im Urlaub im Jagen nach Kilometern, nach Kick und Fun nicht das finden, was er eigentlich sucht. Wer hingegen nach dem Geist Jesu Christi lebt, der wird wahre Ruhe, inneren Frieden und große Genugtuung finden, denn 'die Freude an Gott ist seine Stärke'. Ich wünsche uns allen von Herzen, dass wir in diesen kommenden Sommerwochen vor allem Vertrauen schöpfen und für Jesu Geist offen sind, um alle Plagen und schweren

Lasten loszuwerden, echte Ruhe zu finden und an innerer Kraft aufzutanken. Ich wünsche uns allen echte Entspannung. Wie dies gelingen kann, mag die abschließende Geschichte andeuten:
„Der greise Apostel Johannes spielte eines Tages mit seinem zahmen Rebhuhn. Da kam ein Jäger zu ihm, der sich über einen so niedrigen Zeitvertreib des heiligen Mannes wunderte.
'Wieso gibst du dich einem so geringfügigen Mittel zu Ergötzung hin?' fragte er. Johannes entgegnete: 'Warum trägst du deinen Bogen nicht immer gespannt in deiner Hand?' 'Das darf man nicht', erwiderte der Jäger, 'sonst verliert er seine Spannkraft, wenn ich dann einen Pfeil abschießen will, so wird dieser nicht mehr so weit zu fliegen imstande sein. 'Der greise Johannes lächelte und sagte: 'Junger Mann, so solltest du dich auch an der Erholung und Entspannung meines Gemüts nicht stoßen. Denn wenn dieses sich nicht zuweilen eine solche Entspannung gönnt und seine strenge Anspannung etwas lockert, dann wird es durch die unablässige Anstrengung matt und kann der Kraft des Geistes nicht mehr Folge leisten, wo es die Notwendigkeit erfordert.'“ Amen.

## 15. Sonntag
### Jes 55,10-11; Mt 13,1-9 (10.7.2011)

Anbetracht vieler negativer Schlagzeilen in der Welt und Kirche tut mir die heutige Lesung als Prediger und Seelsorger gut, aber nicht nur mir, sondern wohl allen Christen:
Da wird nämlich in einem Vergleich gesagt: So wie Regen und Schnee vom Himmel fallen und dorthin nicht zurückkehren, sondern sich auf der Erde positiv befruchtend auswirken, so ist es auch mit jedem Wort Gottes: Es kehrt nicht zu Gott zurück, sondern bewirkt, was Gott will, und erreicht alles, wozu er es gesandt hat.
Mancher wird sich jetzt denken: „Die Botschaft höre ich wohl, aber mir fehlt der Glaube.“ Sonst hätte sich die Welt seit 2.000 Jahren Christentum doch schon geändert! Sonst wären doch die Kirchen voller und es gäbe in den Nachrichten auch mehr Positives zu berichten. Kirche und Pfarrer mögen sich zwar bemühen, aber sie sind halt zerbrechliche Werkzeuge der Verkündigung und werfen auch viel Schatten auf das Licht der Frohbotschaft. Deshalb lässt die hier angesprochene positive Wirkung und Effizienz der Verkündigung doch sehr auf sich warten!
Und dennoch: Das Wort ist Fleisch geworden und hat unter uns gewohnt. In Jesus Christus hat Gott sein letztes und endgültiges Wort als Wort der absoluten und unwiderruflichen Liebe gesprochen, als ein JA ohne jedes NEIN. „Hat er uns in ihm nicht alles geschenkt?“ (Röm 8) Es kann letztlich mit dem Menschen und der Welt nicht mehr den Bach hinuntergehen, weil Gott selbst in Jesus Mensch geworden ist und durch die Auferweckung Jesu von den Toten die Menschheit einfürallemal gerettet und im Heil ist. Dieses menschgewordene Wort hat wirklich bewirkt, was es will: das Heil des Menschen.

Damit will ich keineswegs die Zerbrechlichkeit der Gefäße, in dem diese Frohbotschaft weiter getragen wird, schönfärben oder die Fehler derer, die man oft Bodenpersonal Gottes nennt, kaschieren. Ich möchte aber das benennen, was in der Theologie die Sakramentalität der Kirche genannt wird.

Gestern feierte die Pfarre die Nachprimiz von Niko Tomic; er hat vor zwei Wochen das Sakrament der Priesterweihe empfangen und wird ein Sakramentenspender sein. Auch das ist ein guter Anlass, über das nachzudenken, was in der Kirche mit Sakramentalität gemeint ist.

Es bedeutet: Der Dienst derer, die in und trotz all ihrer Schwachheit Sakramente spenden, etwa Priester oder Diakone, ist in deren Wirksamkeit von Gott selbst her verbürgt, dass etwa ein Getaufter wirklich Gottes Kind ist, dass in diesem eucharistischen Brot Christus selbst wirklich gegenwärtig ist oder dass im Wort des Sakramentes der Versöhnung (= Beichte) Gott mir wirklich absolut vergibt.

Gott-sei-Dank ist die Wirkung des Sakramentes nicht von der Würdigkeit und Heiligkeit des Priesters abhängig. Das wäre für den Spender und den Empfänger schlimm! Das ist für mich als Diener dieser heiligen Geheimnisse und auch für den, der ein Sakrament empfängt, fürwahr entlastend, denn ich darf und brauche selbst nicht perfekt sein. Gott ist der eigentlich Handelnde, ich bin nur sein Werkzeug! Ich bin ja selbst ein schwacher Mensch, der auch selbst der Vergebung bedarf.

Es ist freilich auch für mich eine große Herausforderung, im Rahmen meiner Möglichkeiten und Begabungen selbst aus dem Wort Gottes und gemäß diesem Worte zu leben und es in mir furchtbar werden zu lassen. Auch aus meinem gelegentlich J-EIN soll immer mehr ein klares JA werden. Der priesterliche Auftrag ist zugleich sozusagen ein positiver Stachel im Fleisch und spornt mich an, im eigenen Leben so weit als möglich zu vollziehen, was ich verkünde. Sonst bin ich dabei, als Magier oder Zauberer handeln zu wollen.

Nehme ich die Menschwerdung Gottes in Jesus ernst, ist jedes sakramentale Heilszeichen auch eine Einladung an mich nicht bloß laut Vorschrift zu funktionieren, sondern es möglichst human einzubetten, also mich zu bemühen, dass die Feier der Sakramente menschlich anspricht, auch wenn, wie ich sagte, deren Gültigkeit letztlich nicht davon abhängt. Sonst hätte ich aus dem Sakrament ein mehr oder wenig gelungenes Event gemacht!

Was ich vom Sakramentenspender sagte, gilt analog auch von allen ChristInnen. Es sind immer zwei Seiten einer Medaille: Die eine Seite ist Gottes im Sakrament verbürgte absolute Zusage; die andere Seite ist die eigene humane Offenheit und Bereitschaft, sich in diese Beziehung hinein nehmen zu lassen. So wie im zwischenmenschlichen Bereich es keine Zwangsbeglückung geben kann (keine "Verge-wohltät-igung"), so wirken auch Sakramente nicht wie Automaten, sondern bedürfen des gläubigen aufnahmebereiten Herzens. Das Reich Gottes ist ein Reich der für Gott und füreinander offenen Menschen, nicht ein Schlaraffenland oder ein „Reich der billigen Gnade" (Dietrich Bonhoeffer).

Das Evangelium vom Sämann ist uns allen vertraut. Ich fürchte, das hier auch meist zuerst die Kehrseite der Medaille gesehen wird, nämlich dass der meiste Samen, etwa 75 Prozent, umsonst gesät wird und dass die

Worte Jesu ein großer Vorwurf an die meisten Menschen sei, also sozusagen eine kräftige moralinsaure Spritze oder ein moralisch erhobener Zeigefinger. Dann würden wir wieder den Fehler machen, der so oft gemacht wird, nämlich dass die Moral vor die Frohbotschaft gesetzt wird – und das wäre die Umkehrung unseres Glaubens. Mit Martin Buber kann man zunächst vielleicht sagen „Erfolg ist nicht einer der Namen Gottes." Es geht fürwahr nicht aller Samen auf.

Gott selbst ist in dem Gleichnis der Sämann. Sein Säen kann sicher nicht mit den künstlichen Düngungsmethoden heuriger Großgrundbesitzer verglichen werden, denn Gott geht es nicht um den maximalen Ertrag auf Kosten des Bodens, sprich: nicht um moralischen Druck auf die Menschen, sondern es geht ihm allein um das Reich Gottes: Jesus ist gekommen, damit wir das Leben haben und es in Fülle haben. Gott ist vielmehr großzügig und wirft den Samen mit offenen weitherzigen Händen überall hin, und das offenbar jedes Jahr von neuem. Jedes Jahr gibt er allen die gleiche Chance, auch wenn im Vorjahr mein Herz hartherzig wie ein Fels war, die Saat nach kurzer Begeisterung verdorrte oder gute Absichten vom Reichtum oder von Sorgen erstickt wurden.

Gott scheint nicht unbedingt ein moderner Landwirt zu sein, der rechnet und berechnet, sondern er schenkt und gibt nach wie vor in unerhörter Langmut und Geduld. Er will die Menschen mit seiner guten Botschaft treffen und betroffen machen. Dann gilt, was Roger Schutz, der Gründer von Taizé sagt: „Das Wenige, das du vom Evangelium verstanden hast, verwirkliche es in deinem leben."

Gottes Säen ist ein Angebot und eine Einladung, auf die der Mensch freien und vertrauensvollen Herzens antworten soll, nicht als die Erfüllung eines von außen herangetragenen Gebotes, sondern als eine vom betroffenen Herzen her kommende Wandlung des eigenen Seins und dem daraus folgenden Tun. Der Sämann ist derselbe wie der barmherzige Vater, der den jüngeren Sohn ziehen lässt, aber immer bereit ist, ihn mit offenen Armen und Herzen aufzunehmen; statt ihm Vorwürfe zu machen, bereitet er ihm ein großes Fest.

Wenn schon von Weg, Fels, Dornen und gutem Boden die Rede ist, dann sind das nicht vier Menschengruppen, sodass wir leicht über andere zu urteilen beginnen und nach der Achse des Guten und Bösen die anderen auseinander dividieren. Es sind vielmehr vier Möglichkeiten in jedem von uns. Gott gibt die Hoffnung jedoch nicht auf, dass schließlich das gute Erdreich überhand nimmt, und Gott lässt sich nicht lumpen: Wenn auch durch Weg, Felsen und Dornen einiges nicht aufgegangen sein mag, die eigentliche Frucht ist doch dreißig-, sechzig- oder hundertfach.

Ich wünsche uns bei aller nüchternen Analyse bedauernswerter Umstände etwas von dieser Gelassenheit, die uns die biblischen Lesungen heute schenken wollen. Das ständige Jammern und Klagen über schlechte Wegbedingungen, harte Felsbrocken und dichte Dornenhecken, über Glaubensschwund und Materialismus, über Gewalt und Krieg helfen auch nicht zum Wachstum der Saat im Acker. Gerade die kommende Urlaubszeit möge uns wieder den Blick für die Wunder der Natur, aber auch für die Großzügigkeit Gottes öffnen. Er verfolgt uns nicht wie ein „big brother watching you", sondern wie ein mütterlich-väterlich liebender Gott, der unser Bestes möchte und deshalb in seiner Geduld und Großzügigkeit nie aufhört, uns immer wieder neu, den Samen des Reiches Gottes zu säen, damit er in uns reiche Frucht bringt in einem sinn-voll-en Leben. In diesem Sinne wünsche ich Ihnen innerlich bereichernde Urlaubs- und Ferienwochen. Amen.

## 16. Sonntag
## Weish 12,13.16-19; Mt 13, 24-33 (20.7.2008)

Ist Gott schwerhörig? Diese Frage ist wohl so alt wie die Menschheit selbst. Wir können sie nachempfinden auf dem Hintergrund der heutigen Lesung aus dem Buch der Weisheit. Diese Fragen haben sich die Israeliten immer wieder gestellt – etwa in der Knechtschaft in Ägypten, im babylonischen Exil und immer wenn das Volk in Bedrängnis war und Gott scheinbar tatenlos zusah. Sind also seine Verheißungen endgültig widerlegt?

Diese Fragen stellten sich wohl auch die Juden, die im Hitler-Regime verfolgt wurden und von denen 6 Millionen umkamen. Das war nicht irgendwann im dunklen Mittelalter, sondern vor etwa 65 Jahren – genau in der Zeit, in die ich hineingeboren wurde. Ehrlich gesagt, man schämt sich fast der deutschen Sprache, wenn man durch das entsprechende Gedenkmuseum Yad Wa Shem in Jerusalem geht. Heute werden Juden die Frage nach der Schwerhörigkeit Gottes an der Klagemauer an Gott Jahwe stellen, aber auch Gläubige anderer Religionen an ihren Gott, zumal die Palästinenser.

Auch wir in der Kirche fragen Gott wahrscheinlich, ob er schwerhörig ist etwa angesichts des Bedeutungsverlustes der Kirche oder anbetracht des Mangels an Priestern. Und es wird wohl kaum einen Gläubigen geben, der privat in seinem Leben in einer Bedrängnis oder einer Krankheit diese Frage noch nicht gestellt hat! Warum greift Gott nicht ein? Ist er zu schwach?

Wir müssen uns allerdings auch fragen: Wie soll Gott eingreifen? Sind wir nicht allzu schnell bereit, Gott aus dieser Verlegenheit zu helfen und selbst entsprechend unseren Vorstellungen Gott nachzuhelfen? Diesen Eindruck habe ich etwa, wenn in unseren Tagen die ultraorthodoxen Juden und die fanatischen Siedler in Israel die Heilige Schrift als „Grundbuch“ betrachten und in Folge die Palästinenser aus ihren Gebieten in ungerechten Übergriffen mit Gewalt verdrängen oder hinter der Mauer allen möglichen Schikanen aussetzen. Die verständliche Suche nach Sicherheit wird mit Waffen hergestellt und die anderen werden allzu schnell verallgemeinernd als potentielle Terroristen eingestuft.

Helfen nicht auch wir Gott in der Kirche nach, wenn wir entweder in neuen rigorosen Richtlinien alles sicher machen wollen oder in falscher Anpassung an die Welt uns ganz anzugleichen in Gefahr sind? Rufen wir auch nicht in persönlicher Not wie die Apostel nach Blitz und Donner oder zumindest nach einem Wunder?

Die heutige Lesung sagt uns, dass Gott anders ist. Was ihm als Schwachheit ausgelegt wird, ist gerade seine Stärke. Er straft nicht mit der Härte, die nach menschlichem Empfinden angemessen wäre. Gewalt, und sei

es göttliche, provoziert Gegengewalt – und so dreht sich das blutige Rad der Weltgeschichte nur weiter. Genau das macht eine Lösung im Nahost-Konflikt zur Quadratur des Kreises, zu einem Ding der Unmöglichkeit. Gewalt mit Gewalt überwinden zu wollen führt in der großen Weltpolitik, aber auch im persönlichen Umfeld immer zu einem Teufelskreis! Aktuelle Beispiele dafür gibt es deren viele.
Die heutigen biblischen Lesungen sprechen von der einzigen Alternative. Es ist das Handeln Gottes, das in Jesu Leben und Sterben endgültig und für immer besiegelt wird. Es ist der Weg der Gewaltlosigkeit, der Barmherzigkeit und Nachsicht bis zum Äußersten, allerdings kein Weg der Beliebigkeit, denn es gilt auch: was von Gott her zunächst Gabe und Zuspruch ist, wird dem davon betroffenen Menschen zur Aufgabe und Anspruch und außerdem: Das letzte endgültige Wort des Gerichts bleibt bei Gott!
Zunächst also zur Gabe Gottes: Er selbst macht den Anfang. Die Lesung heute sagt es eindeutig: Gottes Langmut ist klares Zeichen seiner Stärke. Die Bibel ist gleichsam ein Konglomerat von Gewalt und menschlicher Gegengewalt. Gott schwimmt gleichsam mühsam gegen diesen Strom und es ist für Gott nicht leicht, auf den menschlich krummen Zeilen gerade zu schreiben und unsere menschliche Gewaltgeschichte zu durchsäuern mit der Barmherzigkeit Gottes. Langsam aber sicher dringt es durch, dass Gott nicht im Sturm, Erdbeben oder Feuer ist, nicht im Fanatismus, in gegenseitiger Zerstörung oder in verbrannter Erde ist, sondern im leisen sanften Säuseln. Gott ist nicht in den Kriegen der Könige und Richter, sondern im Knecht Gottes, der den glühenden Docht nicht auslöscht und das geknickte Rohr nicht zerbricht.
Gott offenbart sich endgültig im Kinde Jesus, mitten hineingeboren in eine auch damals politisch schwierige Zeit, vom Beginn an bedroht von Gewalt. Jesus lebt die Langmut Gottes bis zur äußersten Konsequenz der Gewaltlosigkeit. Die Gesetze der gewalttätigen Welt töten ihn, laufen sich aber an ihm auch zu Tode.

So freilich und nur so kam etwas unaufhaltsam Neues in unsere Welt. Begonnen hat das Kommen dieses anderen Reiches, des Reiches Gottes ein für allemal in der Auferstehung Jesu. Das ist nicht fernab der irdischen Wirklichkeit geschehen, sondern konkret in Jerusalem. Es sprengt freilich Zeit und Ort und ist die Wirklichkeit, die heute hier und jetzt gegenwärtig wird, wenn wir jetzt das Geheimnis unseres Glaubens feiern und der Herr selbst unter uns gegenwärtig ist.
Im Evangelium spricht Jesus im Bild vom winzigen Senfkorn, das zum großen Baum wird, und im Bild vom Sauerteig, der das Ganze durchsäuert, von dieser neuen Wirklichkeit des Reiches Gottes, das der Mensch nicht aufzuhalten vermag – trotz aller weiteren Wirksamkeit des Bösen, wie es im Bild des Unkrauts, das der Feind sät, angedeutet ist.
Weltpolitisch, rein innerkirchlich und vielleicht auch im kleinen persönlichen Umfeld mag Ihnen und mir oft der äußere Optimismus fehlen, doch lassen wir uns nie die in Jesus Christus allein begründete Hoffnung nehmen Diese Hoffnung stirbt nicht als letzte, sondern sie stirbt nie. „Wer Ostern kennt, kann nicht verzweifeln“ (D. Bonhoeffer), denn nichts vermag uns von der Liebe Gottes zu trennen (Röm 8,38f).

Dieser unaufhaltsame Anfang ist freilich nicht nur Gabe und Zuspruch, sondern auch Aufgabe und Anspruch. Von Gott heißt es in der Lesung: „Durch solches Handeln hast du dein Volk gelehrt, dass der Gerechte menschenfreundlich sein muss“. Wir sollen also nicht bloß Nutznießer dieser Langmut Gottes sein, sondern Gott in seiner Güte nachahmen. Jesus mahnt seine Jünger deutlich, das Unkraut nicht vorzeitig selbst auszureißen, sondern geduldig und nachsichtig zuzuwarten und das endgültige Urteil Gott zu überlassen, d.h. barmherzig zu sein wie es Gott selbst ist.

Ist das nicht die Haltung unheilbarer Utopisten? Stehen wir damit nicht auf verlorenem Posten? Rein menschlich gesehen, ja. Ich möchte abschließend ein paar Beispiele derer nennen, die aufgrund dieser gläubigen Hoffnung das Unmögliche hier und heute tun.

Ich denke an das Dorf Neve Shalom zwischen Jerusalem und Tel Aviv, in dem seit den Siebziger-Jahren Israelis und Muslims versöhnt miteinander zu leben versuchen, an die dort auch angesiedelte evangelische Jesus-Bruderschaft, die ebenso den Geist der Gewaltlosigkeit verkündet und lebt.

Ich habe Menschen kennen gelernt, die aus dem Geist Jesu in Palästina mit traumatisierten Kindern arbeiten. Es gibt die Soldaten, die in der israelischen Organisation „Breaking the silence“ das Schweigen über militärische Gewalt brechen. Ich habe die internationale „Christian Peacemaker Teams“ getroffen, die in Hebron gefährdete Menschen im Alltag begleiten. Ich denke aber auch etwa an die oberösterreichische Salesianerschwester Hildegard Enzenhofer, die im besetzten Gebiet Palästinas mit ihrem Team behinderte Menschen betreut. Die paar Beispiele mögen genügen.

Ich bin überzeugt, dass diese Menschen für Gott und seine Art, mit Gewalt umzugehen, hellhörig geworden sind und sie eher uns die Frage stellen, ob wir für diesen biblisch bezeugten Gott Jesu Christi schwerhörig sind.

„Seid umschlungen, Millionen!“ ist leicht gesagt. Liebe ist immer konkret und wer überzeugt ist, wie Ernesto Cardenal sagt, dass jede Tat der Liebe Ewigkeitswert hat und mehr wert ist als alle Milchstraßensysteme, der wird auch in aller scheinbaren Aussichtslosigkeit diesen Weg in der Nachfolge Jesu weitergehen. Dass wir dies erahnen und dementsprechend handeln, das wünsche ich uns allen von Herzen. Amen.

## 17. Sonntag

### 1 Kön 3,5.7-12; Mt 13, 44-46 (27.7.2008)

Mit Spannung haben viele in diesen Tagen das Drama der drei Südtiroler Bergsteiger am Nanga Parbat verfolgt, zunächst den tragischen Tod des einen, sodann mit Bangen und Hoffnung die tagelange Rückkehr und schließlich die glückliche Bergung der beiden anderen. Nicht wenige Zuschauer werden vor den Fernsehschirmen wohl gesagt haben: „Solche Narren! Warum steigen sie überhaupt auf? Was haben sie davon?“

Der tödlich Verunglückte hatte bereits für den Fall, dass er nicht zurückkehre, in einem Brief geschrieben, dass die Faszination des Berges ihn nicht loslasse. In einem Berglied ist übrigens vom Nanga Parbat als Berg der Sehnsucht die Rede. Ein begeisterter Bergsteiger wird sich immer schwer tun, einem Außenstehenden sein Verhalten verständlich zu machen.

Ist es nicht irgendwie ähnlich, wenn sich ein Mensch verliebt und den Rest der Welt um sich vergisst, weil er seinen „Schatz" gefunden hat? Man kann dem anderen vielleicht dies und jenes erklären, aber das Eigentliche Warum der Liebe nicht. Es ist die Torheit der Liebe, die in den Augen anderer Unvernünftiges und Waghalsiges tut, denn, wie Blaise Pascal sagt, „Es gibt eine Vernunft des Herzens, die der Verstand nicht kennt. Man erfährt es bei tausend Dingen".

Ich bin überzeugt, dass jede/r von uns auch schon solche Erfahrungen gemacht hat, z.B. in der Faszination der Berge, die gefahrvolle Klettereien unternehmen lässt, im Einsatz für eine Sache, zumal für einen Menschen. Eltern tun es immer wieder für ihre Kinder! Vor allem ist diese Faszination im Erlebnis menschlicher Liebe erfahrbar. Auch da gelingt es nicht, allein mit Verstandesargumenten zu erklären, warum jemand gerade diesen Menschen und nicht einen von Millionen anderen liebt– und doch sind es gerade diese unerklärlichen Wirklichkeiten, die das Leben bereichern und zu einem erfüllten Leben machen.

Von einem solchen wunderbaren „Schatz" im Acker oder einer kostbaren „Perle", derentwillen ein Mensch alles aufgibt, um den Schatz oder die Perle zu erstehen, spricht Jesus heute im Evangelium. Er meint damit das Himmelreich, anders gesagt, die Wirklichkeit Gottes. Wer vom Geschmack Gottes einmal berührt wurde, für den relativiert sich alles andere und er lässt sich auf das Abenteuer mit Gott ein; er wagt den Glauben.

Vielleicht werden auch wir gelegentlich von anderen gefragt, warum wir glauben. Was antworten wir darauf?

Persönlich sind mir einige Gründe eingefallen: ich bin in einer christlichen Familie aufgewachsen und kirchlich sozialisiert. Ich habe immer wieder gute christliche Gemeinschaften erlebt – bis zu unserer Pfarrgemeinde St. Konrad, die auch mich trägt. Ich habe zumindest rückblickend dankbar in meinem Leben die Handschrift Gottes entdeckt; der Glaube war mir durchaus auch nützlich, indem er mir schon oft Trost und Halt und Lebenssinn gegeben hat. Das sind durchaus Argumente für die Vernünftigkeit des Glaubens.

Das Wesentlich ist freilich damit noch nicht gesagt. Wenn ich nämlich an Gott nur glaube, weil ich es damit im Leben leichter habe oder mich vor dem Tod nicht so zu fürchten brauche, wenn ich nur glaube, weil Gott mir hilft ist, wird Gott zu einem nützlichen Sinnlieferanten, zu einem bloßen „Lückenbüßer". Gott wäre dann, wie jemand sagte, „eine Zulieferungsfirma für Ersatzteile bei beschädigter menschlicher Existenz" (Ernst Bräuer). Der Mohr, sprich Gott, kann freilich dann auch wieder abtreten, wenn er seinen Dienst getan hat.

Liebe Mitchristen! Wie geht es uns, wenn wir zwischenmenschliche Freundschaft oder Ehe als bloße Zweckgemeinschaft verstehen würden?! Gott ist doch mehr als ein Problemlöser! Freundschaft ist hoffentlich mehr als Nützlichkeit. Damit wäre wohl das Wesentliche von Freundschaft noch gar nicht ausgesagt. Ich liebe doch einen Menschen nicht bloß, damit er mir nützlich ist. Solche angebliche Freundschaft, in der man einander nur braucht, ist auf schwachen Beinen und hört auf, wenn ich den anderen nicht mehr brauche. Einer solchen Beziehung fehlen der Glanz und Charme dessen, was Schatz und Perle heißt – in der Beziehung von Mensch zu Mensch und auch in der Beziehung des Menschen zu Gott.

Freundschaft ist zwar hilfreich und gibt dem Leben Sinn und Liebe bereichert das Leben unendlich und entspricht der tiefsten Sehnsucht des Herzens, aber das ist gleichsam ein positives Zufallprodukt, also etwas, das mir in Liebe und Freundschaft „zufällt". Nur aufgrund der Faszination echter Liebe kann sich ein Mensch an den anderen in der Ehe lebenslang binden.

Nur wer den Geschmack unverzweckter Freundschaft und selbstloser Liebe je erfahren hat, hat Zugang zum heutigen Evangelium. Wer die Wirklichkeit Gottes einmal geschmeckt und die alles Nützliche übersteigende Faszination Gottes je erfahren hat, wird alles tun, um sie zu gewinnen. Nur so kann sich jemand auf das Abenteuer mit Gott einlassen und seinetwillen alles verkaufen und z.B. ein Leben lang hinter Klostermauern leben, um zu beten, oder lieber ins Gefängnis oder in den Tod gehen als von seinem Glauben zu lassen.

Ich denke auch an Christinnen und Christen im Heiligen Land, die die von Israelis und Muslims abgeschobenen schwerstbehinderten Kinder pflegen und als Menschen behandeln, an Sr. Maria Grech, die in Bethlehem ein Therapiezentrum für traumatisierte Familien gegründet hat, an die Behinderten von Sr. Hildegard Enzenhofer in Qubeibe Emmaus. Die Bitte dieser benachteiligten Menschen „Herr, bleibe bei uns, denn es ist um uns dunkel" wird von freiwilligen Christusträgern (d.h. Christophorus) heute erfüllt. Und an uns ergeht heute die Bitte, durch unser Christophorusopfer deren Hilfe weltweit möglich zu machen

Die Worte auf meinem Primizbild aus dem 1. Johannesbrief wollen etwas wiedergeben von meiner Erfahrung dieser Wirklichkeit Gottes: „Wer nicht liebt, hat Gott nicht erfahren, denn Gott ist die Liebe" (1 Jo 4,8).

Warum also soll man an Gott glauben? Im Bild vom Schatz und von der Perle ist die Antwort enthalten: weil alles zu wenig ist (Ingeborg Bachmann) und unsere Sehnsucht allein in ihm zur Erfüllung kommt und wir nur in Gott allein unsere wahre Bestimmung finden.

Die Frage ist allerdings berechtigt: Wie weiß ich, dass ich nicht auf die falsche Karte setze? Täglich kommen im Internet verlockende Angebote von kostbaren Schätzen und Perlen, die man fast gratis bekommt. Wo ist es wirklich wert, dass ich es mir etwas kosten lasse, wie der Mann im Evangelium? Wo werde ich am Schluss nicht betrogen und frustriert sein? Die heutige Lesung vom König Salomo legt uns vier Alternativen vor, unter denen wir auswählen können, um ein menschlich sinnvolles und erfülltes Leben zu finden.

Da ist die Möglichkeit, den „Tod der Feinde" zu wünschen, also die Herrschaft über andere und Ausübung von Macht. Die andere Wahl ist Reichtum, also materieller Reichtum und sonstiges eigenes Vermögen. Sodann ist die Rede vom verständlichen Wunsch nach langem Leben.

Der weise Salomo entschloss sich für die vierte Möglichkeit: das hörende Herz. Er stellte nicht die eigenen Interessen, das ihm nur Nützliche und Brauchbare in den Mittelpunkt, sondern im Hören auf Gott das, was Gott will: das Wohl der Menschen, Liebe und Gerechtigkeit. Gott schenkte ihm dieses hörende Herz und vieles andere dazu.

So wurde Salomo zum Voraus-Bild für Jesus Christus. Jesus ist kein König mit militärischer Macht, der die Feinde tötet, kein König mit wirtschaftlicher Macht, dessen Reichtum die Probleme lösen soll, auch kein König mit dem Versprechen eines möglichst langen Lebens, sondern ein Mensch, indem Gott selbst ganz Ohr ist für die Sorgen und Nöte der Menschen. Sein Königtum besteht im Hören auf das, was Gott will: Befreiung von Unterdrückung und Einsatz für Gerechtigkeit.

In dieser selbstlosen Liebe Gottes haben damals Menschen die faszinierende Wirklichkeit Gottes erkannt und seinetwillen alles hingegeben, um diesen Schatz und diese Perle zu erlangen. Und bis heute sind Menschen immer wieder davon so fasziniert, dass sie alles auf die Karte Gottes setzen – nicht in Flucht aus der Welt, sondern in der radikalen Nachfolge dieses Gottes und ihr Leben setzen sie sich uneigennützig für eine gerechte Welt ein. Dieser Einsatz ist für viele das einzige Evangelium, das sie verstehen und das ihnen Zugang zur faszinierenden Wirklichkeit Gottes gibt. Diese ist nämlich überall dort erfahrbar, wo Menschen im Einsatz für eine bessere Welt füreinander da sind.

Ich schließe mit einem dreifachen Wunsch: Ich wünsche der Kirche, dass sie nicht so sehr um ihren Selbsterhalt und Eigeninteressen bemüht ist, sondern ein hörendes Herz hat für Freude und Hoffnung, Trauer und Angst der Menschen von heute, zumal der Bedrängten, wie es das Konzil gesagt hat.

Ich wünsche den Regierenden, allen Politikern und Parteien, zumal in der Zeit des Wahlkampfes, dass sie nicht zuerst um ihre eigenen Pfründe besorgt sind und dies oft hinter populistischen Wahlversprechen kaschieren, sondern dass sie wie Salomo ein hörendes Herz für die Nöte und Bedürfnisse der Menschen, zumal der Zukurzgekommenen und Minderbemittelten haben.

Ich wünsche schließlich Dir und mir, dass wir den Glauben nicht zur Absicherung eigener Ansprüche missbrauchen, sondern dass wir ein hörendes Herz und eine helfende Hand haben für unsere Schwestern und Brüder in der eigenen Familie, für den Partner, für unsere Nachbarn, für unser Land, aber auch für die weltweite Arbeit der Missionare und Entwicklungshelfer. Amen.

## 18. Sonntag

### Jes 55,1-3; Mt 14,13-21 (31.7.2011)

Die heutige Lesung erinnert mich spontan an die bei Taufen bekannte und häufig gewählte Stelle aus Markus, wo Jesus die Kinder als Vorbild und Beispiel für alle hinstellt, die ins Reich Gottes kommen wollen; dann nimmt er die Kinder in die Arme und segnet sie.

Diese Begebenheit ist ja wirklich berührend und ansprechend, aber keineswegs sentimental und gefühlsduselig. Ich zweifle, ob wir uns bewusst sind, dass Jesu Aufforderung eigentlich ein Kontrastprogramm zu unserem Wirtschaftssystem und zu unserem sonstigen ökonomisch bestimmten Verhalten in der Welt darstellt: da ist alles mit Geld zu kaufen. Geld regiert die Welt.

Wir erleben aber zurzeit sehr anschaulich, wie eine solche Welt fast zusammenkracht, da selbst manchen Staaten die Pleite droht und die Rating-Agenturen wie böse Dämonen uns ständig neue Angst einjagen, denn alles unterliegt dem Maßstab des Geldes. Auch Ansehen, Macht, Respekt und Einfluss werden oft mit Geld gekauft. Im Kontrast dazu sagt die Lesung: „Auf ihr Durstigen, kommt alle zum Wasser! Auch wer kein Geld hat, soll kommen."

Es ist fraglich, ob wir aus den jetzigen Erfahrungen einer von der Ökonomie regierten Welt auch lernen!

Kinder werden uns von Jesus als Lehrmeister vorgestellt.

Kinder wollen uns nicht auffordern, klein, infantil oder kindisch zu bleiben. Sie erinnern uns aber daran, dass sie Frucht der Liebe sind und alles „ohne Geld" geschenkt bekommen, angefangen vom Leben über die Muttermilch und Babynahrung bis hin – was noch viel wichtiger ist und einst auch uns und jetzt sie erst zu Menschen heranwachsen lässt – Liebe, Zuwendung, Wohlwollen, Urvertrauen, Verständnis; Zeit (eine große Mangelware unserer Tage).

Als von den Eltern Geliebte erhalten Kinder alles Notwendige und alles Not Wendende geschenkt. Da nützt kein Geld. Es ist traurig, dass der Kleine Prinz resigniert feststellen muss: „Sie kaufen sich alles fertige in den Geschäften. Aber da es keine Kaufläden für Freunde gibt, haben die Leute keine Freunde mehr". „Ein Freund ist mehr wert als ein Schatz", so stand es auf dem Lesezeichen, das bei der letzten Kindermesse ausgeteilt wurde.

Kinder erinnern uns Erwachsene im Gefecht unseres Erwerbs- und Konsumalltags inmitten von Konkurrenz und Rivalität, von Lobbying und Mobbing an das Grundgesetz alles menschlichen Seins: Das Wesentliche im Leben ist gratis – freilich genau das Gegenteil vom frustrierenden „Umsonst"! Es ist vielmehr grundlegend und dauerhaft in der Schnelllebigkeit und Flüchtigkeit unseres Seins, denn allein die Liebe bleibt – oder mit den Worten der Lesung: „Warum zahlt ihr mit Geld, was euch nicht nährt, und mit dem Lohn eurer Mühen, was euch nicht satt macht?" Das Wesentliche ist und bleibt Geschenk; es lässt sich nicht mit Geld kaufen.

Wir stehen mitten in den Ferien, in der Urlaubszeit. Ich wünsche denen, die nach Österreich auf Urlaub kommen und auch uns, ob wir nun im In- oder Ausland Urlaub machen, viel Erfahrung von diesem Geschenkhaften. Das heißt: Alle Urlauber mögen sich nicht nur als Klienten und Kunden, als potentielle Käufer und Devisenbringer, in berechnender Freundlichkeit und höflicher Geschäftstüchtigkeit erleben, sondern von Mensch zu Mensch Begegnungen erfahren!

Bei aller Wichtigkeit der Einnahmen für das Bruttoinlandsprodukt durch Fremdenverkehr, es bleibt ein ungutes Gefühl, wenn alles kommerzialisiert wird und kein Freiraum für das lebensnotwendige Unbezahlte und für das Unbezahlbare bleibt. Möge allen Urlaubern die Erfahrung echter Gastfreundschaft zuteil werden! Die ist überall dort gegeben, wo jemand in mir aus dem Kunden einen Menschen, aus dem Klienten eine Person, aus der Nummer einen Namen, aus dem Devisenbringer einen Freund, aus dem Niemand einen Jemand macht, also überall dort wo ein Ich einem Du begegnet.

Eltern, die das Kind zur Taufe bringen, sind sich jedoch offenbar in ihrem guten und besten Willen auch bewusst, dass selbst ihre ganze Liebe, also das Gratis der menschlichen Zuwendung, nicht genug für das Kind ist, sondern wir alle darüber hinaus des Segens Gottes bedürfen. Taufe ist nicht nur ein kirchlich verbrämtes schönes Familienfest der Namensgebung, sondern es ist von uns her die Bitte und von Gott her die Zusage der Gotteskindschaft, das Gratis Gottes, seine „Gratia“ (= Gnade). Getauftsein erinnert uns also nicht nur daran, dass der Mensch zum Glücken seines Lebens der Zuwendung der menschlichen Gemeinschaft bedarf, sondern darüber hinaus, dass auch die liebsten Menschen ein Versprechen sind, das sie allein nicht einzulösen vermögen.

Wir alle dürfen deshalb auch immer wie die Kinder die Haltung des Vertrauens einnehmen, wie sie in der Bergpredigt zum Ausdruck kommt: Euer mütterlich – väterlicher Gott weiß doch, dass ihr Kleidung und Nahrung braucht. ... Sucht zuerst das Reich Gottes und alles andere wird euch hinzu gegeben.

So lädt Gott auch in der Lesung ein: „Hört auf mich, dann bekommt ihr das Beste zu essen und könnt euch laben an fetten Speisen.“ So will uns die Lesung sagen, dass auch die größte innerweltliche Liebe zu wenig ist, um die tiefste Sehnsucht des Menschen zu stillen.

So sagen uns Eheberater, dass nicht wenige Ehepaare scheitern, wenn der Anspruch an den jeweils anderen gestellt wird, alles sein zu sollen. Damit aber sei der Frust vorprogrammiert, denn der andere, und sei es der liebste Partner, kann nicht alles sein. Wo Eheleute im Sakrament der Ehe durch das Vertrauen auf Gott ihren eigenen Anspruch relativieren, lernen sie, mit der Begrenzung des möglichen Glücks hier auf Erden gut umzugehen, und sie bleiben offen für das „Mehr“, das nur Gott zu schenken vermag.

Heute ist auch der Festtag des Hl. Ignatius von Loyola, des Gründers des Jesuitenordens. Ignatius hat etwa zur Zeit Luthers gelebt; beide waren moderne Menschen, die die Individualität des jeweils einzelnen Menschen sehr betonten. Ein Stichwort aus der Spiritualität des hl. Ignatius ist das „Magis“, zu Deutsch das „Mehr“, das allerdings nichts mit Wirtschaftswachstum zu tun hat! Dieses Magis ist zunächst die Aufforderung, nicht an der Oberfläche des jeweils vergänglichen materiellen Wohlstands zu bleiben, sodann die Einladung, die lebenswichtigen zwischenmenschlichen Beziehungen zu pflegen, aber darüber hinaus die noch tiefere Sehnsucht und den noch größeren Hunger nach Gott wach zuhalten - gemäß der Einladung Gottes in der heutigen Lesung: „Neigt euer Ohr mir zu und kommt zu mir, hört, dann werdet ihr leben.“

Für mich schenkt Gott selbst dieses „Magis“, ja das „Maximum“ in Jesus Christus, denn „wie sollte er uns in ihm nicht alles schenken?“ (Röm 8,32). Dieses „Magis“ wird uns wirksam zugesagt in den Zeichenhandlungen, die wir Sakramente nennen. Darin verbürgt sich Gott selbst, dass er in dem

menschlichen Wort des Sakramentenspenders wahrhaftig die Gotteskindschaft etwa in der Taufe schenkt, jetzt im eucharistische Brot wirklich und wirksam gegenwärtig ist oder das Wort der Vergebung im Sakrament der Versöhnung die bedingungslose Annahme mit Licht- und Schattenseiten bedeutet.
Zugleich sind wir eingeladen, in uns dieses Magis, diese Sehnsucht nach Mehr, nach Spiritualität zu pflegen – durch Stille, Gebet, Meditation. Dabei geht es im persönlichen Magis nicht um eine spirituelle Leistung, sondern allein darum nach Gottes Willen für sich zu suchen. Das ist ein dynamischer Prozess, der nicht alles beim Alten lässt, aber keineswegs eine für alle gültige Messlatte. Es geht darum, ein Gespür dafür zu entwickeln, was für das eigene Leben stimmig ist und was Gott mir zeigen will. Diese größere Tiefe ist kein Selbstzweck, sozusagen eine Selbstheiligung, denn wer in Gott eintaucht, taucht bei den Menschen auf. Mystik und Politik, Spiritualität und Engagement, Kontemplation und Kampf sind ein unzertrennbares Geschwisterpaar.
Das Evangelium zeigt diese Unzertrennlichkeit in dem auf, was Brot heißt und wofür es steht: auch das Brot für den Magen, aber viel tiefer das Brot der mitmenschlichen Gemeinschaft. Deutlich spielt der Evangelist auf die Eucharistie an, wenn er sagt: „Jesus blickte zum Himmel auf, sprach den Lobpreis, brach die Brote und gab sie den Jüngern; die Jünger aber gaben sie den Leuten, und alle aßen und wurden satt."
Wir sind aufgefordert, den Menschen das zu geben, was wir haben, und sei es auch wenig.
Die Frauen und Männer um Jesus haben offenbar eine frohe Botschaft und nahrhaftes Brot weitergereicht. Dass auch wir es tun, erwarten die Zeitgenossen von den Christen heute. Ich bin fest überzeugt: Je mehr wir selbst im „Magis", in der Suche nach dem lebendigen Gott verankert sind, werden wir nicht ein ungenießbares dickes Gesetzbuch oder einen Kodex an Dogmen, Moralvorschriften und Museumskataloge weiterreichen, sondern nahrhaftes Brot, das den Hunger stillt und die Sehnsucht bewahrt. Das gilt auch in unseren Tagen, wenn wir zur Hilfe für die Millionen Hungernden im Horn von Afrika aufgerufen werden.
Die Zukunft der Kirche wird sich wesentlich daran entscheiden, ob wir gestärkt mit dem Brot des Lebens von hier weggehen und jede und jeder auf je einmalige Weise Brot für andere geworden ist.
Auch und gerade heute ist der Hunger nach handfester materieller, aber auch spiritueller Nahrung sehr groß. Jesu Aufforderung „Gebt ihr ihnen zu essen!" steht hier und heute im Raum. Amen.

## 19. Sonntag

### 1 Kön 19, 9a.11-13a; Mt 14, 22-33 (7.8.2005)

„In jener Zeit, als Jesus hörte, dass Johannes enthauptet worden war, fuhr er mit dem Boot in eine einsame Gegend um allein zu sein." So hat das Evangelium am letzten Sonntag begonnen. Die Stille war Jesus nur kurz vergönnt die hungrigen Menschen folgten ihm, er hatte Mitleid mit ihnen und er speiste sie.
Aller organisatorischer Aufwand mit dem Austeilen der Brote und Fische und das Einsammeln der Reste mag die Jünger ganz schön ins Schwitzen gebracht haben. Da setzt das heutige Evangelium ein. Er fordert

seine Jünger auf, ins Boot zu steigen und ans andere Ufer voraus zu fahren, damit sie sich nach der Mühe der Arbeit erholten. Jetzt vielleicht ein erfrischendes Bad im See, jedenfalls die Fahrt in die Kühle und Ruhe einer Nacht auf dem See – das stellt einen wieder her! Es ist notwendig und gut, nach der Hitze und Mühe eines Tages oder nach den Belastungen eines Arbeitsjahres an das andere Ufer zu fahren, d.h. Ferien und Urlaub zu machen. Das verstehen wir gut und brauchen wir alle. Ist das aber immer genug, etwa baden zu gehen, Berge zu erklimmen, zu wandern oder einen Freizeitsport zu betreiben? Genügen innerhalb des wöchentlichen Rhythmus der längere Schlaf und der Spaziergang am Sonntag? Ist das alles, was der Mensch braucht?

Von Jesus selbst heißt es: „Er stieg auf einen Berg, um zu beten. Spät am Abend war er immer noch allein auf dem Berg." Offenbar genügte für Jesus nicht das Eintauchen in die Natur, in den Rhythmus von Beschäftigung und Stille, von Arbeit und Erholung. Er war mit der Hiobsbotschaft vom gewalttätigen Tod des ihm nahestehenden Johannes des Täufers, der ihn taufte, konfrontiert worden und war davon zutiefst betroffen und schockiert, dass er die Stille sucht, um es zu verarbeiten. Der unbegreifliche Verlust des Freundes schmerzte ihn zutiefst; darüber hinaus musste er im Einstehen für seine Sache mit einem ähnlichen Prophetenschicksal rechnen. Kein Wunder, dass ihn lebensbedrohliche Angst befallen hat! Nichts gibt ihm die Sicherheit, dass ihm nicht bald Ähnliches widerfährt!

In dieser äußersten persönlichen Not sammelt Jesus nicht schlagkräftige Engelscharen um sich, die mit Sturm, Feuer und Erdbeben alle Feinde besiegen würden, sondern er wendet sich in der Stille des Gebetes und der Nacht an den Gott, der sich dem Propheten Elija auf dem Berg Horeb als sanftes leises Säuseln offenbart hat. Er wendet sich an den, der in dieser Not allein Mut und Zuversicht geben kann, an Gott „Jahwe", der dem Glaubenden sich als „Ich bin, der bei dir ist" erwiesen hat und der sich nicht nur in den Spaziergängen des Lebens, sondern vor allem auch in dessen Durststrecken und Engpässen als verlässlich und treu erwiesen hat. Er holt sich seine Zuversicht und seinen Lebensmut aus dem Vertrauen, dass ihn von Gottes Liebe nichts zu trennen vermag.

Gleich darauf wird im Evangelium vom Sturm auf dem See erzählt, wie das Boot der Jünger Jesu aufgrund des starken Gegenwindes von den aufgewühlten Wellen hin und hergeworfen wird. Ich kann mich von einem Segeltörn gut erinnern, wie schlecht es einem dabei geht.

Es ist aber nicht nur eine Seefahrergeschichte, sondern vielmehr eine „inwendige Geschichte. Es ist ein Bild für die Ängste, denen Menschen ausgesetzt sind, denen das Wasser bis zum Hals geht. Drei Situationen möchte ich nennen.

Die Jünger im Boot: das ist jede und jeder von uns im persönlichen Lebensschiff, das vielleicht durch einen Schicksalsschlag, durch Arbeitslosigkeit, durch eine schwere oder gar lebensbedrohliche Krankheit, durch eine Scheidung oder den Tod eines lieben nahestehenden Menschen stark ins Wanken geraten ist. Wir haben

Versicherungen, Kollektivverträge, Medikamente, Kommunikationstrainings, aber das alles kann den Gegenwind im Leben, lebensbedrohliche Krisen nicht verhindern!
Die Jünger im Boot: das sind wir im Schifflein Petri, d.h. in der Kirche, wenn uns der Priestermangel bedrohlich bewusst wird, wenn der Eindruck entsteht, die Amtskirche verschließe sich manchen notwendigen Reformen oder wenn angesichts der fortschreitenden Säkularisierung christliche Kirchen in unseren Breitengraden immer leerer (oder gar verkauft) werden und in der Öffentlichkeit die Religionsfreiheit zur Forderung nach der Freiheit von der Religion zu werden droht. Christen haben guten Willen und Kirchen bemühen sich um innere Reform, aber das alles wird nicht verhindern, dass das Volk Gottes aufgrund unserer Schwächen ein „hatschertes" Volk ist und bleibt! Es ist eine von Jesus verurteilte Versuchung, selbst Unkraut und Weizen trennen zu wollen.
Die Jünger im Boot: das ist die westliche Welt, die von Terror und irregeleiteten islamistischen Fanatismus oder anderen religiösen oder politischen Fanatikern im Schach gehalten wird – in London, Antalya oder potentiell überall, weil niemand weiß, wo morgen eine Bombe losgeht. Wir können die Sicherheitspolizei aufrüsten, die Kontrollen verschärfen und die Videoaufnahmen vervielfachen, aber es gibt keine absolute Sicherheit! Der Schrecken der bedrohten Freiheit könnte umschlagen in den Schrecken einer Welt von Georg Orwells „1984"!
Eines bin ich sicher: all unsere oft durchaus notwendigen absichernden Antworten in Richtung von mehr Sicherheit (lateinisch: Securitas) können unsere Ängste letztlich nicht nehmen. Ich habe darauf auch keine Antwort als den Blick auf das Beispiel Jesu. Er schöpft seine Kraft aus dem Gebet, also aus dem Vertrauen auf Gott (lateinisch: Certitudo).
Jesu Hilfe besteht nicht im Durchbruch von Naturgesetzen, wie es einseitig technisch orientierte Menschen erwarten. Zunächst sehen die Jünger Jesu durch die in Krisen häufige Katastrophenphantasie Jesus nur als Gespenst. Wie ein Notfallseelsorger nimmt er das Gespräch mit ihnen auf. Nähe und Sprache sind die besten Mittel, um Geschockte und Verängstigte zu beruhigen. Er knüpft an unsere menschliche Grunderfahrung an, wenn Eltern oder Freunde uns in den Arm nahmen und mit Leib und Seele sagten: „Du brauchst doch keine Angst zu haben. Ich bin doch da!"
Für den Gläubigen wird Jesus zum Garant der bleibenden Nähe Gottes „Jahwe": „Ich bin der 'Ich bin da'!" Jesus wird für die Jünger zu dem, an den sie sich wenden können, denn er ist die ausgestreckte Hand Gottes, das wegweisende und aufmunternde Wort Gottes: „Habt Vertrauen, ich bin es; fürchtet euch nicht!"
Ich weiß: Vertrauen lässt sich nicht verordnen. Aber der temperamentvolle Petrus wagt es und springt auf die Einladung Jesu „Komm!" ins Wasser. Solange er den Blick auf Jesus hält, trägt ihn das Wasser, d.h. wird die Angst nicht lebensbedrohlich. Wo er aber wieder nur sich selbst und die Gefahren rund um sich sieht, beginnt er zu sinken. Sein Schrei „Herr, rette mich!" nimmt Jesus neuerlich in den Blick und Jesus rettet ihn.
Das Evangelium ist keineswegs eine weltfremde Episode. Es zeugt von Lebensnähe, wenn es von lebensbedrohlichen Ängsten und von der Macht des Vertrauens, aber auch von der Angefochtenheit des

Glaubens und von dessen Ausstrahlung auf andere, denn die anderen Jünger im Boot legen auch das Zeugnis ab. „Wahrhaftig, du bist Gottes Sohn." Das Evangelium will uns bei lähmendem Gegenwind und Angst – im persönlichen Leben, in der Kirche, in der Gesellschaft und in der Welt – zu Lebensmöglichkeiten ermutigen, die wir uns nicht zutrauen, wenn wir nur auf die eigenen Kräfte bauen und nicht Gott im Blick behalten.
Es ist zumal jetzt im Sommer die Einladung, Stille und Natur nicht nur um der leiblichen Erholung willen zu suchen und Urlaub von Gott zu machen, sondern in der Stille der Natur und Berge auch im Gebet zu verweilen und so im Vertrauen auf Gott Zuversicht anbetracht möglicher oder tatsächlicher Bedrohungen zu schöpfen, denn „wer auf Gott vertraut, wird in Ewigkeit nicht zuschanden". Amen.

## 20. Sonntag
### Jes 56,1.6-7; Mt 15, 21-28 (17.8.2008)

Es ist eine Tatsache, dass die christliche Urgemeinde sich nicht leicht getan hat, die Heiden als gleichwertige Glieder des Volkes Gottes anzunehmen. Die Auseinandersetzung beim Apostelkonzil spiegelt das wider. Die dort gefällte Entscheidung, dass nur die Taufe und der Glaube und nicht mehr das mosaische Gesetz Voraussetzung für das Christsein sind, hat aus einer jüdischen Sekte die Weltkirche entstehen lassen. Dahinter steckt ein gewaltiges Ringen der frühen Kirche.
Vor allem ist diese Entwicklung dem Apostel Paulus zu verdanken. Er fasst es im Galaterbrief in die markanten Sätze zusammen: „Es gibt nicht mehr Juden und Griechen, nicht Sklaven und Freie, nicht Mann und Frau; denn ihr alle seid einer in Christus Jesus." (Gal 3,28) Er musste selbst Petrus ins Angesicht widerstehen, da auch dieser aus Furcht vor den Judenchristen wieder schwach wurde (Gal 2,11).
Auch wir heute müssen gestehen, dass wir noch immer weit weg sind von dieser Aufhebung aller ethnischen, sozialen und geschlechtlichen Barrieren – in Gesellschaft und Kirche. Es bräuchte auch heute öfter „die Ehrlichkeit vor dem Freund", wie Ingeborg Bachmann es nennt, also den christlichen Freimut, diese Universalität des christlichen Glaubens gegenüber allen Ausgrenzungen einzumahnen.

Das heutige Evangelium ist wahrscheinlich auch noch ein Widerhall der Auseinandersetzungen der frühchristlichen Gemeinden. Christen jüdischer und heidnischer Herkunft teilen bei der Eucharistie dasselbe Brot und haben Mahlgemeinschaft. Das hat sicherlich auch Widerstände hervorgerufen. Manche werden sich dabei auf Jesus selbst berufen, denn auch er wusste sich „zu den verlorenen Schafen des Hauses Israel" gesandt.
Wahrscheinlich tun auch Sie sich mit Jesus im heutigen Evangelium schwer. Jesu Benehmen wirkt aufs erste schockierend und von oben herab. Ist das derselbe Jesus, der sich aller annahm und mit allen Mitleid hatte? Und doch gebe ich zu bedenken: Echte Menschwerdung Gottes in Jesus ist die Voraussetzung, dass Jesus uns dort abholt, wo wir selbst stehen – in unserem Menschsein. Wenn er jedoch wirklich Mensch war, wie

wir es glauben, war auch er ein Lernender, einer, von dem auch ein lebenslanges Lernen im Leben und Glauben anzunehmen ist.

Leben und Glauben sind nicht ein vorgegebenes Korsett, sondern man lernt es, indem man sich den Begegnungen mit konkreten Menschen und den damit gegebenen Herausforderungen stellt und so in seine je einmalige Berufung hineinwächst (würde Viktor Frankl sagen). So gilt auch von Jesus: „Er nahm zu an Alter, Weisheit und Gnade." Wir erleben Jesus gleichsam hin- und hergerissen zwischen der Treue zur Sendung zu seinem jüdischen Volk und der Öffnung seines Tuns auf die Heiden hin und er lernt durch diese Frau tatsächlich dazu.

Er steht darin durchaus in der Tradition des Lernprozesses des jüdischen Volkes. Gott Jahwe hat Israel frei erwählt und mit ihm den Bund geschlossen. Israel hat jedoch diese Erwählung missverstanden, wo es darin eine Art exklusiver privilegierter „Freunderlwirtschaft" gesehen hat. Israel sollte von Gott her Modell und Zeuge Gottes für die Völker sein. Überall dort, wo es sich abkapselt und das Heil für sich allein behalten will, treten die Propheten gegen diesen Irrtum auf. Tempel, Beschneidung und Opfer nützen nichts, wenn sie nicht für Recht und Gerechtigkeit sorgen und die Liebe als Inhalt des Bundes zu leben versuchen. Nicht selten werden nicht-israelitische Ausländer als Vorbilder hingestellt.

So lernt Israel, dass Jahwe nicht nur ihr Stammesgott ist, sondern der Gott aller Menschen. Es heißt heute in der Lesung aus Jesaja: „Die Fremden, die sich dem Herrn angeschlossen haben, die ihm dienen und seinen Namen lieben, ... bringe ich zu meinem heiligen Berg, ... mein Haus wird ein Haus des Gebets für alle Völker genannt."

Auch für Jesus ist es ein gewaltiger Schub in der Annahme seiner Sendung, sich für alle zu öffnen. Die kanaanäische Frau verstößt gegen die gesellschaftlichen und religiösen Spielregeln dessen, was sich gehört, indem sie als Frau auf offener Strasse einen Mann anspricht. Sie tut es auch auf die Gefahr hin, verspottet zu werden. Jesus scheint sie zunächst zu ignorieren. Die Jünger treten für sie ein, um ihr Schreien loszuwerden. Jesu Vergleich mit den Hunden ist eher verletzend als hilfreich.

Die Frau jedoch hakt hier ein und deutet die Worte Jesu um. Da schickt Jesus sie nicht weg und verzichtet auf jegliche männliche Machtdemonstration. Er erkennt in der Frau, die wie eine Löwin um ihre Tochter kämpft, ihren großen Glauben und er springt über seinen eigenen bisherigen Schatten.

Hier wird bei Jesus wahr, was schon im Psalmwort steht: „Mit meinem Gott überspringe ich Mauern" – Mauern der Diskriminierung und der Vorurteile, Mauer dessen, was sich angeblich gehört. Jesus provoziert später des öfteren seine jüdischen Zeitgenossen, indem er immer wieder Nichtisraeliten als Vorbilder des Glaubens hinstellt, angefangen vom barmherzigen Samariter über den Syrer Naaman oder die Witwe von Sarepta bis hin zum römischen Hauptmann. Und wenn er Kinder uns Erwachsenen als Vorbilder hinstellt, so will er wohl auch damit sagen, dass die Kinder vorurteilsfrei auf alle zugehen und sie erst durch Erwachsene z.B. die Vorurteile etwa gegen Ausländer und Andersfarbige lernen.

Für mich ist das heutige Evangelium eine Einladung an alle, die an den Gott Abrahams, Isaaks und Jakobs glauben, mit ihm so wie Jesus Mauern der Ausgrenzungen und Vorurteile zu überspringen und tiefer in Gott einzutauchen, um so näher bei den Mitmenschen als Brüdern und Schwestern, ob jüdisch, muslimisch oder christlich, aufzutauchen. Gottes Bund gilt allen Menschen.

Abschließend möchte ich ein paar Beispiele nennen, wo es gilt, heute mit unserem Gott Mauern zu überspringen:

Es sind vielfach Vorurteile, die im Heiligen Land Lösungsansätze für einen Frieden verhindern, denn jeder fühlt sich im Recht und macht den anderen schlecht. Die Politik Israels gegenüber den unterlegenen Palästinensern erinnert nicht selten an eine Strategie der Apartheid.

Leider ist zu befürchten, dass im kommenden Wahlkampf bei uns in Österreich wiederum einige mit Vorurteilen und Ängsten der Menschen kalkulieren und so populistisch auf Stimmenfang gehen.

Auch wir in der Kirche müssen wohl im gegenseitigen Ausgrenzen und im vorschnellem Aburteilen von Konservativen und Progressiven bei allem ehrlichen Engagement vor der eigenen Türe kehren und dazulernen, mit einer Kirche mit verschiedenen Geschwindigkeiten zu leben, denn schließlich kommt es allein auf den Glauben an.

Manche träumen von einer ausschließlichen Kirche der Glaubenssicheren, die nur der Tradition verpflichtet ist, ungebremst von lästigen Fragern und unbequemen Kritikern, frei von der Last der Modernisierer, der Außenseiter und Sünder. Andere wiederum möchten die Tradition allzu leichtfertig abwerfen und träumen auf ihre Weise von der perfekten Kirche nach Durchführung aller ihrer Reformen.

Müssen wir als Kirche und als einzelne Glaubende nicht wie das Volk der Israeliten und Jesus selbst immer dazulernen, eine für alle offene Gemeinschaft zu sein – und nicht eine Kirche, die eher ausschließt als eingliedert?! Sind wir nicht oft allzu schnell dabei, andere auszugrenzen – Geschiedene Wiederverheiratete, homosexuelle geprägte Menschen, Suchende und Tastende? Müssen wir nicht alle wie die Frau heute im Evangelium rufen: „Hab Erbarmen mit uns, Jesus, Sohn Davids!"

Damit predige ich kein Christentum zu herabgesetzten Preisen, ein billiges „Wir kommen alle, alle in den Himmel", was immer wir tun. Ein Zweifaches ist mir wichtig: Wir sollen zum einen zurückhaltend sein, andere zu beurteilen; wir sollten auf keinen Fall andere verurteilen. Das sollen wir Gott allein überlassen, denn keiner sieht in das Herz des anderen. Und das zweite: Der allein entscheidende Glaube an den Gott des Bundes ist der Glaube an einen liebenden Gott. Aus diesem Glauben müssen wir deshalb immer wieder neu Mauern der Ausgrenzung und gar des Hasses überspringen, also einander durch Taten der Liebe näherkommen. Amen.

## 22. Sonntag

### Jer 20,7-9, Mt 16,21-27 (31.8.2008)

Am vergangenen Sonntag hörten wir das Messias-Bekenntnis von Martha. Dieser Jesus ist allerdings ein unbequemer Messias, der uns herausfordert, „vom selbstverliebten Kreisen um das eigene Ich abzulassen und sich Gott und den Mitmenschen zuzuwenden“ (hieß es in der Predigt).

Es wäre interessant, was Jesus sagen würde, wäre er zu einer der Fernsehkonfrontationen jetzt vor der Wahl eingeladen. Ich bin sicher, alle Spindoktoren würde er wegschicken. Sie hätten sowieso keine Freude mit ihm! Was er sagen würde, wäre gewiss nicht Ohrenschmaus und er würde uns nicht nach dem Munde reden. Es würde auch kein großes Presse-Echo finden, nicht großformatig und schon gar nicht kleinformatig!

Bei Jesus gibt es sicher auch kein neues Paket mit Wahlzuckerln. Nein, „Brot und Zirkusspiele“ würde er nicht versprechen, eher das Gegenteil. Wahlchancen hätte er jedenfalls keine! Und auf der Suche nach einem Schuldigen für seine zu erwartende Wahlschlappe würde er auf niemand anderen zeigen, sondern die Schuld auf sich selbst nehmen, ohne auch nur einen Deut vom Gesagten zurückzunehmen. Sein Programm, bin ich überzeugt, ist keine bloße Infotainment und schon gar nicht Entertainment, also nichts für eine Erlebnis- oder gar Spaßgesellschaft. Sein Programm ist er selbst!

Dass Jesus so abblitzt, darf freilich auch nicht wundern. Wir haben es ja heute im Evangelium ganz ungeschminkt gehört. Da ist von Leiden und Tod, von Selbstverleugnung und Kreuztragen die Rede! Wer soll da begeistert sein?! Das ist fürwahr nicht mehrheitsfähig. Es heißt ja auch an einer anderen Stelle: Da wandten sich viele von ihm ab.

Jesu Vorstellung von Messias ist eine andere als die der meisten Menschen – damals und wohl auch heute! Nicht von ungefähr gibt es deshalb beim Evangelisten Markus das sogenannte Messiasgeheimnis, nämlich Jesu Verbot, es weiterzusagen. Er will damit ein triumphalistisches oder politisch missverstandenes Messiasbild verhindern; er ist nicht der, der die römische Besatzungsmacht hinauswirft oder neben Pharisäern und Sadduzäern noch eine weitere Kleinpartei gründet, etwa „Die Christen“. Erst nach Ostern, das alle bloß innerweltliche Wünsche sprengt, darf offen von Jesus als Messias gesprochen werden.

Selbst Petrus, der unmittelbar vor unserer Evangelienstelle vollmundig das Messiasbekenntnis abgelegt hat, muss noch viel dazulernen, um zu dem zu werden, was er nicht aus eigenem Fleisch und Blut, also nicht aus eigenem Können ist, nämlich der Felsenmann, auf den Jesus die Kirche bauen will. Petrus will sich und Jesus diese Schmach des Kreuzes ersparen. Vor versammelter Mannschaft wird er jedoch von Jesus regelrecht abgekanzelt. Es klingt wie eine ordentliche Abmahnung oder eine Art Schocktherapie, wenn Jesus mit aller Härte reagiert: „Weg mit dir, Satan!“ Wie ist all das zu verstehen?

Ein erster Gesichtspunkt: Jesus ist ein Realist und macht sich und anderen nichts vor. Das Leben ist nicht nur ein Lustwandel oder Spazierweg. Man kann nicht immer nur jünger, schöner und gesünder werden. Auf dem Lebensweg gibt es auch Steine, an denen man reift. Das Leben ist auch vielfach eine Durststrecke und ein Kreuzweg. Kann sein, dass sich manche nur amüsieren wollen, aber selbst dann amüsieren sie sich zu Tode.

Das Kreuz hat unendlich viele Gestalten. Wer trägt nicht sein „Binkerl"? – Dessen Namen können sein: beruflicher Misserfolg, Einsamkeit, gestörte oder zerstörte Beziehungen, Krankheit, mangelnder Lebenssinn, unvorhergesehenes Unglück, ... Es sind die Augenblicke, wo man alles hinschmeißen möchte. Jeder Mensch hat die Gestalt eines Kreuzes (wenn er die Arme ausbreitet) – und es ist gar nicht so einfach, sich so in dieser Ausgespanntheit anzunehmen, so wie man nun einmal ist. Das Leben ist vielfach durchkreuzt!

Ein weiterer Gedanke: Das Kreuz kommt oft daher, dass die Beziehung zu Gott, zum Nächsten und zu sich selbst aus dem Lot gekommen ist und diese Störung zum Spaltpilz und zur Zerreißprobe wird. Jesus hält sich auch aus dieser Störung und Durchkreuztheit unseres Menschseins nicht heraus. Er sucht fürwahr nicht das Kreuz um des Kreuzes willen. Er geht ihm jedoch nicht aus dem Wege und es geht ihm schon gar nicht darum, die eigenen Schäfchen ins Trockene zu bringen. Er will vielmehr für die Seinen da sein. Es geht ihm nicht um die eigenen Interessen, sondern es ist seine Speise, den Willen des Vaters zu tun – Gott wiederum will das Heil der Menschen. Deshalb hält Jesus sich aus dem Durchkreuztsein des menschlichen Lebens nicht heraus, sondern erträgt es aus Solidarität mit uns. Er ist „in allem uns gleich - außer der Sünde!

Damit ist aber das Entscheidende gesagt! Sein Kreuz wird zum Zeichen und Ausdruck der äußersten Solidarität und Liebe. Er hält unsere gestörten Beziehungen in liebender Hingabe aus und erträgt sie, auch wenn es ihm dabei sein eigenes Herzblut kostet. Es ist eine Karriere nach unten. Offenbar findet aber sein Leben, wer es loslässt! Gottes Kraft kommt in unserer Schwachheit zum Tragen. Gottes scheinbare Ohnmacht ist die Macht der Liebe.

Die totale Selbstlosigkeit Jesu wird von Gott in der Auferstehung als Sieg des Lebens und der Liebe für ewig besiegelt. Paulus drückt es im Philipperbrief so aus: „Darum (!) hat Gott ihn über alle erhöht und ihm den Namen verliehen, der größer ist als alle Namen, damit alle, im Himmel, auf der Erde und unter der Erde ihre Knie beugen vor dem Namen Jesu und jeder Mund bekennt: `Jesus Christus ist der Herr` zur Ehre Gottes des Vaters" (Phil 2,10)

Jesus würde zwar keine Wahl gewinnen, weil er realistisch auch die Wirklichkeit des Kreuzes anspricht, statt Wahlzuckerl zu verteilen, und weil er aus Liebe auch den Kreuzweg mit uns geht, um ihn so von letzter Sinnlosigkeit zu befreien. „Hinter ihm", d.h. in seiner Nachfolge vermögen auch seine Jünger/innen im Vertrauen auf Gott selbst Leiden und Tod ertragen; hinter ihm können sie alles verlieren, um das Leben zu gewinnen.

Was die Lebenswahl – nicht die Wahl politischer Parteien – anbelangt, erweist sich für mich Jesus allein radikal glaubwürdig. Es mag für uns tröstlich sein, wenn selbst Petrus und seine Jünger sich schwer getan haben, ihn zu verstehen. Billiger aber ist das wahre Heil offenbar nicht zu haben, als ihm auf diesem Weg

der Liebe zu Gott, zum Nächsten und zu sich selbst zu folgen. In seiner Nachfolge können auch wir etwas beizutragen zum Abbau der Kreuze dieser Welt und zum Aufbau des Reiches Gottes.
Jeder Mensch muss offenbar mit Jesus den Weg vom galiläischen Frühling hinauf nach Jerusalem gehen. Auch wenn Jesus nicht Antwort auf alle unsere Fragen ist, so ist sein Kreuzweg, sein Sterben und Auferstehen und die damit geschenkte Hoffnung doch glaubwürdiger und zukunftsträchtiger als alle bloß innerweltlichen Wahlzuckerl und Versprechungen, „denn was nützte es einem Menschen, wenn er die ganze Welt gewinnt, dabei aber sein Leben einbüßt?" Um unseres Lebens willen, um der Fülle des Lebens willen ist Jesus Mensch geworden und hat das Kreuz getragen. Amen.

## 25. Sonntag

### Jes 55,6-9; Mt 20,1-16 (18.9.2005)

Seitdem ich Pfarrer in Linz –St. Konrad bin, halten wir jedes Jahr eine Bergmesse. Es tut mir leid, dass sie heuer buchstäblich ins Wasser fällt! Die Frage ist berechtigt: Ist es mein Privathobby, ein Zugeständnis an einige Bergbegeisterte oder etwa ein Tribut an die Erlebnisgesellschaft? Vielleicht von allem etwas, aber doch wesentlich mehr.
Viele von ihnen hatten hoffentlich im vergangenen Sommer dort und da Erfahrungen, die eine Antwort nahe legen und die vielleicht auch andere anregen, schöne Herbsttage in dieser Richtung noch auszunützen. Auch wenn es nicht leicht ist, sie ins Wort zu bringen, möchte ich es heute hier am Froschberg versuchen und sie gedanklich in die Berge mitnehmen, unter anderem auch weil ich der Überzeugung bin, dass sie mit dem eben gehörten Evangelium (so sonderbar dies klingen mag!) zu tun haben.

Ein erster Gesichtspunkt: Ich bin überzeugt, dass wir Erfahrungen wie das Bergwandern heute mehr denn je brauchen, denn den Großteil unserer zivilisierten Welt haben wir Erlebnisse aus zweiter Hand, im Film, im Fernsehen, im Radio und in anderen Ton- und Leuchtkonserven. Wir sind vielfach abgekoppelt von der Natur selbst! Auch im Beruf sitzen wir meist vor PC-Schirmen oder sind zumindest abgeschirmt von der Außenwelt, eingespannt und angepasst an eine Rolle und Funktion, so dass wir uns fragen, wer wir eigentlich selbst sind und was und wie wir noch unmittelbar, nicht nur aus zweiter Hand leben und erleben.
Zu meinem jährlichen Urlaubsprogramm gehören seit vielen Jahren eine Bergwoche und das Jahr über sehr oft der freie Tag am Montag den Bergen. So wie ich beim Jakobsweg wieder ein Stück weit die Langsamkeit entdeckte, erfordert auch das Bergwandern Zeit, schenkt aber auf diese Weise im Gegensatz zu den schnell vorbeihuschenden Bildern und Tönen therapeutische Tiefenwirkung, denn nur die Zeit heilt nachhaltig die Wunden und schenkt Kraft für Neues.
Freilich sind Bergwanderungen kein Spaziergang und schon gar kein Schlaraffenland, sondern es fordert Anstrengung, Selbstüberwindung, eine gewisse Härte und Frustrationstoleranz gegenüber den Unbilden der Natur. Auch heuer habe ich alles andere als ein Postkartenwetter erlebt, als wir zu viert am 16. August von

der Rudolfshütte in der Großglocknergegend bei 30 cm Neuschnee absteigen und nach Osttirol wechseln mussten, dort allerdings noch vier schöne Bergtage erlebten.
Alle Religionen wissen, dass sich in der Majestät der Berge etwas von den zwei Seiten des Heiligen, vom Tremendum et Faszinosum, vom Ehrfurchterregenden und Anziehenden des Göttlichen spiegelt. Einerseits verweilt der Mensch zu Recht scheu vor dem Übermächtigen, andererseits erfährt er in der Aura der Berge auch etwas vom Anziehenden eines religiösen Grenzerlebnisses. Wir kennen in der jüdisch-christlichen Tradition diese Dimension der biblischen Berge, angefangen vom Berg Morija, Horeb und Sinai bis hin zum Tabor und Golgotha.
Nicht von ungefähr werden Berge zum Symbol Gottes, des El Shaddai (=Gott des Gebirges), und einer anderen Welt, in der es keinen betäubenden Lärm gibt, zu einer Ahnung des Gottes, der im stillen leisen Säuseln, im unsagbaren Geheimnis, in der Sehnsucht nach dem, was oben ist, mitten unter uns ist. So meint der große Bergfreund Altbischof Stecher einmal: „Die Stille von Bergräumen ist eine Therapie. ... Für mich ist ein Lautsprecher auf einer Alm schon eine Stilwidrigkeit. ... Der Berg ist auch ein Gegenmittel gegen die zivilisatorische Arroganz, mit der sich der Mensch wichtig macht.“ (SDZ 20.5.2005)

Ein zweiter Gesichtspunkt: So sonderbar es klingen mag, Berge haben auch ein unwahrscheinliches soziales Element. Der Tiroler Altbischof Reinhold Stecher nennt sie „eine Schule der Verantwortung“ und er sagt: „Es gibt kein sportliches Symbol mit einem größeren Verantwortungsbewusstsein als das Seil. Da bestimmt der schwächste das Tempo. Das gehört zum Berg, nicht das ungeheure Risiko“, denn dies ist nur eine Sache für Wenige. Ich denke persönlich an den Seewandklettersteig am Hallstättersee vor 5 Jahren zurück, bei dem wir nicht drei, sondern sieben Stunden brauchten, weil meine zwei Gefährten auf mich Rücksicht nahmen und ohne sie hätte ich es gar nicht geschafft.
Um diese ungeheure soziale Dimension zu erleben, muss man kein Kletterer sein, sondern es genügt, zu zweit, zu dritt oder in einer Gruppe unterwegs zu sein. Das beginnt bei der Wahl des Tempos, bei kleinen Hilfestellungen, beim Jausenteilen bis hin zu Hilfen im Falle von Verletzungen.
Dieser soziale Gesichtspunkt, dass alles vom Schwächsten abhängt und er das Tempo und das Vorankommen bestimmt, ist auch die Grundaussage des heutigen Evangeliums!
Es ist genau das Kontrastprogramm zu den Tälern der Arbeits- und Erwerbswelt, in der wir von Montag bis Samstag leben und die auch das Wochenende und den Sonntag zu bestimmen versucht.
Vom Unterschied zwischen dem Verhalten des Gutsbesitzers im Evangelium und unserer Erwerbswelt gilt, was in der Lesung steht: “Meine Gedanken sind nicht eure Gedanken, und eure Wege sind nicht meine Wege. So hoch der Himmel über der Erde ist, so erhaben sind meine Wege über eure Wege und meine Gedanken über eure Gedanken.“
In zweifacher Hinsicht kann dieser Kontrast zwischen Himmel und Erde, zwischen Gottes Wegen und menschlichem Handeln in den Bergen besser nachempfunden werden:

Zunächst einmal: In den Bergen sind wirklich alle gleich. Da kann sich der Reiche nicht mehr leisten als der Arme, denn alle bekommen „nur“ Gottes Schöpfung gratis („umsonst“) geschenkt: die Natur, die Stille und die Schönheit der Berge, die reine Luft und die gute Aussicht, die gewaltigen Anblicke und die ökologische Unberührtheit – als Gottes Gnade. Niemand wird bevorzugt, weil er tüchtiger, stärker, leistungsfähiger, schöner oder sonst irgendwie privilegierter ist. Auch der, der von der ersten bis zur elften Stunde, von Montag früh bis Samstagabend gearbeitet hat, bekommt nicht mehr und nichts Besseres. Und wenn er selbst am Sonntag arbeitet, beraubt er sich erst recht der Erfahrung, dass es alles, was letztlich das Leben lebens- und liebenswert macht, nur als Geschenk gibt. Vielleicht ahnt der Mensch in der Tiefe seines Herzens in dieser Bergerfahrung etwas vom Himmel und seinen ganz anderen Qualitäten, wie sie im Evangelium provokativ anklingen.

Der Kontrast zeigt sich noch in einem anderen Gesichtspunkt:
Die Arbeit von der ersten bis zur elften Stunde steht für die Erwerbsarbeit. Dementsprechend erwarten die seit dem Morgen gedungenen Arbeiter einen entsprechend höheren Lohn und können den Gutsbesitzer nicht verstehen, denn dieser gibt auch denen der letzten Stunden den gleichen Lohn.
Zwei Welten spiegeln sich hier wieder: die der Erwerbsarbeiter seit der ersten Stunde und die des Gutsbesitzers. Die erste ist unsere westliche Welt heute in Österreich und in den meisten westlichen Ländern, in denen die Erwerbsarbeit fast ausschließlich die soziale Absicherung und die Teilhabe am gesellschaftlichen Leben bestimmt. Das ist eine Entwicklung, die eher noch zunimmt und sich verschärft, da die transnationalen Konzerne und die ungebremste Globalisierung der Ökonomie zu neoliberaler Politik drängen und die Not derer, die nicht in den Prozess der Erwerbsarbeit eingespannt sind, umso größer macht. Es stehen sich zwei Welten gegenüber: die Globalisierung der Ökonomie und die Globalisierung der Herzen!
Österreich gehört zu den zehn reichsten Ländern der Erde und Oberösterreich zu den wirtschaftskräftigsten Bundesländern, aber trotzdem gibt es steigende Arbeitslosigkeit. Besonders problematisch ist das bei jüngeren Menschen oder Menschen mit Beeinträchtigungen, die kaum in den Arbeitsmarkt hineinkommen, und bei älteren Menschen, die aus dem Arbeitsmarkt herausfallen, bevor sie durch die Alterspension abgesichert sind.
Weil typische Frauenbranchen schlechter bezahlt werden, Frauen mehr in Teilzeit arbeiten und weil die Leistungen für Kindererziehung nicht existenzsichernd sind, sind Frauen von der neuen Armut mehr betroffen als Männer. Die Arbeit in der Familie findet bis heute bei weitem nicht die gesellschaftliche und finanzielle Anerkennung, die sie verdient. Folge ist, dass die Reichen reicher und die Armen ärmer werden. Den zehn Prozent der Österreicher gehören inzwischen zwei Drittel des Gesamtvermögens bei einem um das hundertfache höheren Pro-Kopf-Einkommen als der restlichen Bevölkerung.

Es ist nun einmal so: Die tarifliche Einstufung, also was einer verdient, spielt eine wichtige Rolle für das gesellschaftliche Ansehen eines Menschen. Daraus kann man ahnen, wie es denen von der elften Stunde geht, also denen die in unserem System ganz unten auf der Lohnskala angesiedelt sind oder gar keine bezahlte Arbeit haben!

Für mich folgen aus dem Evangelium zwei Konsequenzen:
Zunächst die Frohbotschaft, dass gerade die Menschen, die in unserer Vorstellung und in der Wertung der Gesellschaft oft ganz unten rangieren, sich auf die überraschende Güte Gottes freuen können. Gottes Güte ist größer als die Gerechtigkeit von irdischen Tariftabellen und größer als das menschliche Herz.
Und ein zweites, damit das eben Gesagte nicht eine Vertröstung auf den Himmel bleibt und sich den Vorwurf des Opiums für das Volk gefallen lassen muss: In der Nachfolge Jesu sind wir bei der Gestaltung unserer Gesellschaft verpflichtet, alles zu tun, dass die Arbeit gerechter verteilt wird und die Arbeitslosigkeit nicht Menschen zu unwerten Gliedern unserer Gesellschaft macht.
Noch wichtiger ist, dass der Wert des Menschen, das heißt auch seine soziale Grundabsicherung und seine Teilhabe am gesellschaftlichen Leben nicht bloß von seiner Erwerbsarbeit abhängig ist. Der Mensch ist mehr als er leistet! Der Vorschlag der Katholischen Sozialakademie eines Grundeinkommens oder einer sozialen Grundsicherung für jeden Menschen, unabhängig von Erwerbsarbeit, ist ein Versuch, die Provokation des heutigen Evangeliums ein Stück weit in die Tat umzusetzen. Darüber weiterzudenken ist eine der größten Herausforderungen unserer Zeit, damit sich nicht soziale Ungerechtigkeit und damit künftiges Konfliktpotential vermehren.
Bei der bloßen Globalisierung der Ökonomie kommt der Mensch unter die Räder, bei der Globalisierung der Herzen steht er im Mittelpunkt. Darum geht es auch der heutigen Frohbotschaft! Amen.

## 26. Sonntag

### Phil 2,1-11; Mt 21, 28-32 (25.9.2005)

Die Begebenheit, die Jesus im Evangelium erzählt, ist nicht bei den Haaren herbeigezogen. Wir alle kennen ähnliches etwa, wenn Eltern Kinder auffordern, das Zimmer aufzuräumen, wenn Lehrer Schülern Aufgaben geben, aber auch im Verhalten zwischen Ehegatten, ja überhaupt zwischen uns Menschen. Neben dem selektiven Hören, also einer mehr oder weniger bewussten „Schwerhörigkeit" gibt es zum einen die Reaktion des schnellen Ja-Wortes ohne die daraus folgende Tat, zum anderen aber auch das Nein der Ablehnung mit späterer Einsicht und Reue und daraus folgender Tat.
Vielleicht sind die schnellen Ja-Sager angepasster und pflegeleichter. Es kommt ja zunächst gar nicht zu einem Konflikt, aber unter dem Strich ist mit den Ja-Sagern und Nichtstuern nicht geholfen. Da ist es eigentlich besser, gleich einen Widerspruch zu hören und zu wissen, wie man dran ist.

Manches Ja gleicht politischen Wahlversprechen und Sonntagsreden, die nicht eingehalten werden. So ist aber die Enttäuschung vorprogrammiert, denn es wird Wasser gepredigt und Wein getrunken. Der Zwiespalt zwischen Reden und Tun, Wort und Tat macht unglaubwürdig und zerstört Vertrauen. Ich möchte verschiedene Formen dieses oft auch etwas kaschierten „Ja, Herr", dem ein Nein folgt, aufzeigen.

Es solches „J-ein" ist es, wenn dieses Ja Ausdruck einer schnellen oberflächlichen Begeisterung ist, die wie ein Strohfeuer bei den ersten Widerständen rasch verlischt. Im Gleichnis vom Sämann ist es der Mensch, der dem felsigen Boden gleicht, der zwar das Wort freudig aufnimmt, aber keine Wurzeln hat und bei Bedrängnis und Verfolgung zu Fall kommt. Es genügt oft schon, dass man ob seines Glaubens belächelt wird. Es ist auch der Mensch, bei dem das Wort unter die Dornen fällt, so dass es die Sorgen dieser Welt und der trügerische Reichtum ersticken. Oft genügt die viele Arbeit, die uns das notwendige Gebet vergessen lässt.

Die Gefahr eines solchen folgenlosen „J-eins" ist heute mehr denn je gegeben, weil unsere Gesellschaft eher auf „Entertainment" und auf „Infotainment", also auf Unterhaltung und Information aus ist. Damit entsteht kein Tiefgang, die Person selbst ist zu keiner Stellungnahme und Entscheidung herausgefordert. „Anything goes" heißt es in der Postmoderne – in einer übertriebenen Scheu vor eigenen Standpunkten oder gar dogmatischen Festlegungen.

Sollte es da wundern, dass auch das Ja, das Glaubende beim Empfang von Sakramenten – bei der Taufe und bei der Firmung und erst recht bei der Trauung - sprechen, ihren Entscheidungscharakter und Dauerwert zu verlieren droht, bzw. bei vielen verloren hat, dass in der Folge bei Krisen Beziehungen allzu rasch aufgegeben und geschieden werden?

In diesem Sinne meint Altbischof Reinhold Stecher: „Unsere Gesellschaft ist ja nicht gerade eine Felsenlandschaft der festen überzeugenden und gültigen Wahrheiten, sondern eher ein Gelände mit wachsenden Sanddünen, die sich heute da und morgen dort erheben, wo gerade der Wind des Zeitgeistes den Sand der Mehrheit und die Meinung der vielen zusammenweht."

Durch den gesellschaftlichen Wandel ist Christentum heute mehr denn je nicht mehr Schicksal, sondern freie Wahl. Es darf uns deshalb nicht wundern, dass vieles, was nur Fassade, also Brauchtumschristentum war und ist und nie zur eigenen Überzeugung und Entscheidung wurde, immer mehr abbröckelt und dass viele ihre Kirchenmitgliedschaft über Bord leichtfertig aufgeben.

Anbetracht dessen aber, dass Jesus dieses Gleichnis vom Ja, dem ein Nein folgt, den Hohepriestern und den Ältesten des Volkes sagt, ist es nochmals wesentlich mehr als eine pädagogische Anweisung, eine Durchhalteparole oder ein Einladung zu einem Vertiefungsseminar.

Die angesprochenen Frommen sind ja keineswegs pflichtvergessene Heuchler. Sie versuchen im Gegenteil das Gesetz peinlich genau zu erfüllen. Doch sie blicken zugleich dabei mit großer Selbstgerechtigkeit und

Herzenskälte auf all jene, die sich – sehr oft aus Unkenntnis der unzähligen religiösen Gebote und Verbote – nicht an das Gesetz hielten.

Hier liegt der entscheidende Punkt: Jesus lässt die Werke der Gerechten nicht gelten, weil schon der Ansatz verfehlt ist. Sie meinen, durch ihre tugendhafte Erfüllung der Gesetze das Heil selbst verdienen zu können. Diese Gesetzesfrommen missverstehen und missachten Gottes geschenkhaftes Handeln und seinen Heilswillen, der alle umschließt. Theologisch gesagt: Die von Jesus Angesprochenen vergessen, dass der Glaube rechtfertigt und nicht die Werke!

So gesehen muss sich wohl jeder und auch die Kirche als Institution fragen, wie weit in uns selbst und in der Kirche mit ihren Anforderungen nicht selbst auch solche Gesetzesfrömmigkeit steckt, die meint, das Heil durch Tugendhaftigkeit zu erwerben.

Jesus provokativer Hinweis, dass die Zöllner und Dirnen eher in das Himmelreich kommen, macht deutlich, dass die Gefahr dieses falschen Ansatzes bei uns frommen Kirchgängern und erst recht bei den hundertfünfzigprozentig Frommen größer ist als bei den notorischen Sündern. Warum wohl. Der verlorene Sohn tut sich leichter, ins Reich Gottes zu kommen als der ältere Bruder daheim, der Gottes unendliche Güte nicht versteht und glaubt, sich den Himmel verdient zuhaben, während der heimgekehrte Bruder späte Reue empfand, sich dadurch wandeln ließ und für das Geschenk Gottes offen wurde.

Es ist der von Jesus angesprochene Unterschied zwischen Pharisäer und Zöllner: letzterer betet demütig „Herr, sei mir Sünder gnädig“ und er ging gerechtfertigt heim, während der erste meint, Anspruch auf das Reich Gottes zuhaben!

Ein vorschnelles Ja ist sogar gefährlich, wenn der Ansatz dabei falsch ist. Zu frühe, zu unreife und noch nicht durch Krisen gegangene Liebe zu Gott führt leicht zu überhitzter Frömmigkeit oder gar zu Fanatismus, der die Welt allzu schnell in eine Achse des Guten und Bösen einteilt, das Reich Gottes von Zöllnern und Dirnen säubert und im Ruf nach Opfern womöglich sich selbst zum Richter über die anderen macht. Es ist alles andere als die Umgangsweise des biblischen Messias, der den glimmenden Doch nicht auslöscht und das geknickte Rohr nicht zerbricht.

Augustinus schreibt in seinen Bekenntnissen: „Spät habe ich dich geliebt“ (sero te amavi). Er gleicht damit dem zweiten Sohn, der es später bereute und doch ging.

Alle, die von der ersten Stunde in vollem Einsatz im Weinberg arbeiten, aber unter dem falschen Glauben, sich so den Himmel verdienen zu können, bedürfen wohl ständig neu der provozierenden Frohbotschaft, dass Gottes Lohn immer Geschenk bleibt, das er das Heil allen zu geben bereit ist, zumal denen, die um diese Geschenkhaftigkeit wissen, den Zöllnern und Dirnen.

Noch ein Gesichtspunkt: Es wäre auch ein falscher Ansatz und letztlich ein „J-ein“, wenn das Ja zur Einladung des Herrn nur in der Suche nach der eigenen religiösen Erbauung oder nur im Streben nach der Rettung der eigenen Seele bestünde. Christentum ist nicht nur private Frömmigkeit und eigener Seelenfriede, sondern muss sich auswirken im Einsatz in dieser Welt, nicht nur in guten Werken und in Almosen, sondern bis hinein in strukturelle Maßnahmen in Wirtschaft und Gesellschaft, nicht nur für sich selbst und die eigenen Zeitgenossen, sondern nachhaltig auch für die kommenden Generationen. Christentum ist untrennbar von seiner sozialen und ökonomischen Dimension, denn wer in Gott eintaucht, muss bei den Menschen in deren Welt auftauchen!

Ein letztes Wort, nachdem wir heute bei der Spätmesse die Primiz eines hier in unserer Pfarre Gebürtigen feiern: Im Philipperbrief hörten wir einen der ältesten Hymnen unseres Glaubens von Christus, der sein liebendes Ja zu Gott und zu den Menschen in äußerster Konsequenz gelebt hat –als Mensch bis zum Tod am Kreuz. In ihm sind Reden und Tun, Wort und Tat glaubwürdig ganz eins. Er ist es, der uns dort abholt, wo wir stehen, und dort hinführt, wohin unsere Sehnsucht geht; er ist der Brückenbauer zwischen Gott und Mensch, der einzige Priester des Neuen Bundes.

Priesterweihe macht einen Mensch nicht besser und heiliger, aber durch sie verbürgt sich Gott selbst, dass der geweihte Priester Werkzeug Gottes ist und das uns in Christus geschenkte Heil in den Sakramenten wirksam zuteil wird. Es ist Aufgabe des priesterlichen Dienstamtes, das Geschenk der in Christus geschehenen Versöhnung im Wort und in der Leibhaftigkeit der Sakramente, in der Leitung der Gemeinde und in der Diakonie zu verkünden und zu vergegenwärtigen. Dieses Amt nimmt freilich auch den Geweihten in Anspruch und fordert ihn heraus, dass in ihm trotz des zerbrechlichen Gefäßes Wort und Tat, Reden und Tun sich immer mehr gleichen.

Danken wir dem Herrn, dass er einen aus unserer Mitte in dieses besondere Dienstamt gerufen hat, beten wir aber für ihn auch, dass er persönlich diese Aufgabe als bereichernde und sinnvolle erfahre, den ihm Anvertrauten ein guter Hirte sei und auch selbst Kraft und Segen für die Herausforderung an ihn und für seine Aufgaben von Gott erhalte. Amen.

## 28. Sonntag

### Jes 25,6-10a; Mt 22,1-10 Erntedankfest (13.09.2002)

Wahrscheinlich vergessen wir allzu oft die Wahrheit der sogenannten negativen Theologie, nämlich dass wir über Gott und Gottes Welt eher aussagen können, was sie nicht ist, als was sie ist, also eine Mahnung zur Bescheidenheit und Beschränkung in unserer Rede über Gott. Andererseits jedoch können wir nicht einfach schweigen und müssen wir menschliche Worte und Bilder trotz deren bleibender Unzulänglichkeit gebrauchen, um von Gott zu reden. Eines der Schlüsselbilder, die Wahres und Echtes sowohl über die Welt der Menschen als auch über die Welt Gottes aussagen, ist das Bild vom Mahl. Es kehrt in beiden Lesungen des heutigen Sonntags wieder - heute an unserem Erntedankfest, zu dem sie recht gut passen. Bei allen Völkern, Kulturen und Religionen ist das Mahl Bild und Wahrheit menschlichen und göttlichen Seins.

Werfen wir zunächst einen Blick auf das Mahl unter uns Menschen. Es ist immer schon ein Zeichen der Gastfreundschaft und damit eines anfänglichen Vertrauens, wenn wir zu einem Mahl eingeladen werden, denn der andere will uns weder vom Leibe halten noch hat er mich 'zum Fressen gerne', was erst recht furchterregend wäre. Er bekundet damit, dass er mich riechen und schmecken kann, mich annimmt und teilhaben lässt. Das gemeinsame Essen ist immer mehr als bloße Kalorienaufnahme oder gar ein gieriges Raffen nach Speisen, wo die Augen größer sind als der Bauch. Mahlhalten war und ist zu allen Zeiten füreinander Zeit haben (weshalb wir ja 'Mahlzeit' wünschen!), einander beim Essen begegnen und im leibhaftigen Gespräch bereichern. Es gibt kaum eine schmerzlichere Situation, als sich beim Mahl schweigend gegenüberzusitzen, weil man einander nichts mehr zu sagen hat. Unsere Sprache sagt sehr treffend: Wir schenken einander ein und servieren einander, weil wir erleben, dass die Früchte nicht nur das Ergebnis der Hände Arbeit sind, sondern Gottes Gabe und erst recht ist die erfahrene Zuwendung und die im Mahl erlebte Freundschaft Geschenk. Letztlich haben wir ja Durst nacheinander und nach gelungener Gemeinschaft; letztlich schenken wir einander ein! Die Welt mit ihren Gaben ist uns also geschenkt nicht nur zum bloßen Konsum mit einem mehr oder weniger gerechten Verteilungsschlüssel, damit alle ihren Magen voll bekommen, sondern damit wir mittels dieser Gaben vor allem einander begegnen und einander nicht so sehr reinen Wein, sondern vielmehr uns selbst einschenken.

Wie Lesung und Evangelium bezeugen, ist das Mahl zugleich Bild und Wahrheit für das Reich Gottes. Bei Gottes Einladung geht es um ein Festmahl, ein Hochzeitsmahl; also das, wonach jeder Mensch Sehnsucht hat, wonach er dürstet. Es werden die feinsten Speisen serviert und die erlesensten Weine 'eingeschenkt'. Es geht um ein Fest der Liebe, bei dem Gott das Beste, sich selbst, schenkt. Was auf Erden immer wieder der Fall sein mag, leiblicher Hunger und Durst, aber vor allem seelische Einsamkeit und Trauer, all das wird aufgehoben sein, wie das Bild besagt: die Nationen und Völker verhüllende Decke wird zerrissen und alle Tränen werden von jedem Gesicht hinweggewischt. Die Zuhörer Jesu wussten um die Bedeutung des Gleichnisses von der Einladung zum Hochzeitsmahl, denn alle Schriften bezeugen, dass Gottes Beziehung eine Beziehung der Liebe ist. Nahrungstrieb und Geschlechtstrieb, die beide im Hochzeitsmahl angesprochen sind, finden ihre menschliche und göttliche Vollendung, wo sie zum Ausdruck einer Liebesbeziehung werden, wo Liebe in ihnen Fleisch wird. 'Liebe geht durch den Magen' nur dort, wo das Mahl Zeichen der Liebe ist, nicht dort, wo Nahrungsmittel zum Ersatz der Liebe werden! Es ist in diesem Sinne eine gute katholische Tradition, dass die Feier der Zeichen der Liebe Gottes zu uns, die Feier der Sakramente, immer einmündet in ein Mahl, angefangen vom Taufmahl über das Hochzeitsmahl bis hin zum Totenmahl.

Was bedeutet auf diesem Hintergrund unser Erntedankfest?
Es ist eine Einladung an uns, die 'Hülle'(Lesung) der Selbstverständlichkeit zu zerreißen, mit der wir die Gaben der Schöpfung oft hinnehmen, ohne zu danken; Es ist eine Einladung, die 'Decke' wegzunehmen, die

aus Einladen und Einschenken ein verbrieftes Recht macht. Erntedank ist ein Ablegen der Absagen und Abfuhren, der Entschuldigungen und Ausreden, dass scheinbar Wichtigeres uns abhält, der Einladung zur Mahlzeit miteinander und zum sonntäglichen Mahl mit Gott und untereinander Folge zu leisten. Wie sollten wir sonst auf den Geschmack Gottes kommen oder das Brot erfahren als eines, das alle Wonne in sich birgt? Erntedank ist der Aufruf, wieder die Pflege der Beziehungen und die Dimension der Liebe hinter Markt, Geschäft, Technik und Gewinn als wichtiger zu entdecken, als das, was das Leben allein letztlich lebenswert und liebenswert macht. Das Leben, der Himmel, die Erfüllung lässt sich weder verdienen noch erzwingen noch besitzen noch im Geschäft kaufen, das alles kann einem nur geschenkt werden, und das immer neu!
Das Erntedankfest möchte uns herausreißen aus aller Gewöhnung, die der größte Feind des Staunens ist. Wir sind eingeladen, die Gewöhnung abzulegen an das Brot, das selbstverständlich auf dem Tisch liegt, an den Baum und die Blume, von denen so viele am Wege stehen, an das Wasser, das mir im Wasserhahn in jeder Menge zur Verfügung steht, die Gewöhnung an den Menschen zuhause, der einfach da ist, an die vielen, von deren Mitsein und Zuwendung ich lebe, und schließlich die Gewöhnung an die Botschaft der unbedingten Liebe und Treue Gottes, die ich von Kindesbeinen an gehört habe.

Erntedank lädt uns alle ein, neu einen Blick in unsere Familien zu tun und all das wahrzunehmen, was uns die anderen schenken, wie sie unser Leben bereichern, aber auch in unsere Nachbarschaft und Umgebung und auch über unseren Kirchturm und über unsere Stadt und unser Land hinaus und nicht nur dankbar für die Schöpfung und deren Gaben zu sein, sondern auch unsere Aufgabe zu übernehmen: dort, wo es uns möglich ist, durch Solidarität und Teilen wenigstens von diesem und jenem Gesicht die Tränen abzuwischen - in der nüchternen Erkenntnis, dass wir es von uns aus nie ganz schaffen werden, aber auch in der gläubigen Hoffnung und Gewissheit, dass der Tisch aller Menschen und Völker einmal mit den besten Speisen und Getränken gedeckt sein wird, d. h. dass einmal wieder einmal alles ganz gut sein wird. Was wir jetzt feiern, das eucharistische Mahl, ist wirksames Zeichen, dass diese Hoffnung nicht ins Leere geht, sondern Verheißung und Angeld der kommenden Herrlichkeit für alle ist.
Jede und jeder ist eingeladen, heute ganz persönlich den Dank für seine Ernte, wie immer sie aussehen mag, zu sagen. Im Bilde des Evangeliums gehöre ich als Priester zu den Dienern des Königs, die gebeten sind, die Einladung zur Hochzeit an alle auszusprechen ('Hochzeitslader'). Im Rückblick darf ich sagen, dass ich dankbar bin, diesen Dienst der Einladung zu einem Fest der Freude und der Liebe zu tun. Es war und ist ein ansprechender, freilich auch anspruchsvoller Dienst, ein zeitlich gefüllter, aber auch ein erfüllender Dienst.
Die im Evangelium angeführten Ausreden und Entschuldigungen erfahre ich auch, weil uns der Wind der Gesellschaft nicht in die Segel bläst und weil die großkirchliche Wetterlage oft nicht sehr heiter ist und weil ich mir auch der eigenen Schwachheit bewusst bin. Aber ich erfahre auch immer wieder beglückend die Sehnsucht vieler Menschen nach Gottes und der Menschen Nähe und ich habe hier in der Pfarre St. Konrad eine große Bereitschaft und Offenheit sehr vieler erfahren zu helfen, dass Tränen weggewischt werden und

dass ein Stück Leben geteilt wird, sei es hier um das sonntägliche eucharistische Mahl, sei es beim pfarrlichen Frühschoppen oder draußen an den Tischen unserer Familien, an unseren Wohn - und Arbeitsstätten. Zu Recht fühle ich mich deshalb von Ihnen allen in meinem Dienst nicht nur unterstützt, sondern auch mitgetragen und bestärkt. Für diese meine 'Ernte' danke ich heute Gott und sage Ihnen allen in unserer Pfarrgemeinde ein herzliches und aufrichtiges „Vergelt's Gott"! Amen.

## 29. Sonntag

### Jes 45,1.4-6; Mt 22,15-21 (16.10.2005)

Vor kurzem sagte ein Mitbruder angesichts einer sehr verzwickten Lage: „Wie immer ich es mache, ist es falsch." Jeder war wohl schon einmal in einer solchen Zwickmühle, in der er die Quadratur des Kreises zuwege bringen sollte – ein Ding der Unmöglichkeit!

So etwa stelle ich mir die Ausgangslage des heutigen Evangeliums vor. Es steht ja auch deutlich dort, dass die Absicht der Pharisäer eine Falle war, in die sie Jesus locken wollten, eine Fangfrage, aus der es keinen Ausweg gibt, denn wie immer er antwortet, es kann nur falsch sein, d.h. es wird ihm negativ ausgelegt.

Nach der schmeichelhaften Einleitung („Du sagst immer die Wahrheit und lehrst den Weg Gottes ohne Rücksicht auf die Person!") stellen die Pharisäer die Frage: „Ist es nach deiner Meinung erlaubt, dem Kaiser Steuer zu zahlen, oder nicht?"

Der Hintergrund der ganzen Streitfrage ist wahrscheinlich auch, dass es zur Zeit, als Matthäus sein Evangelium niederschrieb, bereits erste Verfolgungen von christlichen Gemeinden gab und der Evangelist seinen Lesern eine Antwort geben wollte auf die Frage: Wie steht es eigentlich um das Verhältnis des Christen zum Staat? Mit anderen Worten: Wie ist das Verhältnis zwischen Gottesherrschaft und Menschenherrschaft? Steuern zahlt man sowieso nicht gern, aber die kaiserliche Kopfsteuer stieß bei vielen auf großen Widerstand, da das Bild des Kaisers als göttliches Abbild dem Glauben der Juden an Gott als einzigen König über Israel widersprach. Außerdem bedeutete die Anerkennung des Münzrechts auch eine Anerkennung der Regierung.

Lehnte Jesus diese Steuer ab, dann wiegelt er das Volk gegen die Staatsgewalt auf und die römische Besatzungsmacht kann ihm den Prozess machen. Spricht sich Jesus für die Steuer aus, dann verspielt er seinen Kredit beim Volk und er macht sich verdächtig, die verhasste Fremdherrschaft, jedoch nicht die Herrschaft Gottes anzuerkennen. Die Schlinge war also gelegt und die Fragesteller waren begierig darauf, sie zuzuziehen. Es ging ihnen ja nicht um die Lösung des Problems, sondern darum, Jesus schachmatt zu setzen. Mit dem Wort „Heuchler" deckt Jesus zunächst die böse Absicht der Fragesteller auf. Er hat es nicht not, populistisch den Menschen nach dem Munde zu reden. In seiner erfinderischen Kreativität lässt er seinem Wort eine kurze Aktion vorausgehen. Er verlangt nach einer solchen Münze und lässt die Fragesteller sagen, wessen Bildnis die Münze trägt. So macht er deutlich, dass es eine weltliche Obrigkeit gibt und sie dem

Kaiser deshalb geben sollten, was dem Kaiser gehört. Jesus fügt jedoch einen Halbsatz hinzu: „Und gebt Gott, was Gott gehört!"

Jesu Antwort ist kurz und prägnant, sie lässt gerade aber so viele Fragen offen. Wie ist das gemeint? Würde man nur auf das kurze Stück des Evangeliums schauen, könnte man ein Nebeneinander des Bereiches des Kaisers und des Herrschaftsbereiches Gottes herauslesen. Oder ist es etwa so gemeint, wie man heute oft von fifty – fifty, also von Halbe - Halbe spricht, etwa in der Aufteilung der Hausarbeit oder der Kindererziehung? Gilt dasselbe auch für unsere Beziehung zu Gott und zur Welt, etwa von Montag bis Samstag für den Kaiser und die Welt und am Sonntag für Gott?!

Die Folge wäre ein totales Auseinanderfallen von Glauben und Leben, von christlicher Heiligkeit und weltlicher Tüchtigkeit, der Glaube wäre ohne Einfluss auf die Welt und deren Gestaltung! Das wäre alles andere als Jesu Absicht!

Es gab vielleicht Zeiten, wo die Gabe an Gott in Gefahr war, die Welt und ihre staatlichen Notwendigkeiten zu überspringen: öffentlich auch heute noch dort, wo aus den weltlichen Staaten Gottesstaaten werden sollen, aber privat auch dort, wo ich die Welt und den anderen nur brauche, um die eigene Seele zu retten oder wo Glaube als bloße Vertröstung ins Jenseits die ungerechten Strukturen hier auf Erden zementieren hilft.

Unsere Zeiten tendieren eher in die andere Richtung, nämlich dass sie der Welt und deren Autoritäten, ob staatlichen, wirtschaftlichen oder sonstigen Machthabern, alles zu geben in Gefahr sind, denn wenn dieses irdische Leben „die letzte Gelegenheit" (Marianne Gronemeyer) ist, wird aus dem Versprechen, alles hier haben zu können, eine Vertröstung auf das Diesseits.

Wir sind Bürger und Bürgerinnen unserer Gemeinwesen. Deshalb gilt: „Gebt dem Kaiser, was dem Kaiser gehört!" Der Staat und das Gesetz sind gut und notwendig, heißt es deshalb in der christlichen Soziallehre. Der Staat hat also einen moralischen Anspruch darauf, dass wir uns in einem gewissen Sinn loyal und verlässlich sind und uns um eines guten Zusammenlebens willen an die Spielregeln halten, auch wenn uns diese im Einzelnen nicht alle immer recht sind. Es wird kein Vergnügen sein, etwa Steuern zu zahlen; es kann lästig sein, die Schule zu besuchen oder sich an die Verkehrsregeln zuhalten, aber was ich von den anderen erwarte, muss ich auch selbst einhalten. Nur wo sich Menschen gegenseitig auf gewisse Gesetze und Rechte verpflichten, ist ein geordnetes Zusammenleben möglich.

Jesus fügt jedoch hinzu: „Und gebt Gott, was Gott gehört!" Damit zieht er der staatlichen Obrigkeit und ihrem Herrschaftsanspruch eine deutliche Grenze. Wann immer die Ansprüche des Staates in Gegensatz zu den Ansprüchen Gottes geraten, hat Gott Vorrang.

Gottes Mach erstreckt sich über Himmel und Erde; die politische Macht ist keine Ausnahme. Gott ist auch der Herr des Kaisers, aber auch aller demokratischen Herren. Diese Überzeugung drückt sich in der heutigen

Jesaja-Lesung ebenfalls aus, wenn der Perserkönig Kyros als Werkzeug Gottes dargestellt wird, weil er die Heimführung des Volkes aus dem babylonischen Exil herbeiführen wird.
Gott kann nicht aus bestimmten Lebensbereichen ausgeschlossen werden. Solche Reservate gibt es nicht im privaten Bereich, denn Leben und Glauben müssen sich durchdringen und dürfen nicht wie Sonntage und Werktage auseinanderfallen. Solche Reservate darf es auch nicht im Staat, in der Politik und in der Wirtschaft geben. Wo diese Einheit von Leben und Glauben gelingt, bricht das Gottesreich in dieser Welt an und relativiert alle menschlichen Herrschaften.

Mit einer solchen Sicht der Dinge sind aber auch Konflikte unausweichlich. Nicht selten wollte man mit dem Satz „Gebt dem Kaiser, was dem Kaiser gehört!" Christen auch dort in die Pflicht nehmen, wo Fragwürdiges oder gar Schlechtes von ihnen verlangt wurde. Dem haben die Christen immer schon entgegengehalten, was Petrus vor dem Hohen Rat zu seiner Rechtfertigung sagte: „Man muss Gott mehr gehorchen als den Menschen." (Apg 5,29).
Die Märtyrer aller Zeiten – von der Verfolgung des Nero bis zu den Verfolgungen aufrechter Christen im 20. Jahrhundert, etwa Franz Jägerstätter oder Dietrich Bonhoefer – sind in den Tod gegangen, um den größeren Anspruch Gottes zu bezeugen.
Wir haben zwar keine auf Leben und Tod gehenden Probleme mit dem Staat, doch die Frage ist auch heute erlaubt, wo der schuldige Gehorsam dem Staat gegenüber aufhört, weil er selbst gewisse moralische Grenzen überschreitet. Die Gebote Gottes, als oberstes das Gebot der Liebe, stehen über allem, was der Kaiser oder der Staat von uns fordern darf. Bei aller notwendigen Loyalität und konstruktiven Mitarbeit mit politischen Autoritäten ist die Grenze dort klar gesetzt, wo er etwas Ungebührliches verlangt.
Wenn nach Gottes Gebot der Mensch und seine Würde unantastbar sind, stellen sich konkrete Fragen z.B. bezüglich der Gesetzgebung über den Schutz des Lebens vom Anfang bis zum natürlichen Tod, über die Behandlung von Flüchtlingen und Schubhäftlinge und andere Problemfelder, wo es um die menschliche Würde geht. Diese absolute Würde ist immer höherwertiger als der Gehorsam gegen das Gesetz, weil das Gebot Gottes, den Nächsten zu lieben, immer Priorität hat. Selbst wenn ich mit solchen Konflikten nicht befasst bin, bleibt jedenfalls für jede und jeden von uns die Frage, ob wir Gott geben, was ihm gehört. Oder ist für mich und für viele Zeitgenossen das gar keine Frage mehr? Amen.

## 30. Sonntag

### Ex 22, 20-26; Mt 22, 34-40 (23.10.2005)

Das Evangelium stellt uns heute eine ganz zentrale Frage gestellt: „Meister, welches Gebot im Gesetz ist das wichtigste?" Was zählt letztlich im Leben? Worauf kommt es wirklich an? Oder mit den bekannten Worten von Kardinal König: „Was ist der Sinn des Lebens?"

Wir sollten die Antwort nicht zu selbstverständlich nehmen, denn de facto ist es die Frage nach unserer Weltanschauung, nach dem, woraus wir uns, also unsere Identität verstehen und was in unserem konkreten Tun letztlich die Entscheidungen bewirkt.

Als ein Beispiel vergangener Zeit nenne ich das Axiom des Philosophen Descartes, der im 17. Jahrhundert, also in der beginnenden Neuzeit, sagte: „Cogito, ergo sum.“ = „Ich denke, also bin ich.“ Es war der Beginn des Siegeszuges der Technik und Naturwissenschaften – mit den Vorzügen der Aufklärung, aber auch den Schattenseiten, etwa dass der Mensch die Geister, die er rief, nicht mehr loswird.

Eine Reaktion auf die rational-technische Einseitigkeit ist heute in der sogenannte Dialektik der Aufklärung festzustellen. In drei Wochen ist ein theologischer Tag an der Kath.theol. Universität in Linz mit dem Titel „Die neuen Tempel und ihre Kulte“. In der Einladung heißt es: „Sportfans gehen heute nicht mehr ins Stadion, sondern pilgern zum Fußball-Tempel. Erholungsbedürftige zieht es nicht mehr ins schlichte Schwimmbad, sondern zur Wellness-Oase, deren Angebot weit über den sportlichen und gesundheitlichen Bereich hinaus reicht. Und auch die Architektur moderner Bankhochhäuser oder Einkaufszentren greift oft auf Inspirationen des klassischen Kirchenbaus zurück. Scheinbar profane Orte entwickeln zunehmend religiöse Funktionen und bieten den Menschen viel mehr als das, wofür sie eigentlich ˊzuständigˋ sind.“ Den Sinn des Lebens dahinter könnte man etwa nennen „I am well, also bin ich.“ Oder „Ich konsumiere, also bin ich.“

All diesen faktischen Weltanschauungen, die letztlich alle selbstgenügsam beim eigenen Ich stehen bleiben und sich so oder so definieren, setze ich die Formel des Augustinus entgegen: „Amor, ergo sum.“ = „Ich werde geliebt, also bin ich.“ Ich bin überzeugt, dass ich mich so definieren darf und damit die „finis“, also die Grenze meiner selbst sprenge auf ein Du hin. Ich bin, weil es ein Du gibt, das mich liebt. Das waren meine Eltern (hoffentlich werden Kinder nie zu bloßen Produkten des Labors oder einer Reproduktionsmaschine!) und der letzte tragende Grund ist der mich liebende Gott.

Wenn das Evangelium als Sinn des Lebens das Gebot der Liebe sagt, so ist zuerst festzuhalten, dass die Gabe vor der Aufgabe kommt, die Zusage vor dem Anspruch! Es geht um eine Beziehungswirklichkeit, deren Initiative nicht an mir, sondern an den Eltern und letztlich an Gott liegt. Bloße pädagogische Gebote und Verbote als Entfaltung der Liebe genügen nicht. Die Anweisung zur Liebe ist mehr als der ethische Imperativ: „Edel sei der Mensch, hilfreich und gut.“

Im Ersten Testament steht dahinter die Erfahrung des jüdischen Volkes, dass dieser Gott sie aus dem Sklavenhaus geführt und die Erfahrung von Freiheit und Leben geschenkt hat. Sie haben Jahwe erfahren als Freund und Liebhaber des Lebens, dem sie auch in Zukunft vertrauen dürfen. Bevor Jesus im Neuen Testament in seine Nachfolge ruft und zur Antwort der Liebe einlädt, heißt es: „Er blickte den Menschen an und gewann ihn lieb.“ Ihm darf und möchte ich auf der Wellenlänge des Vertrauens und der Liebe antworten.

Das eine Gebot der Liebe ist dreifaltig, die Liebe zu Gott, zum Nächsten und zu sich selbst. Keine der drei Dimensionen darf fehlen oder ist abtrennbar. Wir müssen gestehen, dass in diesem Dreiklang der Liebe der Klang der Selbstliebe gerade in sogenannter christlicher Erziehung oft zu kurz gekommen ist. Allzu leicht wurde die notwendige Selbstliebe, der rechte Umgang mit sich selbst, mit Egoismus verwechselt. Aber nur der vermag sich zu schenken, wer sich selbst gefunden hat und zu seinen Licht- und Schattenseiten Ja sagt. Nur der ist für andere genießbar, der sich selbst genießen kann. Ich kann auch nicht mit meiner Menschenwürde gut umgehen, aber zugleich das Geheimnis Gottes und des Mitmenschen respektlos behandeln. Ich kann auch nicht Gott verehren und den Nachbar zum Teufel schicken wollen.
Eine russische Legende drückt die Untrennbarkeit von Gottes- und Nächstenliebe gut aus: Der Hl. Nikolaus versäumte ein Treffen mit Gott, um einem im Schlamm festsitzenden Bauern zu helfen. Es wäre eine Sternstunde im Leben des Heiligen gewesen, aber genau jetzt verpasst er die Chance, dem Gott, den er liebt, liebend nahe zu sein. Er verspielt die Vereinigung mit Gott, weil ihm hier und jetzt ein verstörter Bauer mit seinem festgefahrenen Fuhrwerk in die Quere gekommen ist.
Vielleicht, ja sicher gibt es keine Direttissima, keine Fluglinie in der Liebe zu Gott. Vielleicht besteht der direkte Weg zu Gott aus solchen Störungen, Umwegen und Unterbrechungen. Auch das Vater Unser spiegelt diese Untrennbarkeit von Gottes- und Nächstenliebe wider, wenn es heißt: „Vergib uns unsere Schuld wie auch wir unseren Schuldigern vergeben.“

Auf eine Gefahr, die Liebe als Sinn des Lebens zu vergessen, möchte ich hinweisen. Es sind die allzu guten Zeiten, in denen wir satt sind und dem Irrglauben verfallen, es selbst gemacht zu haben und selbstgenügsam uns zurücklehnen. Dann ist es gut und wichtig zu bedenken, was Dietrich Bonhoeffer in die Worte kleidet: „Im normalen Leben wird es einem oft nicht bewusst, dass man das meiste durch ein Du empfangen hat und dass Dankbarkeit das Leben erst reich macht.“ Die Erinnerung an das Geschenk der eigenen Befreiung soll auch Israel lehren, den Schrei der Schwachen, Kleinen und Armen nicht zu überhören. So heißt es heute in der Lesung: „Einen Fremden sollst du nicht ausnützen oder ausbeuten, denn ihr selbst seid in Ägypten Fremde gewesen.“
Wir wissen freilich auch, dass wir gerade in der Liebe zeitlebens Nachhinkende und Lernende sind und dass gerade darin ein „lifelong learning“ notwendig ist. Bestärken wir einander auch durch diese Feier in Glaube, Hoffnung und Liebe, denn letztlich kommt es allein darauf an - zeitlebens und auch in der Ewigkeit! Amen.

## 31. Sonntag
## Mal 1,14b-2,2b.8-10; Mt 23,1-12 (30.10.2005)

Auf unserer pfarrlichen Reise in die Zips haben wir in einer Kirche auch ein mittelalterliches Fresko gesehen, in dem die jüdische Synagoge und die christliche Ekklesia, also das Judentum und die Kirche gegeneinander dargestellt werden: Während die Synagoge mit verbundenen Augen auf einem hässlichen

Esel reitet, sitzt die Kirche als königliche Gestalt auf einem prächtigen Löwen. Es ist eines der Bilder, die vielleicht auch ihren Ursprung in einem Evangelium wie dem heutigen haben. Jüdischen Pharisäern und Schriftgelehrten wird nämlich all das zugeschrieben, was die christliche Gemeinde vermeiden sollte, nämlich das Auseinanderklaffen von Anspruch und Wirklichkeit, von Lehren und Handeln, von Wort und Tat, aber auch alle Ehr- und Titelsucht, wie sie von Jesus angekreidet wird. Dadurch wird ja die Botschaft selbst unglaubwürdig!

Vielleicht brauchte die junge Kirche in der notwendigen Trennung vom jüdischen Glauben und auf der Suche nach ihrer eigenen Identität in ihrer frühesten Geschichte solche Kontrastbilder. Aber leider steckt darin die große Gefahr, den Finger auf andere zu zeigen und sich selbst nicht in den Spiegel zu schauen, also von sich selbst abzulenken, vielleicht sogar mit dem eigenen Schatten andere anzuschwärzen, sie also zum Sündenbock zu machen.

Wir wissen heute, welche fatale Folgen und unheilvolle Wirkungsgeschichte dieses Missverständnis auslöste, nämlich mangelnde Selbstkritik und Antisemitismus, erst in christlichen und schließlich in nicht-mehr-christlichen Köpfen und Herzen –bis hin zum Holocaust des Nazi-Regimes.

Jesu Absicht ist damit aber total missverstanden, denn die Versuchung, die er anspricht, gilt damals und jetzt, hier und dort. Auch die jüdische Synagoge hat die Gleichheit aller als Kinder Gottes gelehrt, dem allein alle Ehre zuteil wird. Deshalb trifft die harte Kritik des Propheten Maleachi in der Lesung vor allem jene, die statt dem Volke zu dienen, ihre Position als Priester schamlos ausnützen, sich bestechlich zeigen und Geld in die eigenen Kassen fließen lassen. Als unglaubwürdige Diener Gottes stellt sie der Prophet ob der Korruption bis in den Tempelbezirk zu Recht an den Pranger.

Erst das 2. Vatikanische Konzil hat in seiner Erklärung über das Judentum versucht, mit einer pauschalen Verurteilung der Synagoge, also des Judentums gründlich aufzuräumen, die Juden als unsere älteren Brüder und Schwestern anzuerkennen und vor der eigenen Türe zu kehren, also sich selbst in den Spiegel zu schauen.

Bei diesem Blick in den eigenen Spiegel hat die Kirche vor 40 Jahren beim Konzil entdeckt, dass sich im Laufe der Jahrhunderte einige Fehlentwicklungen eingeschlichen hatten, die es zu korrigieren galt. Auch in den eigenen Gemeinden haben sich unbiblische und unchristliche Über- und Unterordnungsverhältnisse gebildet. Das, was die Hierarchie sein sollte, war vielfach ein zentraler Machtapparat geworden, der nicht mehr erkennen ließ, dass alle Ämter Dienste am Volke Gottes sein sollten. So kam es zu einer großen Schere zwischen dem mächtigen Klerus und dem einfachen Volk.

Wenn Jesus an dieser Stelle des Matthäus-Evangelium gegen die Titel „Rabbi“, „Vater“ und „Lehrer“ polemisiert, will Matthäus allen Christen ins Gedächtnis rufen, dass der eine mütterlich-väterliche Gott der Gott aller ist, wir also seine Kinder, und dass Christus allein der Lehrer und Priester jeder Gemeinde ist.

Viele haben das Konzil als eine große Befreiung erlebt. Die Kirche hat darin endlich Abschied genommen, eine geschichtsabgehobene Festung wider die Zeit zu sein, sonder sich auf die Welt, die Geschichte und die konkreten Menschen eingelassen.
Vieles, was heute selbstverständlich ist, war es vor 50 Jahren fürwahr nicht. Wer denkt noch daran, dass es damals noch einen Index verbotener Bücher gab und man zur Lektüre solcher Bücher den Pfarrer um Erlaubnis fragen musste? Wer erinnert sich noch, dass Religionsfreiheit und allgemeine Menschenrechte tabu waren und Protestanten noch als „Abgefallene“ angesehen wurden?
Der Laie galt in der vorkonziliären Kirche als zweitrangig. Das Konzil war in vielem ein mutiger Schritt nach vorne, auch wenn man heute manchmal das Gefühl hat, einige in der Kirche hätten vor der eigenen Courage Angst bekommen oder versuchen gar, das Rad der Zeit wieder zurückzudrehen. Der Aufbruch ist teilweise wieder domestiziert worden – oder wie Weihbischof Krätzl es in seinem Buchtitel zum Ausdruck bringt „Im Sprung gehemmt“.
Weihbischof Helmut Krätzl war zur Zeit des Konzils als Sekretär von Kardinal König in Rom. Auch ich habe diese Zeit hautnah damals als Student in Rom miterlebt und trotz aller Rückschläge möchte ich mir die Worte von Helmut Krätzl zu eigen machen:
„Was dennoch vom Konzil weiterlebt, ist Hoffnung. Anlass gibt das Leben an der Basis. Vom Geist des Konzils zeugen selbständig gewordene Gemeinden, eine lebendige Gestaltung der Gottesdienste in verschiedenen Formen, eine wach gebliebene, auch kritisch geäußerte Sehnsucht nach mehr Erneuerung und eine besorgte Suche nach einer pastoral, die gerade Menschen in Krisen in Wort und Sakrament Trost bietet. Und ein wachsender Reformstau lässt hoffen, dass man Erneuerungen nicht mehr länger aufschieben kann.“
Soweit Helmut Krätzl.

Auch wir in der Pfarre haben eine Erneuerung vor uns, die ihren wesentlichen Grund in dem genannten Konzil hat. Und es war nicht mehr zu bald, meine ich, dass auch wir uns mit diesem Herzstück des Konzils in einem nunmehr fast zweijährigen Prozess auseinandergesetzt haben. Ich meine konkret die erneuerte Liturgie mit deren Konsequenzen auch für die Gestaltung des Kirchenbaues, zumal des Altarraumes.
Das Konzil spricht deutlich von der gleichen Würde aller Getauften, da wir alle Kinder eines Vaters und alle zur Heiligkeit berufen sind. Wir brauchen nicht alle Freunde zu sein; wir sind aber alle Brüder und Schwestern. Deshalb geht es in der berechtigten Unterscheidung zwischen Priestern und Laien nicht um eine Über- und Unterordnung, nicht um Hoch- und Niederwürden, sondern um den jeweiligen anderen Beitrag zum Aufbau der Gemeinden. Gottes Herrschaft relativiert alle menschlichen Herrschafts- und Machtverhältnisse, auch und gerade jene in der Kirche, denn gerade „Heilige Macht“ ist immer wieder eine große Versuchung für kirchlichen Amtsinhaber. Jedes Amt muss ein Dienstamt sein. „Der Größte von euch soll euer Diener sein. Denn wer sich selbst erhöht, wird erniedrigt, und wer sich selbst erniedrigt, wird erhöht

werden.“ So verstanden wird Liturgie kein ängstlich geregelter zeremonieller Ritus, sondern Gottes liebevoller Gnadendienst am Menschen und des Menschen Antwort auf diese Gnade.

Ein Hauptanliegen der konziliaren Liturgieerneuerung ist die „volle, bewusste und tätige Teilnahme“ aller an der Liturgie Beteiligten. Diese Teilnahme des ganzen Volkes darf nicht nur geduldet werden, sondern dazu sind die Gläubigen aufgrund von Taufe und Firmung berechtigt und verpflichtet.
So kam wieder das ganze Volk in den Blickpunkt und die Mitfeier wurde keine Privatsache zum eigenen Seelenheil, sondern zur gemeinschaftlichen Feier aller. Während früher der Priester am Hochaltar meist weit weg und etwas abgehoben mit dem Rücken zum Volk gewandt die Messe in unverständlichem Latein „las“ und das Volk, wenn überhaupt anwesend, sich weit weg vom Altar befand, zusah, zuhörte, den Rosenkranz betete oder Andachten las, feiert nun der Priester-Vorsteher mit dem Antlitz zum Volk an einem neu errichteten Volksaltar mit den „circumstantes“, also mit den um den Tisch Stehenden.
Außer ihm gibt es nun noch viele andere liturgische Dienste, etwa Kantoren, Lektoren und Kommunionspender beiderlei Geschlechts.
Das Konzil holte auch die Bibel, die bei den Katholiken oft in den Schubladen verstaubte, wieder hervor und der erste Teil der Messe, der Wortgottesdienst, wurde zu deren gleichwertigen wesentlichen Teil, weil uns der nun näher zu rückende Tisch des Wortes und der Tisch des Brotes gedeckt werden. Die Älteren werden sich erinnern, dass der ganze Verkündigungsteil früher eher als „Vormesse“ galt und man brauchte zum „gültigen“ Messbesuch erst ab der Gabenbereitung dabei sein! Auch sonst wurde jetzt die Rolle des Volkes durch passende Lieder, Zurufe, Fürbitten und Gebete ausgebaut.

Dass alle diese Veränderungen auch in einer neuen Kirchenarchitektur ihren Ausdruck findet, ist eigentlich eine logische Folge, denn der Raum prägt mehr als wir alle ahnen unbewusst, aber sehr nachhaltig unser Gottes-, Kirchen- und Menschenbild.
Unsere Kirche ist in den Jahren 1959-1961 gebaut worden und trägt deshalb verständlicherweise trotz aller Modernität die Züge der vorkonziliären Liturgieauffassung in der weiten Abgehobenheit des Altarraumes, in der peripheren Position des Ambos, in der Größe des Altares, in der spürbaren Trennung von Priester und Volk. Es gibt kaum eine Kirche in unserer Diözese, die seit dem Konzil nicht wenigstens einmal schon umgeändert wurde, um den Anforderungen der konziliären Liturgie mehr zu entsprechen.
Wie Sie wissen, ist vor zwei Wochen die Entscheidung über die geplante Umgestaltung unseres Kirchenraumes gefallen. Das Projekt der Künstlerin Maria Moser wurde erstgereiht. Über das Ergebnis, das unseren Erwartungen von „heller, wärmer und kommunikativer“ entsprechen soll und auch von hoher künstlerischer Qualität ist, wollen wir Sie bei der Pfarrversammlung am Samstag, 12,. November, um 19 Uhr im großen Pfarrsaal informieren.
Alle Erneuerung hat keinen Selbstzweck, sondern soll dem einen Ziel dienen, zu dem auch die erneuerte Liturgie helfen soll und wozu auch das heutige Evangelium mahnt: Wir sollen und wollen immer mehr ein

Kirche ohne Oben und Unten, eine Kirche von Geschwistern, eine Kirche gegenseitigen Dienens sein. Das möge auch in unserem Kirchenraum immer besseren Ausdruck finden und die Umgestaltung diesem Ziele dienlich sein! Amen.

## Allerheiligen

### Offb 7,2-4.9-14; Mt 5,1-12a (1.11.2005)

Den Führungskräften wird bei Managementkursen zurecht gesagt, wie wichtig es sei, zunächst sich des Zieles ihrer Anstrengungen bewusst zu werden, damit nicht viel Arbeit und Energie nutzlos den Bach hinunterläuft und bloße leere Kilometer gemacht werden. Wer um das Ziel weiß, der kennt auch die Orientierung und notwendige Perspektive und der kann sich voll Vertrauen auf den Weg machen. Auch bei den Beratungen der acht Pfarren im Dekanat Linz-Mitte wurde uns klar, dass wir Zeile und Teilziele unseres Prozesses kennen müssen, um voranzukommen. Dass es dann unterwegs aufgrund der Erfahrungen Kurskorrekturen geben kann, ist verständlich, denn überall gibt es ein „lifelong learning", manchmal auch durch „trial and error". Ohne Perspektive auf das Ziel wird die Arbeit allzu leicht eine Sisyphusarbeit, also Frust.

Das heutige Fest Allerheiligen ist für mich für unser menschliches Leben sozusagen die Zielangabe und dem gemäß eine Perspektive für das Gelingen des Lebens. Wie ein Scheinwerfer wirft es für jede und jeden von uns ein Licht auf die Vergangenheit, die Gegenwart und die Zukunft und fast sie zusammen in Hinblick auf die Ewigkeit. So möchte ich in meinen Gedanken zum heutigen Festtag gleichsam diesem Lichtkegel folgen.

Allerheiligen ist ein Fest der Erinnerung. Es ist gleichsam eine Art Erntedankfest der Kirche, denn wir erinnern uns an Männer und Frauen, die ihr Leben ganz am Beispiel Christi ausgerichtet haben und den oft dunklen und blutigen Jahrhunderten der Menschheitsgeschichte helle und froher Farben hinzufügen. Sie überbrücken den garstigen Graben der Geschichte mit ihrem Beispiel des Glaubens und der Liebe und sind für uns alle Anker der Hoffnung auf ewige Vollendung. Dazu gehören nicht nur die sogenannten kanonisierten Heiligen, also die zur Ehre der Altäre Erhobenen, sondern dazu gehört die unzählige Schar aller, deren Leben in Gott ewige Vollendung gefunden haben. Die Zahl 144.000 in der Lesung steht symbolisch für diese unendliche Zahl.

Dazu gehören auch meine und Ihre verstorbenen Eltern, meine und ihre toten Verwandte und Freunde. Ja, ich darf hoffen, dass dazu alle Menschen, die je gelebt haben, ohne daraus ein verfügbares Wissen zu machen. Als Fest der Erinnerung ist Allerheiligen im nahtlosen Übergang zu Allerseelen auch ein Fest der Solidarität mit den Toten, nicht nur in dem Sinne, dass wir für sie eintreten, sondern vielmehr noch umgekehrt, dass sie in einer unverrechenbaren Solidarität unseren Weg hier auf Erden begleiten. Ohne den einzelnen seiner persönlichen Verantwortung zu entheben, ist es ein zutiefst biblischer und christlicher

Gedanke, dass es auch im Aneinaderdenken und Füreinanderbeten ein Stück Stellvertretung und gegenseitige Solidarität gibt, wie wir sie auch in der Fürbitte der Heiligen zum Ausdruck bringen.
Allerheiligen ist aber auch ein Fest der Gegenwart und darf nicht zur Vertröstung auf das Jenseits werden. Gottes Reich ist zwar anfanghaft und bruchstückhaft, aber unaufhaltsam im Kommen. Der Himmel beginnt hier auf Erden überall dort, wo Menschen beginnen, nach den Seligpreisungen des heutigen Evangeliums zu leben. Es gibt nicht nur die ewige Seligkeit, sondern die zauberhafte Symphonie der Ewigkeit hat hier auf Erden gleichsam eine Ouvertüre, die es hier zu spielen und zu leben gilt.
Die Haltungen aus der Bergpredigt, die sicherlich ein Kontrastprogramm zu vielen gängigen Haltungen der selbstgenügsamen Welt sind, sind die Wegweiser für den Weg zur Seligkeit, also die Perspektive unseres Lebens, die an das Ziel führt. Wer im sinne Jesu arm im Geist, barmherzig, mitleidend, mit reinem herzen und sanftmütig Frieden stiften lernt, wer nach Gerechtigkeit hungert und ihretwegen auch Unbill erleidet, vermittelt nicht nur denen, die ihm nahe stehen, ein wenig Geborgenheit, Glück und Seligkeit, sondern wird auch ein Stück innerer Seligkeit selbst auf Erden erleben; er und sie finden auch den Weg, der ins Reich aller Heiligen führt.
Was Jesus hier ansagt, ist nicht romantische Liebesseligkeit oder idyllische Weinseligkeit. Es wiederstrebt eher dem gesunden Menschenverstand und der unmittelbaren menschlichen Erfahrung, aber es ist und bleibt die Erfahrung von Jesus selbst. So wie in ihm hier und jetzt Gottes Zukunft anbricht, so beginnt allem Anschein zum Trotz der Himmel auf Erden in jedem Menschen, der den Weg der Gewaltlosigkeit geht, nach Gerechtigkeit hungert, den Frieden sucht und barmherzig ist
Allerheiligen ist freilich auch ein Fest der Zukunft, denn es gerbe auch die andere heute aktuellere Gefahr der Vertröstung auf das Diesseits. Die Vollendung steht noch aus. Auch wenn diese Welt in ihren Wellness-, Konsum- und Markttempeln und den entsprechenden Kulten alles verspricht, so bleibt doch die tiefere Sehnsucht des Menschen ungestillt und das Fazit ist letztlich ob der Unerfüllbarkeit all der weltlichen Versprechen Frust und Enttäuschung. Unruhig ist nämlich unser herz, bis es ruht bei Gott.
Letztlich zählt nicht das Markenzeichen auf meiner Jacke, die Teilnahme an der Szene, das „In-Sein“ in dieser Welt, auch nicht Titel und Mittel, sondern allein, wie es die Lesung aus der Geheimen Offenbarung vom Ende der Tage schildert, das Siegel des lebendigen Gottes auf der Stirn: Es sind alle, die den Mut hatten, auf der anderen Seite zu stehen, auf der Seite des lebendigen Gottes. Wer auf ihn hofft, wird in Ewigkeit nicht enttäuscht!
So ist Allerheiligen auch ein Fest der Ewigkeit. Hier versagen unsere Vorstellungen, denn es ist nicht der zeit Vor-, Unter – oder Nachgelagertes, nicht ein ständiges „Halleluja-Singen“, wie es der Bayer im Himmel befürchtet, sondern die Fülle aller Zeit, von der wir am ehesten eine Ahnung verspüren, wenn wir voll von Glück ausrufen: „Verweile Augenblick, denn du bist so schön!“
Schließlich ist es ein Fest der Hoffnung für alle, ein Fest der Globalisierung, wie sie besser nicht sein könnte, nämlich gegen alle Globalisierung der Wirtschaft, bei der der Mensch unter die Räder kommt, das Fest der

Globalisierung der Herzen. Er, der am Herzen Gottes ruht, hat uns nicht nur Kunde gebracht, wer und wie Gott ist, sondern er hat sich dieser Welt gleichsam als Herzschrittmacher eingestiftet, sodass das zu Beginn der Predigt angesprochene Ziel in Jesus Christus selbst verbürgt ist.

In ihm hat er uns Gott alles geschenkt. Es ist nicht mehr so, dass uns zwei Ziele in gleicher Weise beseligend oder bedrohend, Himmel oder Hölle, offen stehen. Solche beängstigende Zweiwegtheorie ist sicherlich unchristlich, auch wenn dadurch manchmal aus der Frohbotschaft eine Drohbotschaft gemacht wurde. Christus ist selbst der Weg und das Ziel, Verheißung und Vollendung.

Es gibt einen roten Faden im Leben, der das Ziel anzeigt und auch dorthin führt: es ist das Vertrauen auf ihn, dessen Gedächtnis wir jetzt feiern – als Hineinnahme in das Geheimnis seines Lebens: Durch den Tod hindurch schreiten wir in die ewige Vollendung. Amen.

## Allerseelen
### 1 Joh 3,14-16; Mk 8,34-36 (2.11.2005)

Das Gedenken an unsere lieben Verstorbenen hat uns hier zusammengeführt und ausgesprochen oder unausgesprochen bewegt uns die uralte Menschheitsfrage. „Was bleibt?“ Wir sollen und wollen diesen Fragen gerade heute kein Schlafpulver geben, also den Allerseelentag nicht hinter uns bringen als einen leeren Ritus und Brauch, sondern uns dieser schmerzlichen Frage stellen. Wir wollen und sollen uns auch nicht morgen wieder in die Arbeit stürzen, um uns solch lästiger Fragen zu entledigen.

Da die Wunden des Abschieds noch vielfach bluten, heißt diese Frage vielleicht auch: „Das kann doch nicht alles gewesen sein!“ – Vor Jahren hat der Liedermacher Wolf Biermann in der ehemaligen DDR angesichts der menschlich tristen Lage dort gesungen: „Das kann doch nicht alles gewesen sein, das bisschen Fußball und Führerschein. Da muss es doch noch etwas geben. Das Leben, das Leben.“ Es drückt sich darin die Sehnsucht nach dem Leben vor dem Tode aus – aber für uns ist es heute auch die Frage, wie es nach dem Tode weitergeht, - eine Frage, die wohl allen am Herzen liegt, die einen lieben Menschen verloren haben!

Die Antwort des Glaubens scheint klar: Erst leben wir, dann sterben wir, dann kommt das ewige Leben. Viele von Ihnen haben einen lieben Verstorbenen an einem Tag in diesem letzten Jahr verloren. Dem Leben folgte der Tod.

Dieses Nacheinander ist sicherlich eine Wahrheit unseres Glaubens, aber ist es die ganze? Bricht also der Tod immer völlig abrupt und unvorhergesehen über uns herein – nur am Ende des Lebens? Ist er deshalb so schwer zu verkraften? Ist deshalb die „ars moriendi“, die Kunst des Sterbens so aus der Übung gekommen? Ist der ganze Prozess von Leben und Tod wirklich nur ein Nacheinander: Leben – Tod – ewiges Leben? Damit ist fürwahr nicht alles gesagt. Der heutige Allerseelentag will uns auch die andere wichtige Seite neu in Erinnerung rufen, nämlich dass Leben und Tod nicht säuberlich voneinander getrennt werden können, dass sie sich nicht nur nacheinander ereignen und nebeneinander stehen, sondern ineinander greifen.

Tod im Leben – Leben im Tod. Diese widersprüchlichen Formulierungen sind mehr als ein Spiel von Wörtern; sie bezeichnen dieses Ineinander von Leben und Tod. Vielleicht gelingt es uns, auch in der Beziehung zu unseren lieben Verstorbenen den Tod schon im Leben und vor allem auch das Leben im Tode zu erkennen und für unser Leben hier und jetzt fruchtbar zu machen.

Werfen wir einen Blick auf die erste Hälfte: Tod im Leben! Wenn es in einem alten Hymnus heißt „media in vita mors" (mitten im Leben sind wir vom Tod umfangen), so ist damit nicht nur ausgesagt, dass wir plötzlich sterben können. Es heißt vielmehr, dass der Tod eine ständige Macht und Wirklichkeit in unserem Leben ist. Die Dichterin Marie Luise Kaschnitz bringt das gut zum Ausdruck, wenn sie sagt:

„Wenn einer sich vornähme, das Wort Tod nicht mehr zu benützen, auch kein anderes, das mit dem Tod zusammenhängt, mit dem Menschentod oder mit dem Sterben der Natur. Ein ganzes Buch würde er schreiben, ein Buch ohne Tod, ohne Angst vor Sterben, ohne Vermissen der Toten, die natürlich auch nicht vorkommen dürften, ebenso wenig wie Friedhöfe, sterbende Häuser, tödliche Waffen, Autounfälle, Mord. Er hätte es nicht leicht, dieser Schreibende, jeden Augenblick müsste er sich zur Ordnung rufen, etwas, das sich eingeschlichen hat wieder austilgen, schon der Sonnenuntergang wäre gefährlich, schon ein Abschied, und das braune Blatt, das herabweht, erschrocken streicht er das braune Blatt..."

Weniger poetisch heißen die vielen Namen dieses Todes mitten im Leben: Sich ins Abseits gestellt fühlen, keinen Sinn erleben, Krankheit, Leid, Erfolglosigkeit, sozialer Tod, Tod auf Raten durch Süchte, Rentnertod, Altern. Das sind nicht nur Vorboten des Todes, sondern dessen Wirklichkeit mitten im Leben. Rein biologisch wissen wir. Wer geboren wird, wird eingetragen in das Buch des Todes, denn wir sind sterblich, nicht nur am Ende des Lebens!

Für das biologische Sterben können wir nichts, aber der Tod ist leider auch auf andere Weise in unserem Leben anwesend. Dort, wie man sagt, wo jemand für mich gestorben ist, wo ich jemand klein kriegen, fertigmachen, erledigen und vergessen möchte; überall, wo jemand totgeredet, totgeschwiegen oder mundtot gemacht wird, wo Rufmord begangen wird. Es gibt neben den großen Weltkriegen die alltäglichen Kleinkriege.

Das Vorbeileben aneinander und an uns selbst bedrohen unser Leben noch stärker als der physische Schmerz, denn überall wo Hoffnungen sterben und wir Hoffnungen sterben lassen, bringen wir andere und uns ums Leben. Wo das radikal geschieht, wo über Leichen gegangen wird, solch mörderische Lebenseinstellung ist auch heute noch das, was Todsünde heißt. Solcher Raubbau am Leben endet im Tod, schon vor dem Sterben. Wer so sein Leben retten will, verliert es, todsicher.

Gegen den physischen Tod können wir nichts tun, aber der heutige Allerseelentag soll uns auch helfen, die Mächte des Todes zu entlarven, die uns in einem tieferen Sinn ums Leben bringen. Wenn davon noch etwas Unversöhntes und Unvergebenes zwischen uns und unseren lieben Verstorbenen liegt, so lade ich Sie ein, ihnen heute über das Grab hinaus die Hand der Versöhnung zu reichen, sie um Vergebung zu bitten und auch ihnen zu vergeben. Die entsprechende Vaterunser-Bitte möge auch heute über das Grab hinaus eine gegenseitige Fürbitte um des Lebens unserer Verstorbenen und auch unseres Lebens willen sein! Und wenn der Tod eines Verwandten – wie nicht selten – Familienstreit um das Erbe ausgelöst hat, so ist der heutige Tag auch die ernste Einladung zur Versöhnung unter den Lebenden!

Tod im Leben – Leben im Tod! Schauen wir nun auf die zweite Hälfte: Leben im Tod!
Wie hat Christus das Leben gewonnen? In der liebenden Hingabe seiner selbst, nicht erst am Kreuz, sondern bereits währenden seines irdischen Lebens. Er hat sein Leben verströmt – bis zum Tod am Kreuz!
Dieses sich verströmende Leben der Liebe hat Gott angenommen und ihm in der Auferstehung sozusagen Recht gegeben – und er hat ihm einen Namen gegeben, der über allen Namen ist (Phil 2).
Seither gilt: Wer sein Leben um seinetwillen verliert, der wird es finden. Wer sein Leben liebend hingibt, für den beginnt jetzt schon das Leben. Wer es wagt, aus sich selbst herauszugehen und sich zu verschenken, der lässt den Tod schon jetzt hinter sich und der unterläuft den Tod. So sagt die Lesung." Wir wissen, dass wir aus dem Tod in das Leben hinübergegangen sind, weil wir die Brüder und Schwestern lieben. Wer nicht liebt, bleibt im Tod." (1 Jo 3,14) Nicht erst später einmal, im ewigen leben, geschieht dies, sondern hier und jetzt beginnt das andere, das ewige Leben.
Dieses sich selbst Zurücklassen geht nicht ohne Sterben, ohne Tod. Die Liebe wird so zur Einübung in ein Sterben, das den Weg frei macht zum Leben, zu neuem und bleibendem Leben. Der Prozess vom Tod zum Leben geschieht also schon vor dem Tod – überall wo Liebe mit im Spiel ist. In der Hingabe des Lebens wird das Leben gewonnen.

Der heutige Tag ist deshalb auch ein Tag der dankbaren Erinnerung an alle die Liebe, die uns unsere Verstorbenen geschenkt haben, an all das Leben, das dadurch in ihnen und in uns ermöglicht wurde. Das kostbarste Vermächtnis eines Menschen ist die Spur, die seine Liebe in unseren Herzen zurückgelassen hat. Man rettet nur, das was man gibt. Am Friedhof kümmert einen nicht mehr das, was man hat; dann zählt allein, was man gegeben hat.
Kinder werden dankbar an die Zuwendung ihrer verstorbenen Eltern und Großeltern denken, Eltern an die liebende Antwort ihrer toten Kinder; Freunde gedenken dankbar des Geschenkes der Freundschaft, die gegenseitig Leben blühen und reifen ließ. - Wer je geliebt hat, weiß, dass mit dieser Hingabe immer auch Schmerzen, also ein Stück Sterben dabei gewesen sind.
Wenn wir also die Liebe und Zuwendung, die uns unsere Toten erwiesen haben, dankbar in den Blick nehmen, dann kommt das in den Blick, wodurch in deren irdischen Leben durch Tod hindurch bereits neues Leben entstanden ist – Leben, das jetzt durch den irdischen Tod hindurch ewige Vollendung in der Gemeinschaft bei Gott wird.

Den größten Dienst, den wir unseren lieben Verstorbenen und uns selbst tun können, ist deshalb, wenn wir selbst hier und jetzt die Brüder und Schwestern lieben und so hier und jetzt schon vom Tod zum Leben übergeben. Die beste Kunst des Sterbens ist sich in der Liebe zu üben.
Jesus sagt. „Wer sein Leben um meinetwillen verliert, der wird es gewinnen." Christlicher Glaube ist Freiheit zum Leben – als Freiheit zum Tode zugunsten des neuen Lebens.
In der Taufe und Eucharistie feiern wir, dass der Tod schon überwunden und „vom Leben verschlungen ist".
„Wer getauft wird, wird eingetragen in das Buch des Lebens."
Das Geheimnis des Glaubens, das wir jetzt in der Eucharistie für unsere lieben Verstorbenen und für uns selbst feiern, ist ein Geheimnis der Liebe, die stärker ist als der Tod. Es ist die in Jesus Christus geschehene Tötung des Todes – und deshalb ein Geheimnis der Hoffnung für uns alle.
Anbetracht der eingangs aufgeworfenen Frage „War das alles?" sagt Paulus zu Recht: Alles wäre nichts, hätten wir die Liebe nicht. Für jetzt bleiben Glaube, Hoffnung und Liebe, doch am größten unter ihnen ist die Liebe". (1 Kor 13,13"). Amen.

## 32. Sonntag
## 1 Kor 4,13-18; Mt 25,1-13 (6.11.2005)

Beide Lesungen des heutigen Sonntags schließen sich gut an das Totengedenken der vergangenen Tage an. So schreibt Paulus an die Korinther: „Wir wollen euch über die Verstorbenen nicht in Unkenntnis lassen, damit ihr nicht trauert wie die anderen, die keine Hoffnung haben" Damit aber ist uns die Frage gestellt: Was ist Hoffnung? Wer sind die Anderen? Sind die Klugen jene, die Hoffnung haben, und die Törichten also 'die anderen'?

Hoffnung hat sicherlich mit Zukunft zu tun. Ist also Hoffnung die Erwartung des Neuen angesichts unseres Empfindens, dass alles nicht nur sehr schnell von gestern ist, sondern überhaupt sehr rasch vergeht und verschwindet? Und wer will schon von gestern sein? Unsere Zeit scheint sehr hoffnungsvoll zu sein, wenn damit gemeint wäre, dass das Neue zählt und jeder und jede versucht, am neuesten Stand zu sein, die neueste Mode zu tragen, in und up-to-date zu sein, alles Überholte hinter sich zu lassen, mit dem Heutigen nicht zufrieden zu sein? So tragen schon Kinder Marken-Kleider, um cool zu sein; so wird alles Junge und Neue gepriesen, jagen viele den neuesten Modellen im Design nach. Nicht von ungefähr steht das Buch 'Der Neue Mann' auf der Bestsellerliste. Ist der Mensch, der stets nur das Neue sucht, schon ein Mensch in Hoffnung? Trägt alles Neue den Gütesiegel der Hoffnung?
Ich fürchte, dass allzu schnell jede neue Modewelle schnell am Strande der Zeit zerschellt, und was vielleicht anfangs den Schein der Hoffnung erweckte, wechselt schnell in Müdigkeit und Resignation, weil diesem Wettlauf um das Neue niemand gewachsen ist und der Mensch schließlich doch unbefriedigt zurückbleibt. -
Was also ist Hoffnung, die uns Christen trägt und von anderen unterscheidet?

Hoffnung ist nicht das ewige Probieren des je Neuen, die Sucht nach 'allem', sondern vielmehr die Erfahrung, dass in allem zu wenig ist. Hoffnung ist, dass wir unsere Sehnsucht nicht durch die Sucht nach dem stets Neuen stillen wollen, sondern dass wir die Sehnsucht nach 'mehr als alles' offen halten - eine Wahrheit, die sich zunächst querlegt zur schnellen und vordergründigen Gier nach Neuem, die aber dem Menschen zumutbar ist. Hoffnung hat eine Schwester, die Geduld heißt.

Von einer werdenden Mutter sagen wir, dass die Frau in Hoffnung ist. Das Kind, das sie trägt, ist letztlich mehr als das eigene Machwerk, es wird empfangen und kommt nur durch Schmerzen zur Geburt. So bleibt auch das, was wir für unsere lieben Verstorbenen und einmal für uns alle erhoffen, empfangenes Geschenk und der Mensch erhält es nur durch die Todesschmerzen hindurch. Geduldiges Warten darauf aber ist zumal in einer Erlebnisgesellschaft, in der sich immer etwas und womöglich etwas Neues tun muss, eine schwierige Tugend geworden. Wir sind alle kurzatmig geworden und suchen deshalb den Schatz unseres Lebens immer wieder an neuen Orten und in neuen Beziehungen, statt dort weiter zu graben, wo wir sind, bis wir auf den Schatz stoßen.

Warum zerbrechen so viele Beziehungen? Ist es nicht auch vor allem deshalb, weil sich die Begeisterung des Anfangs so selten umsetzt in den langen Atem der Geduld und in die Treue des Alltags? Das scheinbar wertlose alltägliche Wasser, Sinnbild des eher grauen Alltags, kann durch die Treue wieder verwandelt werden in den kostbaren Wein des Festtags.

Auch die Christen der nachösterlichen Gemeinden mussten sich von hochgespannten Erwartungen und ungeduldiger Begeisterung, dass der Herr noch zu ihren Lebzeiten im Kommen ist, durch Schmerzen hindurch umstellen auf Geduld und wache Bereitschaft. Ihr Glaube war auf dem Prüfstein, als Jahre und Jahrzehnte vergehen und die Jünger und die Zeugen der ersten Generation sterben. Die ersten Christen mussten sich umstellen vom Rechnen mit Menschenjahren oder gar vom Berechnen des Tages der Ankunft des Herrn zum Vertrauen auf Gottes Pläne. In dem Maße, als sie es taten, wurden sie erst offen für das, was man nur empfangen kann, und wuchs in ihnen die Hoffnung. Sie erlebten, wie alles Neue schnell veralterte und wieder verschwand, und sie richteten den Blick vertrauensvoll nach vorne. In dem Maße, als aus der kurzen Weile der Abwesenheit des Herrn eine lange Weile wurde, wuchsen sie in der Hoffnung, weil sich alles andere als Vertröstung herausstellte.

Das bekannte Evangelium von den zehn Jungfrauen erzählt auch von der anfänglich großen und ungeduldigen Erwartung des Bräutigams, aber dessen Ankunft verzögerte sich. Sie mussten sich einüben in Geduld und Hoffnung; sie mussten sich einrichten in den Alltag; müde und erschöpft waren sie schließlich alle, ja sie schliefen sogar ein. Die einen von ihnen hatten jedoch neben den Lampen auch das Öl mit, die anderen nur die Lampen. Was ist nun der Unterschied zwischen beiden? Aber vor allem: warum geben die Klugen nicht von ihrem Öl den Törichten? Ist das nicht äußerst unsolidarisch, ja unchristlich? Sind die Klugen nicht eigentlich egoistisch? Egoismus würde jedoch verhindern, dass sie zum himmlischen

Hochzeitsmahl kommen! Was also ist das Öl? Welche Bewandtnis hat es mit dieser biblischen Ölkrise, die für die Hälfte der Grund eines tragischen Endes der Geschichte ist?

Offenbar gehört für Jesus der Weg zum Himmelreich bereits zu diesem Reich. Dieser Weg des Gottesvolkes, es ist der Weg der Kirche, ist von Krisen erschüttert. Glücklich ist der, wer sein Öl mit hat! Die geschilderte Ölkrise kommt aber nicht dadurch zustande, dass irgendjemand den Ölhahn zugedreht hat, sondern sie liegt einzig und allein in der Verantwortung der betroffenen Personen.

Das Problem ist nicht, dass alle einmal müde werden und sich von der Hitze des Tages und des Weges ausruhen und einschlafen. Niemand kann immer voll da sein und ausharren; jeder kann getrost einmal etwas verschlafen! Das Problem liegt vielmehr darin, dass die Törichten sich gedankenlos ohne die notwendige Ausrüstung auf den Weg gemacht haben. Sie haben sich nicht auseinandergesetzt mit dem, was Jesusnachfolge, Glauben, Hoffen und Lieben bedeuten. Sie haben in ihrer Oberflächlichkeit vergessen, den Bräutigam kennen zu lernen, was biblisch nicht eine verkopfte Angelegenheit ist, sondern eigentlich heißt, ihn lieben, lieben lernen. Vielleicht haben die Törichten manches auswendig gelernt, aber sie haben es nicht inwendig gelernt, nicht mit dem Herzen gelernt (wie es andere Sprachen ausdrücken: learn by heart, imparare a cuore, apprendre par coeur). Ihr Wissen ist vom Kopf nicht ins Herz vorgedrungen und hat das Herz nicht zum Brennen gebracht. Sie blieben bloß äußere Zaungäste, 'Hochzeitsschauer' ohne inneres Engagement.

Nur im Inwendig-lernen, im Mit-dem-Herzen-lernen, was soviel heißt, wie eine lebendige Beziehung zum Bräutigam bekommen, kommt es zu einem sich immer wieder erneuernden Ölvorrat, der dem Leben des Klugen Nahrung gibt und die Flamme am Brennen hält. Im Zwiegespräch mit dem Herrn begann das Herz der Jünger von Emmaus zu brennen. Damit aber entsteht auch der lange Atem der Geduld und wächst und bleibt die Hoffnung auf den zur Hochzeit kommenden Herrn.

Jetzt ist auch verständlich, warum die klugen Jungfrauen den törichten nicht von ihrem Öl geben können, weil es um die je eigene unvertretbare Verantwortung geht. Das Öl der Wachsamkeit und der Hoffnung muss jeder Mensch in sich selbst wachsen lassen; es ist nicht wie auf einer Tankstelle jederzeit abzapfbar und übertragbar.

Das Evangelium weist also jeden Menschen auf seine ureigene Verantwortung hin. Es ist töricht und dumm zu meinen, es komme bezüglich Glauben, Hoffen und Lieben gar nicht auf einen selber an und man könne nach dem Motto leben: 'Man nehme- wenn möglich vom Nachbarn!' Es ist nicht nur gedankenlos, sondern auch dumm, keine Vorräte einzupacken, es bei dem je Neuen bloß zu belassen, bei der Anfangsbegeisterung stehen zu bleiben und nicht einen Reservekanister mitzunehmen, wo es auf jeden selbst ankommt.

Das Öl in den Lampen ist für mich die Hoffnung, die aus der Beziehung zu Gott gewachsen ist. Es ist die Hoffnung, die uns um unsere Verstorbenen nicht trauern lässt wie die anderen. Die 'anderen' suchen im je Neuen des Innerweltlichen ihr Auslangen und werden doch nie befriedigt. Die Hoffnung ist es, die uns die

Gewissheit gibt, dass auch wir einmal vom Bräutigam zum Hochzeitsmahl eingelassen werden, weil dieses Öl unser Herz zum Brennen gebracht hat und uns nichts von seiner Liebe zu trennen vermag.
Das Evangelium ist aber nicht bloß eine Rede über die Anderen, sondern eine ernste Frage und Mahnung an uns alle, wach zu bleiben und alles zu tun, dass unsere Lampen brennen, also die Beziehung der Gottes- und Nächstenliebe zu pflegen. Amen.

## Christkönigssonntag
### Ez 34,11-12.15-17; Mt 25,31-46 (24.11.2002)

Genau vor einer Woche war in einem Zeitungskommentar zu lesen: „Diese Woche hatte sich die britische Königin Elisabeth II. eigentlich ganz anders vorgestellt. Am Mittwoch stand die Thronrede auf dem Programm, mit der Verlesung des Regierungsprogramms. Später sollte dann ein Empfang im Schloß die Feiern zum goldenen Thronjubiläum offiziell beenden. Was als Entfaltung von Pracht und Pomp geplant war, versinkt jedoch in einem Sumpf von Beschuldigungen. ... Warum sollen wir uns noch eine Institution leisten, deren Struktur überholt ist und deren moralisches Fundament höchst fragwürdig scheint, fragte sich das Volk.“ (OÖN 16.11.2002)
Es steht uns nicht zu, über andere Länder und deren Königtum zu urteilen. Aber eines kann man sicher sagen: Eine ganz andere Vorstellung von Königtum tritt uns heute entgegen, wenn wir das Christkönigsfest feiern. Ich bin überzeugt, daß die Unähnlichkeit zu allen irdischen Königreichen größer ist als die Ähnlichkeit, auch abgesehen von den kleineren oder größeren Skandalen. Das Königtum des heutigen Sonntags ist fürwahr ganz anderer Gattung; es ist nicht von dieser Welt.
Auch von einem Regierungsprogramm ist heute im Evangelium die Rede. Es werden keine Wahlreden gehalten, deren Versprechen doch die meisten nicht glauben. Es wird vielmehr gesagt, worauf es wirklich ankommt und was letztlich zählt. Aber auch hier gilt, daß die Unterschiede zwischen dem Programm Jesu und dem aller irdischen Könige, aber auch dem Programm aller anderen Regierungsformen und auch aller demokratischen Parteien, die sich heute etwa in unserer Heimat um unsere Stimme bewerben, größer sind als die Ähnlichkeiten, ja in nicht Wenigem sogar fast das Gegenteil.
Auch ein Empfang spielt in unserem Evangelium eine Rolle, sagt doch der Menschensohn im Evangelium: „Kommt her, die ihr von meinem Vater gesegnet seid, nehmt das Reich in Besitz.“ Die, die allerdings eingeladen sind, sind offenbar nicht jene, die schon teure Karten und reservierte Plätze haben, sondern alle, die die Werke der Barmherzigkeit ausgeübt haben, ohne auf einen Posten in einem Ministerium oder ein gutes Ausgedinge geschaut zu haben. Jene wiederum, die ausgeladen werden, meinen, angestammte Plätze zu haben. Gerade weil sie die Geringsten links liegen gelassen haben, bleiben sie nun auch selbst links liegen.

Beschuldigungen schließlich gibt es nicht nur gegenüber der Institution eines Königtums, sondern auch gegenüber den demokratischen Regierungen und Herrschaften. Auch die Institution der Kirche ist zu Recht von manchen Beschuldigungen nicht ausgenommen, denn auch deren Schattenseiten sind bekannt und werden von den Medien oft besonders breit ausgewälzt. Irgendwie auch kein Wunder, wenn eine Institution hohe Ansprüche stellt und dabei selbst hinten nachhinkt.

Warum sollen wir uns solche Institutionen überhaupt leisten, fragen sich viele im Volk. – Nun, auch hier gilt wohl: Wer ohne Schuld ist, werfe den ersten Stein! Nicht selten werden auch die Fehler solcher Institutionen hoch gespielt und etwa alle Politiker generell schlecht gemacht, um von den eigenen Versäumnissen abzulenken. Zumal in einer Demokratie wird es notwendig sein, nicht nur seine Rechte zu fordern, sondern auch seinen Pflichten nachzukommen, so heute etwa in Österreich, indem wir unsere Stimme bei der Wahl abgeben.

Was die Kirche anbelangt, besagt der heutige Christkönigssonntag wieder einmal ganz klar, daß Kirche und Reich Gottes zwei unterschiedliche Dinge sind. Kirche ist nicht Selbstzweck, sondern Werkzeug, nicht Herrin, sondern von Gott aufgetragene Dienerin im Dienste des Lebens der Menschen. Wir Priester sind nicht Herren des Glaubens sein, sondern Diener der Frohbotschaft. Die kirchliche Hierarchie ist nicht der Hofstaat Gottes auf Erden, sondern Gottes schwaches Bodenpersonal, wenn Sie so wollen. Alle Amtsträger sind selbst zerbrechliche Gefäße, die den kostbaren Inhalt ihrer Verkündigung – Gottes unermeßliche Liebe zu den Menschen - umsonst empfangen haben und umsonst weitergeben sollen.

Kirche hat keinen Grund, sich königlich oder gar triumphalistisch zu gebärden. Angesichts der dunklen Kapitel auch der Kirchengeschichte stehen der Kirche und uns allen vielmehr Demut und Bescheidenheit gut an. Gott allein ist im Menschensohn Christus der König, der das Urteil zu fällen hat, nicht die Kirche.

Es bedarf des Gefäßes, also der Kirche, um den Inhalt weiterzugeben. Es bedarf des Schiffleins Petri, um die Menschen über die Stürme des irdischen Lebens an ein rettendes Ufer zu bringen., auch wenn das Schiff selbst vielleicht sogar durch Anfeindung oder durch eigene Schuld leck wird oder sicherlich am Ende der Zeit an den Klippen der Ewigkeit zerschellt. Hauptsache ist, daß die Menschen leben und gerettet werden. Oder wie es das Zweite Vatikanische Konzil treffend ausdrückt: „Freude und Hoffnung, Trauer und Angst der Menschen von heute, besonders der Armen und Bedrängten aller Art, sind Freude und Angst, Trauer und Hoffnung der Jünger Christi" (GS 1) Das Leben der Menschen allein zählt; alles andere, selbst Kirche, ist nur ein notwendiges Werkzeug, um Gottes Liebe zu allen zu verkünden und zur gegenseitigen Liebe einzuladen!

Es ist in diesen Wochen viel die Rede gewesen vom kleinen Mann, von den kleinen Leuten, und daß allein der Mensch zählt. Trotzdem behaupte ich, daß in Jesu „Parteiprogramm" in einem unendlich größeren Maße vom kleinen Menschen die Rede ist und daß allein der Einsatz für den Kleinen, für den Hungrigen, für den Fremden, für den Nackten, für den Gefangenen der Maßstab ist, nach dem der Wert des Lebens bemessen wird, denn „Was ihr für einen meiner geringsten Mitmenschen getan habt, das habt ihr mir getan."

Gibt es eine radikalere Option für die kleinen Leute, als wenn einer selbst ganz klein wird? Gibt es eine größere Liebe als wenn einer sein Leben hingibt für die Seinen? Glaubwürdig werden solche Worte freilich erst dann, wenn der, der sie sagt, auch selbst tut. Christus hat es ein Leben lang getan und ist in dieser Solidarität mit den Kleinsten selbst zum Schwächsten geworden, zum am Kreuz erhängen Verbrecher. Wort und Tat, Reden und Tun, Person und Programm fallen bei ihm ganz zusammen. Der Menschensohn ist, wie es die Lesung aus dem Buch Ezechiel heute sagt, der gute Hirt, der nicht seine Schafe für dumm hält, sondern sich um sie kümmert, sie aus der Wüste zurückholt, auf die grüne Weide führt und schließlich sein Leben für sie hingibt. Er rettet nicht die eigene Haut, während andere vielleicht untergehen, sondern wirft sich selbst in die Waagschale, um die anderen zu retten. Er, der Gottes Gestalt hatte, hat sich entäußert und ist Mensch geworden – bis zum Tode am Kreuz (vgl. Phil 2)

Der Menschensohn, der am Ende der Tage nach dem Kriterium der Liebe wie ein Hirt die Schafe und Böcke scheidet, ist selbst einer, der bis zum äußersten geliebt hat. Auf meinem Primizbild stehen die Worte aus dem 1. Johannesbrief, die auf meinem Weg zum Priesterberuf mitentscheidend waren und es bis heute sind: „Wer nicht liebt, hat Gott nicht verstanden, denn Gott ist die Liebe." (1 Jo 4,8) Kalt lief es mir über den Rücken, als Traudl Junge, Hitlers Sekretärin, in dem Interview kurz vor ihrem Tode sagte. „Das Wort Liebe habe ich aus Hitlers Munde nie gehört. Er war nicht fähig zur Hingabe." Wir wissen alle, in welche irdische Hölle das führte!

Ist Ihnen aufgefallen, dass in der Gerichtsrede des heutigen Evangeliums das Wort „Gott" gar nie vorkommt? Es steht und fällt also der Sinn unseres Lebens allein mit der Liebe! Ich bin freilich auch überzeugt, dass wir Menschen ohne die letzte Quelle der Liebe, die Gott selbst ist, und ohne bewußte oder unbewusste Beziehung zu diesem Gott – im Gebet und im Gottesdienst - nicht ein Leben lang zu lieben vermögen. Humanismus ohne Gott ist allzu oft schon in Inhumanität, in Barbarei umgeschlagen. Weimar und Buchenwald liegen in der menschlichen Geschichte oft tragisch nahe beieinander.

Es braucht trotz all ihrer Schwachseiten irdische Institutionen, wie immer sie politisch geordnet sein mögen. Wir sollen auch darin das uns Mögliche beitragen, etwa indem heute zur Wahl gehen.

Es braucht auch die Kirche. Wir alle, selbst zerbrechliche Gefäße, sollen auch das uns Mögliche für die Wohlfahrt des Schiffleins Petri, für die Kirche, beitragen.

Vor allem aber sollen wir uns immer wieder neu für den entscheiden und unsere Stimme für den abgeben, dessen Königtum nicht von dieser Welt ist, weil seine Liebe für die Seinen so radikal ist, wie sie kein Irdischer zu leben vermag. Seine Person und sein Programm der Liebe garantieren allein, daß die Sehnsucht unseres Herzens nach einem ewigen Reich der Liebe, des Friedens und der Gerechtigkeit erfüllt wird. Heute am letzten Sonntag im Kirchenjahr sind wir neu zu dieser Entscheidung eingeladen, denn nur die Liebe zählt und bleibt. Amen.

Printed by Books on Demand GmbH, Norderstedt / Germany